经济管理学术文库·经济类

教育投资对非农就业的贡献研究
——以新疆为例

Contribution of Education Investment to Non-agricultural Employment
—A Case Study of Xinjiang

崔晓娟／著

经济管理出版社
ECONOMY & MANAGEMENT PUBLISHING HOUSE

图书在版编目（CIP）数据

教育投资对非农就业的贡献研究：以新疆为例/崔晓娟著．—北京：经济管理出版社，2022.12

ISBN 978-7-5096-8884-7

Ⅰ.①教… Ⅱ.①崔… Ⅲ.①教育投资—作用—劳动就业—研究—新疆 Ⅳ.①D669.2

中国版本图书馆 CIP 数据核字（2022）第 248885 号

组稿编辑：曹　靖
责任编辑：郭　飞
责任印制：黄章平
责任校对：董杉珊

出版发行：经济管理出版社
　　　　　（北京市海淀区北蜂窝 8 号中雅大厦 A 座 11 层　100038）
网　　址：www.E-mp.com.cn
电　　话：（010）51915602
印　　刷：唐山玺诚印务有限公司
经　　销：新华书店
开　　本：720mm×1000mm/16
印　　张：16.5
字　　数：286 千字
版　　次：2023 年 2 月第 1 版　　2023 年 2 月第 1 次印刷
书　　号：ISBN 978-7-5096-8884-7
定　　价：88.00 元

前　言

第三次中央新疆工作座谈会提出，要牢牢抓住新疆工作总目标，依法治疆、团结稳疆、文化润疆、富民兴疆、长期建疆，以维护社会稳定为前提，以在发展中改善民生为基础，以推进治理体系和治理能力现代化为保障，多谋长远之策，多行固本之举。民生牵着民心，就业是新疆最大的民生，而增加就业创业、促进社会稳定、实现长治久安的根本在于教育发展。长期以来，新疆坚持就业第一和教育优先，明确提出要加大教育投入，增强就业能力，引导各族群众有序就业。新疆劳动力资源丰富，但是人力资本存量偏低。农业部门长期存在大量剩余劳动力，第一产业承载的劳动力数量超出负荷，劳动生产率较低，劳动力收入较低，就业结构不合理。促进农业剩余劳动力在产业间转移和区域间流动，实现稳定就业和素质就业，是新疆保障和改善民生的"最大公约数"。教育投资发挥人力资本功能和市场筛选功能，对非农就业产生影响。通过加大教育投资提高全社会人力资本水平，有助于优化就业产业结构。

本书遵循理论与实证相结合的思路，在人力资本理论和就业相关理论指导下，围绕教育投资对非农就业的贡献这一主线，从总量效应和质量效应两个层面，探究新疆教育投资对非农就业的影响。首先，探索教育投资、非农就业与新疆经济社会发展的关系。基于新疆教育投资、非农就业现状，对新疆劳动力人力资本结构、非农就业结构与产业结构的协调度进行分析。其次，分析正规学校教育投资对非农就业总量的贡献。运用协整理论、向量误差修正模型、脉冲响应函数，从教育投资总量对非农就业的关系、各级各类教育投资产生的非农就业效应差异论证学校正规教育投资对非农就业的贡献。按照普通教育与职业教育的分类，对应两类教育的层级划分，探讨教育投资的长期扩张效应、短期促进效应、替代效应和时滞效应，分析教育投资当期、短期和长期对非农就业的贡献。再次，分析非学校正规教育投资促进非农就业总量的贡献。基于宏观数据、实证案例和调研访谈，论证新疆职业培训对提高劳动力技能水平、促进劳动力非农就业的实施效能。又次，探索和分析了劳动力教育投资水平对非农就业质量的影响。基于就业指标体系全面性、数据可得性的原则，根据反映就业质量的就业可得性、工作性质、就业收入和就业稳定性四个指标测算新疆劳动力就业质量。使用多水平回归模型实证分析教育影响新疆劳动力就业质量的总体效应和时间效应；并从市场分割理论的视角，进一步分析劳动力教育投资信号对就业质量的影响。最后，从推动新疆经济社会高质量发展的视角，基于教育、就业、经济、社会发展的交互关系，论证教育投资促进非农就业的社会贡献，阐明增加教育投资与促进非农就业是新时代助力新疆实现高质量发展的战略选择。

本书得出以下结论：

第一，教育投资总体对非农就业的贡献较大。对比影响非农就业的教育投资、区内生产总值、非农产业产值、城镇化率四个关键要素，教育投资对非农就业的贡献最大。普通教育投资、职业教育投资均对非农就业产生明显的促进效应，加大教育投资可以促进新疆非农就业，有利于就业结构的优化。

第二，各级各类教育投资产生的非农就业效应有差异。在普通教育中，高等教育投资对非农就业的长期扩张效应最大，高级中学投资促进非农就业的短期促进效应最高，义务教育投资促进非农就业的时滞效应最明显。在职业教育中，中等职业教育投资对非农就业的长期扩张效应和短期促进效应高于高等职业教育。同时，普通高等教育和高等职业教育对非农就业产生短期的就业替代效应。

第三，非学校正规教育投资增进了非农就业总量，但非农就业质量偏低。非学校正规教育投资对新疆非农就业有一定的贡献。从短期就业促进效果来看，通过职业培训促进就业的投入相对较低，而就业率回报相对较高。职业培训增加了全社会初级技能的劳动力，扩大了全社会短期非农就业规模。非学校正规教育投资促进非农就业转移的质量偏低，职业培训产生的就业促进效应持续时间很短。

第四，提高劳动力教育投资水平是提升非农就业质量的有效途径。劳动力教育投资水平作为人力资本表征，对以就业可得性、工作性质、就业收入和就业稳定性为主要测度指标的就业质量产生影响。受教育程度高的劳动力，拥有更大的就业优势，就业质量较高。高中教育及以上程度的教育投资促进劳动力就业质量的积极效应的稳定性更高。

大学专科及以上层次的教育投资对就业质量具有强促进效应且呈逐级增强趋势。劳动力教育投资水平发挥市场筛选信号功能，将劳动力分流至不同特征的市场，从而产生就业质量的差异。

第五，优化教育投资是促进新疆非农就业的现实选择。新疆第一产业承载的劳动力数量超出负荷，三次产业就业结构不协调，改变人力资本供给结构是关键。劳动力文化结构重心普遍偏低，非农就业质量有待提高。加大教育投资可以扩大新疆非农就业规模，提高劳动力教育投资水平可以有效改善非农就业质量。教育投资以就业为中介机制，在促进新疆经济社会高质量发展方面发挥重要作用。通过教育投资提升劳动力人力资本，增加非农就业人员比重，对于促进新疆经济发展总量提升、科技创新水平提升、城乡协调发展和人民生活改善具有重要贡献。此外，基于学校正规教育投资、非学校正规教育投资的就业效应，提出内生人力资本驱动型非农就业发展的政策建议。

本书从宏观视角审视新疆不同类型教育投资对非农就业数量的促进效应，从微观视角论证提升教育投资水平对新疆劳动力非农就业质量改善的重要意义。研究成果有助于评估新疆教育投资政策在实现促进就业方面的绩效，可以为新疆促进劳动力就业的政策制定提供一定的参考。

目　录

第1章 导论

1.1 研究背景与意义

1.1.1 研究背景

1.1.1.1 保全就业和重视教育是社会健康持续发展的基本前提

《中共中央关于制定国民经济和社会发展第十四个五年规划和二〇三五年远景目标的建议》强调就业在经济社会发展中的优先地位，提出千方百计稳定和扩大就业，扩大就业容量，提升就业质量，促进充分就业。教育与就业之间始终有着紧密的联系。宏观层面，教育投资以就业为中介，通过教育提高就业者劳动生产率，从而促进经济增长。微观层面，人们选择接受教育的重要动机之一就是满足自身的就业期望，人们选择接受教育是在教育成本和期望收益之间进行比较后作出的决策。自20世纪80年代以来，我国学者普遍认为：教育在解决一般性就业问题、结构性就业问题方面有重要的作用。20世纪90年代以后我国的教育投资比例开始明显增加。自2012年以来，连续9年做到国家财政性教育经费占GDP的比重"不低于4%"的目标。我国教育投资逐步增长，但因为教育供给不充分、教育投资结构与经济产业结构的不协调而产生的就业问题依然存在：农村转移劳动力素质低下成为制约其获得就业岗位，实现高质量就业的最重要因素；人们对普通高等教育的偏爱和对中、高等职业教育的偏见导致普通教育的大学生就业举步维艰。面对我国教育投资不断增长过程中存在的就业问题，有必要对就业与教育之间的关系做进一步的审视和探讨。

1.1.1.2　促进就业和加强教育是新疆社会稳定和长治久安的现实需求

社会稳定和长治久安是新疆工作的总目标。就业和教育是稳疆兴疆、富民固边的执政之要。就业稳，调整经济结构、推进供给侧结构性改革、推动社会各领域高质量发展才有稳定的环境。受地缘环境、就业观念、就业能力等方面的制约，新疆农业专项非农领域的待就业劳动力数量相对较多。从新疆南疆的三地州农业和非农就业两种就业类型来看，农业劳动力比重高达80%以上。建久安之势、成长治之业，促进就业是长远之策、固本之举。第二次中央新疆工作座谈会中将新疆就业问题提到稳疆安疆的战略高度，要通过促进就业来改善民生，进而促进整个社会秩序稳定和经济发展。第三次中央新疆工作座谈会指出，发挥对口援疆制度优势促进农业富余劳动力跨区域转移就业，支持劳动密集型产业发展以吸纳劳动力就近就地就业。

随着生产力水平的提高和经济结构的转换，无论哪个群体的人在就业之前都需要接受学校教育，以获得就业所需的最基本素养，形成最基本的就业力。国内外许多经验证明，劳动力素质低下是非农就业的主要障碍。一方面，就业综合素质低的劳动力由于缺乏必要的知识和技能，只能从事简单的体力劳动以及对自然资源的粗放型开发利用；另一方面，即使有了新的就业机会，由于就业能力的限制，这些劳动力也很难把握住非农就业机会或者无法适应代表更高生产率的现代新兴产业的要求。新疆就业问题最大的障碍是待业劳动力受教育水平低，就业观念、技能、语言等无法适应工作岗位的需求。受教育水平较低的劳动力难以获得稳定的工作，易滋生对社会和政府的不满情绪，容易被极端思想蛊惑。把教育搞上去，能够正确树立青少年的人生观、价值观和世界观，也是扩大就业，实现新疆经济发展、社会进步和长治久安的治本之策。党的十九大强调，要通过大规模开展职业技能培训，提供全方位公共就业服务，破除目前存在的妨碍劳动力就业流动的各种体制机制弊端，让想就业的劳动力都可以通过辛勤的、努力的劳动拥有实现个人发展、人生出彩的机会。第三次中央新疆工作座谈会指出，要大力发展职业教育，确保实现初高中未就业毕业生职业教育培训全覆盖，切实提高就业能力。在新疆实施教育优先战略，加大教育投入，增强就业能力，引导各族群众有序就业，是维护我国各民族教育公平、建设和谐、稳定新疆的现实需求。

1.1.1.3　提高教育效能和优化就业结构是实现新疆民生工程的必由之路

教育和就业可以说都是民生建设的重大领域。把教育搞上去，是扩大就业、改善民生的基础。未来的劳动力接受高质量的教育，可以打破学历"天花板"，搬走就业"绊脚石"，从源头纾解就业难问题，且能阻断就业贫困代际传递。第二次、第三次中央新疆工作座谈会提出坚持实施就业和教育优先战略，实施更加积极的就业政策，持之以恒保障就业。新疆"十四五"规划将实施就业优先战略、大力发展教育事业作为大力保障和改善民生、增进各族群众福祉的最重要的工作，以"十四五"就业促进规划、"十四五"教育事业发展规划、"十四五"教育质量提升工程等形式擘画发展蓝图，并在经费投入、政策保障方面提出明确目标与要求。新疆近年来在教育投入上力度空前，2015 年新疆各类学校国家财政预算内教育经费为 648 亿元，2016 年为 717 亿元，2018 年为 876 亿元，2020 年增加到 908 亿元。2015 年及以后新疆财政性教育经费支出占 GDP 的比例均突破 7%，教育投资高于全国平均水平。教育投资的目的是增加教育机会和提高教育质量，努力让有就业意愿的每一个人都得到相应基本素质和就业能力的教育与培训，每一个有劳动能力的人都实现就业，顺应人民群众从"有工作"到"好工作"的美好向往。

新疆劳动年龄人口供给充裕。但是产业转型升级、技术进步对劳动者技能素质的更高要求，使得大批劳动力不满足社会需求而产生结构性失业。特别是南疆四地州农村劳动力综合素质不高、就业技能不强，结构性就业矛盾尤为突出。"十四五"时期，持续扩大就业规模、有效缓解结构性就业矛盾是新疆就业工作的重要目标。就业目标落实在教育层面，义务教育是提高国民素质、实现国家富强的基础性工程，高中阶段教育（包括中等职业教育）和高等教育是提升劳动力就业能力和综合素质的进阶工程。提高劳动力就业能力和优化劳动力能力结构，对高中阶段教育和高等教育提出了更高要求。从教育发展规模来看，到 2025 年新疆高中阶段教育毛入学率要保持在 98% 以上，全区高等教育毛入学率达 52% 以上。从教育发展结构来看，要优化职业教育布局结构，推进职业教育扩容提质；优化学科专业结构、人才培养结构，使高等教育匹配产业转型升级和高质量发展的需要。从教育效能来看，要通过教育途径建设一支符合高质量发展要求、适应现代化经济体系、具备较高职业技能和道德素质、结构比较合理的劳动者队伍。教育路径和积极的就业政策相得益彰，促进劳动力更加充分更高质量就业，实现城镇新增就业 230 万人，城镇登记失业率控制在 4.5% 以内。

基于第三次中央新疆工作座谈会和新疆"十四五"发展规划的目

标和定位，教育投资对新疆就业结构影响如何？新疆教育投资结构应该如何调整，从而提升劳动力供给结构与经济发展结构的匹配度，构建更符合全民需求的、更高质量的教育体系。随着新疆教育投资规模加大，新疆教育投资促进就业的效率有多大？新疆教育投资对就业的短期效应和长期效应如何？基础教育投资的就业收益与高等教育投资的就业收益有差别吗？因此，有必要进行新疆教育投资对就业的贡献研究，深化教育投资与非农就业之间关系的认识，探究和论证上述提出的问题，结合新疆实际提出完善教育投资结构以促进非农就业的建议，为新疆教育投资政策和就业政策的制定提供有益的参考，从而促进劳动力更充分和更高质量就业。

1.1.2 研究意义

1.1.2.1 理论意义

（1）进一步论证了教育投资的经济功能。

现代人力资本理论产生之初，"教育投资"作为人力资本投资最主要的组成部分，受到经济学家和教育学家的青睐，很多学者做了定量数理分析论证教育投资对经济增长的贡献。如舒尔茨进行了教育投资对经济功能的宏观分析，加里·贝克尔（Gary S Becker）探讨正规教育的成本和收益问题以及人力资本投资与个人收入分配的关系。教育投资的经济功能的实现途径是就业，因此，从教育投资与就业的关系这一路径论证教育投资的经济功能，可以充实和丰富教育投资经济功能的理论依据。

（2）丰富了教育投资影响就业的作用机制。

本书结合新疆教育与就业关系的实际情况，从宏观和微观两个层面探讨教育投资对非农就业的影响。宏观层面提出教育投资可以增加非农就业岗位、优化非农就业结构、在一定程度上解决当下存在的就业难和招工难的非农就业压力，从而对非农就业整体大局产生影响。微观层面提出教育投资可以提升个人非农就业能力、增加个人非农就业机会可得性、提高个人非农就业的劳动报酬、增加个人非农就业的稳定性。进一步丰富教育投资对非农就业发挥的人力资本功能和信号筛选功能。

1.1.2.2 实践意义

（1）评估新疆教育投资政策在实现促进就业方面的绩效。

自中央新疆工作座谈会以来，国家对新疆各级教育的投入高于全国平均水平。但教育投资并不是力度越大越好，教育投资结构必须与一个地区的经济发展和产业结构相适应，才能促进就业，推动经济发展。20 世纪 70 年代，发达国家和发展中国家的人力资本理论所预言的经济和社会的繁荣并没有普遍出现，反而使这些国家受到经济衰退、通货膨胀、高失业率的打击。教育投资的增加没有在宏观上促进充分就业、在微观上提高个体就业收益。因此研究新疆教育投资对非农就业的关系，就是探究教育投资是否对新疆就业增长有积极的正向关系，教育投资的增加是否在宏观上促进新疆劳动力的非农就业、在微观上提高个体就业质量。研究教育投资的非农就业贡献，就是探讨新疆教育投资是否与经济结构和就业结构调整产生良性互动，探讨目前的教育投资结构是否与经济发展和产业结构相适应。

（2）为教育投资促进劳动力非农就业的政策制定提供依据。

新疆的就业问题不仅影响新疆各族群众的民生，更影响经济发展和社会稳定大局。教育投资对非农就业具有短期效应和长期效应。根据教育类别分析各级各类教育投资当期、短期和长期对就业的贡献，提出优先提高哪种类型的教育投资有益于解决新疆短期的非农就业困境；哪种类型的教育需要长线投资以从根本解决新疆就业难题，从而助力新疆的长治久安。本书为分类别进行新疆教育投资以促进劳动力非农就业的教育投资政策的制定提供依据，并且探讨促进新疆非农就业实现从外生政策导向型向内生人力资本导向型发展模式转型的公共政策，从而为新疆经济发展和社会稳定尽微薄之力。

1.2　国内外研究动态

1.2.1　关于非农就业问题的研究

1.2.1.1　宏观视角的非农就业研究

很多学者从宏观层面对非农就业问题做了论述，研究热点集中在经济发展、劳动力市场、产业结构、资源禀赋四个方面。从经济发展角度来看，西方经济学家普遍认为，决定一个国家就业水平的基本因素是看这个国家有没有大量的就业机会和经济发展水平如何。关于经济与就业著名的理论有菲利普斯曲线和奥肯定律，菲利普斯曲线认为通货膨胀与失业率存在反向的关系，奥肯定律认为失业率与国民生产总值增长率存在负相关关系。我国多数学者的研究表明，中国经济增长与就业效应两者之间存在正相关关系。邓志旺等（2002）的研究结果显示，中国长期的经济增长对就业增长的拉动能力保持在一个较平稳的水平。魏瑾瑞（2012）的研究结论显示经济增长与失业之间呈负相关关系，经济产出与就业呈正相关关系。王经绫（2014）认为经济增长对农业剩余劳动力的就业贡献大于对城镇就业人口的贡献。王会娟和陈锡康（2011）的研究结果显示，各部门最终需求的变动、GDP和消费等最终需求构成项的总量对就业的拉动效果很明显。王会娟等（2010）利用投入产出技术测算了国际金融危机对非农就业的影响。王光栋和左家玲（2011）从经济全球化角度对中国农村劳动力非农就业的影响因素进行了分析。

从劳动力市场来看，一些研究认为劳动力市场的制度性分割阻碍了非农就业的进程（吴宏洛，2004）。多重分割是我国劳动力市场的重要特征，既包括制度性分割的存在、城乡分割的存在、地区分割的存在，又包括职业分割的存在、行业或部门分割的存在。劳动力市场的多重分割大大提高了劳动力的流动成本，降低了劳动力市场的流动性，限制了就业选择。分割的劳动力市场导致劳动力搜寻岗位时间更长（景光仪，2011）。另外，劳动力市场根据劳动者的一些容易辨认的个人特征（性别、举止、口音、户籍、受教育程度、考试成绩）作出就业分配和安置决定，这种依据将农民完全挡在主要劳动力市场大门之外。随着拥有高学历的人数迅速增多，主要劳动力市场的门槛会越来越高，农民进入主要市场更加不可能（徐旭晖，2006）。

从产业结构来看，二三产业的迅速发展是影响我国农村劳动力非农就业的最重要因素。郭克莎（2001）认为应通过加快服务业发展带动非农就业，以发达的非农就业来带动城市化。同时把农村工业化转变为城镇工业化，让长期从事非农产业的农民转变为城市人口。吉粉华（2008）认为我国工业吸纳就业人口少，服务业发展相对滞后，严重制约了非农就业的增长及其比重的上升。赵海（2010）的研究结果显示，制度变量通过影响二三产业的发展间接影响非农就业规模。

从资源禀赋来看，能源和资源的多寡影响非农就业。何凌云等（2019）研究认为，可再生能源投资增加能促进全国就业量与可再生能源行业就业量，但对传统能源行业就业量具有抑制作用。赵领娣等（2013）认为，丰裕的能源禀赋反而对就业增长具有抑制作用。有力的证据是，能源富集的中西部地区由于产业过度依赖能源，与东部地区相比制造业发展不足、生产技术水平低下，从而导致当地经济和就业水平相对落后。王会娟和陈锡康（2014）的研究结果显示，低能耗部门增加值占 GDP 比重的提高有利于非农就业的增加。任国强和段文婷（2013）、辛岭和蒋和平（2009）分别研究了村庄的资源禀赋对农村劳动力非农就业的影响。前者认为乡镇企业发展与农民非农就业之间存在着长期稳定的正相关关系。后者认为耕地面积、村集体经济收入、劳动力所在村附近企业数量和地形特征是农村劳动力非农就业的主要影响因素。

1.2.1.2 微观视角的非农就业研究

影响非农就业的微观角度可以分为人力资本、劳动力收入、家庭特征和土地流转。农村劳动力人力资本存量对劳动力个体非农就业影响显著。乐章（2006）、苏群等（2007）、鲁莎莎等（2014）对农村劳动力非农就业选择及其收入的人力资本因素进行了实证分析。研究结果显示，受教育程度高的劳动力非农就业意愿明显增强；受教育年限长或精通某一生产技能，非农就业的选择余地大；业务能力强、技术掌握程度较好者，劳动力收入就高。

劳动力务工工资和务农收入是影响非农就业的重要因素。李实（1999）认为，农村劳动力流动是修正经济发展过程中收入分配不均等化的一种有效的、合乎市场化要求的理性选择。李石新和熊云（2011）认为，务工工资、务农收入差距、人均家庭负担以及城市现代部门工资与务工收入差距影响非农就业。刘洪银（2011）的研究表明，农村劳动力非农就业促进了农村收入分布的均等，非农就业量与农村收入均等化之间呈倒"U"形关系趋势。任国强和段文婷（2013）认为一个村庄农村劳动力非农就业的比例与非农收入成正比，与人均农业收入水平成反比。

家庭特征影响非农就业，辛岭和蒋和平（2009）认为劳动力家庭中的未成年人数、60 岁以上老人数量是农村劳动力非农就业的主观影响因素。鲁莎莎等（2014）认为家庭人数越多，小孩越少，劳动力流动率就越高。邱元等（2015）也验证了家庭特征是影响农村劳动力非农就业的重要因素。

土地是影响农民收益的一个重要方面，张林秀等（2000）认为，农地流转有利于促进土地资源合理有效利用，解决人地矛盾，稳定现有土地承包关系，进一步实现农村剩余劳动力的充分转移。严燕等

（2012）研究认为，户主性别、年龄对农村土地退出的意愿具有显著影响；家庭中实现非农就业的成员占家庭成员总数的比例、家庭非农收入占家庭总体收入的比例对劳动力退出土地的意愿会产生显著的正向影响。邱元等（2015）认为土地是否流转是影响农村劳动力非农就业的重要因素。刘承芳和张林秀（2003）用宏观数据及农户调查数据分析我国过去20年经济波动与农村非农就业之间的互动关系，认为在经济发展波动期，农业对劳动力非农就业的不稳定具有兜底作用。要保护农民的土地产权，以保障农民最基本的生计安全。

1.2.1.3　增进非农就业的途径研究

关于增进非农就业，主要围绕城镇化发展、劳动力人力资本提升和科技创新等方面进行。推进城市化，乡镇企业向小城镇集中，带动小城镇第三产业的发展，这是带动农村富余劳动力转移的主渠道。郭克莎（2001）、钱敏泽（2001）、吉粉华（2008）、刘维奇和韩媛媛（2014）认为，城市化水平的高低反映了二三产业的发展，提高城市化水平是非农就业比率不断提升的主要因素。吉粉华的研究结果显示我国城市化率低于非农就业比重，非农就业比重远高于城市化水平。罗奎等（2014）认为，2000～2010年，中国城镇化发展与非农就业数量均呈现出快速增长的态势，在城市中心非农就业绝对数增加的同时，非农就业向中心城市周边扩散，表现出相对增长的趋势。朱战辉（2019）认为，随着乡村工业化的发展、公共服务体系的城乡一体化、社会保障体系的完善，乡村城镇化作为中国特色新型城镇化发展的重要模式，可以促进农村青年就地实现非农就业。

对于农村劳动力来说，教育与技能培训是增加其人力资本的最有效途径。乐章（2006）认为，对于素质低、渴望能谋得更好生活的外出务工农民来说，技能培训能解决燃眉之急；在培训上所投入的经费和时间直接影响着他们的外出务工收入水平。熊会兵和肖文韬（2007）认为农民就业能力的提升，具体表现在农民根据城乡经济的发展转变更新就业观念，积极参加职业技能培训，同时接受各种形式的教育以提高文化水平。邱元等（2015）认为需要强化农村基础教育，加大对农村劳动力的就业培训和指导。赵海（2010）认为增加农户的人力资本存量并加强相应的制度建设对农村劳动力的非农就业有着重要的意义。

一些学者从科技创新对非农就业的促进作用进行了研究，认为科技创新可以直接增加技术应用的工作岗位，间接带动相关产业领域工作岗位的增加，更多的工作机会有助于降低失业率和实现充分就业，从而实现更高质量的就业。官爱兰和周丽萍（2015）用面板数据分析了教育和科技创新对就业的总体效应，结果表明，科技创新对就业的贡献率在 5%~5.6%。宋德军（2012）、吴莎等（2013）对中国的状况进行了定性、定量分析得出同样的结论，即科技创新与就业显著正相关。有学者持科技创新对就业有抑制作用的观点（唐国华，2011；方建国和尹丽波，2012），即科技创新替代就业，导致失业。也有"中性派"认为科技创新对就业不仅有促进作用，还有抑制作用，如王琦等（2015）认为科技创新的就业效应由创造新工作和淘汰旧岗位两种效应综合得到。如果科技创新的工作创造效应超过了岗位淘汰效应，那么科技创新的净效应就增加了社会就业；否则，科技创新的就业效应就会减少社会就业。郭庆然和丁翠翠（2018）认为，教育和科技支出在一定滞后期会对农村劳动力非农就业产生显著影响，后者比前者对非农就业的时效性更及时。教育和科技投入向中西部倾斜有利于促进这些地区农村劳动力非农就业。

1.2.2　关于受教育程度对非农就业影响的研究

众多学者研究了受教育程度与非农就业之间的关系。学者普遍认为受教育程度影响非农就业机会、非农就业概率、非农就业选择能力，进而影响非农就业的稳定性。

1.2.2.1　受教育程度影响劳动力获得非农就业的机会

教育是使人们获取基本工作能力的最主要手段，因此教育是获得非农就业机会的关键。发展经济学家 Jean Dreze 和诺贝尔经济学奖获得者 Jean Dreze 和 Amartya Sen（2002）认为，没有就业或就业不充分是社会弱势群体的一个重要特征，究其原因，主要是这些群体的劳动力素质或人力资本禀赋较低，从而限制了就业机会的获得。Benjamin 等（2000）通过研究发现，受过教育的农村居民能够更快捷了解到非农就业岗位和收入的信息，更加充分地抓住经济转型的机会，从而实现就业增收。张林秀等（2000）研究表明，雇主在选择人员时也会给予受过教育的人更多的机会。周其仁（1997）、任国强（2004）研究认为，劳动力人力资本对就业选择产生影响。劳动力受教育程度越高，越容易在非农产业就业。从产业构成来看，农村劳动力受教育程度与第三产业就业呈正相关。黄斌和徐彩群（2013）基于浙江、安徽、陕西 3 省 6 县 12 个村入户调查的数据，发现农村劳动力义务教育年限增加，从事非农就业的机会就显著增加，义务教育促进非农就业的作用显著。章莉和李实（2016）认为，城镇居民进行人力资本投资后的就业机会回报高于农民工，对这一事实的认知抑制了农民进行人力资本投资的积极性，可能是中国很多地区城镇职工和农民工在2002~2007年受教育年限差距扩大情况的原因。

1.2.2.2　受教育程度影响劳动力从事非农就业的概率

劳动力受教育程度增加会提高非农工作的概率（Sumner，1982）。Huffman（1980）认为美国经济长期增长期间，一个主要的调整是劳动力在农业和非农业市场之间的重新分配。他对美国276个研究对象调查后发现，劳动力提高受教育水平会增加其从事非农工作的概率，这一弹性系数为1.2，教育投资的部分回报表现为对劳动力在农业和非农业劳动力市场之间重新分配的影响。赵耀辉（1997）认为，在农业和非农就业两种选择中，人力资本禀赋方面有优势的农村劳动力优先选择向非农产业转移和就业。与没有受过正规教育的劳动力相比，高中文化程度的劳动力外出从事非农就业的概率多21%，初中文化程度多11%，小学文化程度多3.6%。而李实和丁赛（2003）用1995年的数据分析同样发现，和文盲劳动力相比，接受了高中教育的劳动力通过非农就业获得非农就业收入的概率高约20%；与接受完小学教育的劳动力对比高出10%。陈玉宇和邢春冰（2004）的研究发现，劳动力受教育程度每增加1年，劳动力在工业部门就业的机会增加1.5%~3.2%。

1.2.2.3　受教育程度影响劳动力非农就业的选择能力

教育的就业功能主要体现在对就业选择能力的影响上。陈吉元（1991）、蔡昉（2000）、李强（2004）、曹广忠（2002）研究认为，劳动力受教育程度影响就业区位选择能力。文化程度高的劳动力，可以更加灵活和机动地选择就业流动区域，更倾向于远距离流动。受教育程度越低，选择就业流动的区域会越被动，且越倾向于本地就业。受教育程度与就业区位选择灵活性、就业流动距离呈正相关关系。教育决定看家本领。看家本领强的劳动力获得就业的机会、选择的就业范围更多、更广泛，这类人群更可能突破距离的障碍。王洪春和阮宜胜（2004）、任国强（2004）认为，受教育程度影响劳动力从事的行业和从事劳动的类型。文化程度高的劳动力，从事体力类型劳动的比例较小。从事重体力劳动类型的转移就业劳动力文化素质较低，在轻体力行业就业的转移劳动力受教育水平也相对较高。魏毅和廖素琼（2006）将劳动力的就业能力分为获得收入的能力、空间流动的能力、获得就业信息的能力、保持就业稳定性和持续性的能力、维权能力，并认为农民工受教育状况影响这五方面的能力，进而影响和制约着农民工外出就业能力。张默等（2014）研究发现，农村劳动力受教育水平与就业能力有密切关系。多元回归模型计量结果显示，受教育水平越高的劳动力，就业能力越强，与年龄等因素相比受教育程度对就业能力的影响最大。可能的原因是劳动力受教育水平越高，接受新事物、新技能、处理新关系的能力要强。也有研究显示受教育程度对非农就业能力的影响并不显著。陈昭玖等（2012）对 566 个农民工的调查分析发现，基础性受教育水平不能代表已经掌握从事某项工作所需的专项技能，受教育程度因素对取样的农民工就业能力没有产生显著影响。

1.2.2.4　受教育程度影响非农就业的稳定性

劳动力的文化程度越高，在外就业的稳定性越强。蔡昉（2000）、张林秀等（2000）认为，在经济萧条时期，往往能避免被解雇风险的农村劳动力具有受教育程度高的特征。受教育程度较高的人在信息不对称的情况下往往会掌握更多的信息，在城市经济波动时期所受的不利影响要小。陈吉元（1991）、王洪春和阮宜胜（2004）认为，外出务工的劳动力，其受教育程度和在外停留时长成正比。文化程度影响着农村劳动力是常年转移就业，还是季节性转移就业。当劳动力受教育水平达到中专和大专学历时，几乎都是常年转移就业。王志宇（2012）研究认为，非农就业失业的主要群体是农村低学历劳动力人口。也有研究显示农村劳动力中高知识层次者会倾向于本地非农就业，认为本地非农就业更稳定。杨雪和魏洪英（2016）以东北三省外流人口为样本，发现在分割的劳动力市场中，受教育程度高的劳动力一般在主要劳动力市场就业，其就业稳定性更高。梁海艳（2019）基于流动人口调查数据分析发现，受教育程度对流动劳动力就业质量有较大影响，随着流动人口的受教育程度不断提高，就业质量出现了明显的提升。李放等（2015）研究发现，劳动力受教育程度高，其就业稳定性不一定会提高。他发现与小学及以下文化程度的劳动力相比，拥有初中以上学历的劳动力就业稳定性更低。李东琴（2011）、陈玲（2014）研究发现，青年流动劳动力的受教育程度、是否接受培训对他的就业稳定性没有呈现出显著影响。

1.2.2.5　受教育程度影响非农就业收入

陆文聪和叶建（2005）采用面板数据对农村家庭收入进行了回

归，结果发现，在浙江、湖北两省份，受教育程度越高的劳动力能够为其家庭带来的收入也越高。陈卫等（2010）研究表明，流动劳动力人力资本和就业收入有正向关系，其中教育对就业收入提升的贡献最显著，参加职业培训两次以上也会对就业产生正向影响。杨金凤和刘健（2007）研究发现，农村劳动力无论是本地就业还是外出就业，受教育年限都会对非农就业收入产生显著的正向影响。马银坡和陈体标（2018）认为，大专及以上受教育者在跨区域流动就业时，主要是收入驱动。随着劳动力受教育程度提高、凝聚在他们身上的人力资本积累提高，这时流动距离与就业收入呈正向影响，甚至出现"乘数效应"。邢春冰等（2013）研究认为，农民工群体的总体教育回报率存在下降的趋势，且存在显著的地区差异。

基于学者关于教育与非农就业的文献梳理可以看出，受教育程度对劳动力获得非农就业的可得性、就业地区流向、选择非农就业能力、就业稳定性和就业行业类别等的影响被通过理论阐述和实证分析进一步得到深入讨论。受教育程度日益成为农村劳动力进入非农就业市场、获得收益良好工作的重要因素。

1.2.3 关于职业培训对非农就业影响的研究

培训是劳动力职业技能教育的重要组成部分。教育的任务是提升劳动力文化素质，职业培训的目标是提高劳动力技术素质。实际上，针对适龄劳动力，培训发挥的素质提升作用不亚于正规教育。通过职业培训的补充和转化，劳动力的知识、素质和技能等人力资本能更好地发挥作用（赵延东和王奋宇，2002）。职业培训对劳动力非农就业的作用发挥主要表现在以下方面。

1.2.3.1 培训增加了非农就业的可能性

蔡荣生等（2005）研究认为，通过职业培训可以促进农村劳动者转移向城市，并获得城市非农就业机会。任国强和薛守刚（2009）研究表明，参加职业培训是劳动力就业和收入增长的重要因素，培训后实现非农就业的农民，其人均纯收入和劳均纯收入都要高于没有接受职业培训的农民群体。经过专业培训的农村劳动力，非农就业选择概率、非农就业比率都更高。职业培训提高劳动力在本地得到非农就业机会的可能性。李劲松和何福萍（2011）认为，非农就业与农村劳动力转移培训有密切关系。在受教育程度、社会资本和家庭负担、务工经历占优势的农村劳动力，参加职业技能培训后更有利于实现非农就业。黄斌和徐彩群（2013）研究认为，职业技术培训尤其对于促进农村劳动力实现非农就业有重要作用，对于提高非农就业收入效果显著。一些研究利用调查数据分析接受过职业培训和没有接受过培训的劳动力非农就业差异。杨冠军和殷芳（1999）对河南省的调查分析发现，接受过技术培训的转移劳动力比未接受过相关培训的群体非农就业率高 30%。于雁洁（2016）认为，对于有一定基础文化程度的劳动力来说，通过职业技能培训有利于实现短期的技能水平提升，且接受过培训后非农就业率高出 24.3%。接受职业培训情况会显著影响受培劳动力的就业方式选择。职业培训对于提升农村劳动力基本文化素质、推进一些区域经济二元特征的转变有重要意义。

1.2.3.2 培训增强了非农就业的稳定性

陈吉元（1991）、张照新和宋洪远（2002）调查显示，接受过职业培训的农村转移劳动力，实现常年转移就业的比重较高，转移后回流比例低于没有接受过职业培训的农村劳动力，这说明接受过职业培训的转移劳动力非农就业的稳定性更强。张务伟和张福明（2011）研究认为，是否接受过职业培训是影响农业转移劳动力就业状况的首要因素，接受过职业培训使劳动力拥有技术特长，非农就业稳定性更高。苏兆斌和孔微巍（2015）认为，职业培训可以增进劳动力就业的工作匹配性、劳动与社会保障、就业报酬、职业发展空间，工作满意度，从而提高就业稳定性。韩雪和张广胜（2014）研究发现，接受技能培训可以促进进城务工人口岗位就业的稳定性。企业专用性强的人力资本培训能够降低员工的流动性。一些学者对比了通用性职业培训和专用性的职业培训，发现通用性职业培训对劳动力非农就业的稳定性没有产生显著影响，专用性培训对非农就业的稳定性影响突出。官华平和谌新民（2013）认为，企业对员工培训后，使其能更稳定地服务于本企业的发展，这是企业开展专用性人力资本的重要激励。谌晓舟和贾君（2016）、樊茜等（2018）、董长瑞等（2019）研究认为，由政府和社会机构承担的劳动保障性质的通用性人力资本投资存在明显的外部性，对于劳动力实现稳定就业的效果并不显著。由企业投资的专用性人力资本提升培训，培训内容锁定在特定领域、培训质量更高，可以外化为受培劳动力就业稳定性的提升。政府组织的职业培训对劳动力职业技能提升的作用有限，注重专用性技能培训投资是提高劳动力就业稳定性的重要途径。

1.2.4　关于教育投资与非农就业关系的研究

1.2.4.1　教育投资影响非农就业的机理

教育投资影响就业的理论基础是人力资本理论，即教育支出是一种生产性投资，能提高劳动生产率，对就业有促进作用。亚当·斯密（2001）在他的名著《国富论》中提出，人们为了获得才能资本而接受的教育和训练是一种投资，"一种费去许多功夫和时间才学会的需要特殊技巧和熟练的职业，可以说等于一台高价机器。"从此，教育投资几乎得到人力资本分析者的无微不至的"关怀"。西奥多·舒尔茨（2017）认为，教育投资是人口质量的投资，这种投资会形成存在于人体内的、为教育之后带来经济收益的生产性资本。加里·贝克尔（2017）认为学校教育和培训与其他投资一样，属于正式人力资本投资的范畴。显性收益是人力资本投资的总回报。人力资本的投资包含在人的投资中，其边际收益随着投资的追加和积累会呈现下降趋势。雅各布·明塞尔（2001）认为，学校教育投资的差异和工作中经验积累作为人力资本的主要投资方式，会使劳动力的收入产生差异。阿尔弗雷德·马歇尔（2005）认为，先天能力差别可能是影响人们就业工资差别的原因之一，但大多数人收入差异的根源是对人的发展的投资数量的差异。教育投资影响就业的其中一个理论基础是"信号筛选理论"。迈克尔·斯彭斯（2019）提出，由于劳动力市场雇佣双方的信息不对称，雇主雇佣工人是"不确定的投资"。雇主往往将劳动者的教育等人力资本水平作为"标签"或"信号"来判断劳动者的未来生产率，以节约获取信息的成本。景光仪（2011）认为，教育投资影响就业的人力资本功能模式，"较多的教育培训—较高的劳动生产率—较高的经济增长—较高的就业水平"；教育投资影响就业的信号筛选功能的模式则是"教育—信号筛选—岗位"。

随着新时期结构性就业问题凸显的情况出现，我国学者认为教育投资影响就业的机理还表现在以下三个方面：一是教育投资可以改变教育者的就业理念，由被动聘用转向主动创业。王志宇（2012）认为，教育支出不仅增强了劳动者的就业适应能力，而且在某一程度上培养了一大批受教育者进行自主创业，成为新生劳动力的雇佣者，从而带动待业者就业。二是教育投资使学校成为就业大潮的"蓄水池"，使一部分亟待就业的劳动力免于失业的风险，通过教育进一步提高劳动力就业的能力。三是教育投资增强了教育资源承载力，有教育需求的人可以延长教育年限从而推迟婚育时间，对人口减负和就业减负都有一定作用。景光仪（2011）认为，教育投资存在时滞性。教育投资在短期内产生对就业的替代效应，长时期内产生对就业促进的拉动效应。

1.2.4.2　教育投资对非农就业总量的影响

Jung 和 Thorbecke（2003）研究了坦桑尼亚和赞比亚公共教育投资，结果表明教育投资在劳动力供给过剩的条件下对消除贫困更有利。Beraldo 等（2009）分析了 19 个经济合作与发展组织成员在 1971～1998 年的数据，得出公共教育投资和就业有显著影响。Maliranta 等（2010）利用多项对数模型，发现加大培养学生就业能力的教育投资，将会对学生就业起积极作用。Findley 和 Sambamoorthi（2004）用横截面研究方法分析残疾人就业问题，发现国家采取扶持残疾人接受高等教育的财政政策会有利于解决残疾人就业问题。很多中国学者就教育投资与就业的关系进行了实证研究。李昕芮（2010）、张术茂（2014）的研究结果显示，财政教育支出对长期就业总量有较大正向影响。陈玉芝和党玮（2010）通过对经济增长与教育投入、就业的 SD 模型政策模拟发现，通过教育投资在各级教育投入比例关系的调整可以改变经济增长的速度和就业岗位的增加。景光仪（2011）认为从促进就业增长的目标来看，基础教育比高等教育投资的贡献更大。

但是，教育投资对就业不会马上起作用，往往存在时滞周期。张本飞（2010）使用格兰杰因果分析，发现教育投资对非农就业的影响存在滞后效应，教育连续投资至 7 年及以上时，对非农就业规模和非农就业产出的作用才会显现出来。霍丽等（2009）发现个体人力资本投资具有前期支出大，就业效应的显现周期较长的特点。王志宇（2012）同样发现教育投资就业收益的时滞期问题，并认为不同层级教育投资的时滞效应有差别，时滞期最长的是小学和初级中学的财政教育支出的投资，然后是高级中学的教育支出，高等教育投资的就业时滞期最短。王文甫（2010）通过模型分析发现，财政教育支出与全社会劳动力就业数量存在倒"U"形变化关系，这一支出占财政总支出的比重依然与劳动力就业之间显示出倒"U"形的动态关系。

1.2.4.3　教育投资对非农就业结构的影响

教育投资对不同产业就业具有影响。杨大楷和冯体一（2009）用VECM 探讨公共教育投资对就业结构的影响，结果显示公共教育投资增加会引起一二产业就业增加，第三产业就业量减少。景光仪（2011）分析了中国经济转型期教育投资对非农就业的影响，认为无论在短期内还是长期内，教育投资的增长没有带来二三产业就业人数的增长。这其中既有教育投资总量投资不足的问题，也有教育投资结构失衡的问题。景光仪认为，农村基础教育投资从长期看对农业劳动力转移产生积极影响，相比高等教育投资对我国就业结构调整的影响，基础教育投资变化拉动二三产业就业人数增长的作用更明显。

1.2.4.4 教育投资对非农就业收益的影响

教育投资要考虑收益，即对就业机会和就业收入的回报率。陈玉宇和邢春冰（2004）认为，教育投资后在工业部门就业，教育投资的收入回报要高于其他部门。教育投资增强劳动力在工业部门就业的稳健性，同时工业工资收入能显著提高劳动力所在家庭的人均年收入。邹薇和张芳（2006）认为，当前我国农村居民家庭收入差距扩大很重要的原因是劳动力教育投资差异导致的非农就业于收入差距。田青（2012）运用 HECKMAN 模型，发现教育投资显著影响劳动力非农就业的工资性收入，并决定着劳动力非农就业的机会。教育投资对非农就业机会的影响要高于对工资收益的影响。

1.2.4.5 教育投资对农村劳动力非农就业的影响

关于教育投资对农村非农就业的研究，国内学者运用多种计量和实证方法探讨两者之间的关系。杨向阳和赵蕾（2007）通过构建联立方程，发现农村公共教育投资对劳动力非农就业产生显著的正向影响。胡阿丽（2012）建立向量误差修正模型，分析 1980~2008 年农户人力资本投资对农户非农就业收入的影响。结果显示农户的教育投资与农户的非农收入存在长期稳定的均衡关系；农户的教育投资以及迁移投资与农户非农收入为双向格兰杰因果关系，教育投资对于农户非农就业收入有显著的正向影响。朱贵云等（2009）研究结果表明，人力资本投资量是非农就业总比重的单向格兰杰原因，且有效地促进了农村劳动力向城市非农产业转移。李宪印和陈万明（2009）基于湖南省1985~2012 年的时间序列数据，对农村非农就业和教育投资之间的关联性进行分析，发现人力资本教育投资与非农就业存在长期稳定的均衡关系。教育投资的过去值可以解释非农就业的变化。通过格兰杰因果检验也进一步验证农户在教育等方面的投资是农户家庭非农收入增长的重要原因，并且这种增长会反哺家庭人力资本投资，从而形成良性互动增长。

1.2.5 关于新疆教育投资、非农就业的研究

1.2.5.1 新疆教育投资的研究

一些学者从人力资本投资的角度研究了新疆教育投资现状，分析了人力资本投资与新疆经济增长的关系，并对人力资本投资的收益和效率进行了探讨，尤其人力资本投资与经济增长的相关结论为本书提供了理论的启示。何剑（2008）、蔡文伯等（2008）均建立经济增长的实证分析模型，论证新疆人力资本投资对经济增长的贡献，得出人力资本投入对新疆经济长远发展具有重要意义。新疆的经济增长方式表现为物质资本拉动型的特征，人力资本拉动经济增长的效应还没有凸显。发展高等教育，提高全社会劳动力的人力资本水平是促进新疆经济增长的重要途径。

李翠华（2010）研究显示，新疆教育的政府投资收益较高，而个人教育投资收益偏低。在影响新疆 GDP 增长的其他要素投入不变的情况下，公共教育资本增加1%，将导致区内生产总值增加0.15%。个人受教育时间每变化1%，收入增加0.13%。袁培（2009）的研究结果更为乐观，他认为劳动力受教育年限增加对于收入的增长至关重要。受教育年限增加1年的收入回报是298.858元。楚新元（2011）运用有效劳动力模型将全国和新疆人力资本投资效率进行对比研究，发现新疆人力资本投资对经济增长的贡献和效率低于全国水平。在新疆人均教育投资和总体教育投资高于全国水平的背景下，教育形成的人力资本的产出弹性和人力资本存量均低于全国水平。

1.2.5.2 新疆非农就业问题的研究

关于新疆劳动力就业问题的研究，一些学者围绕新疆农村剩余劳动力转移现状、新疆劳动力就业结构问题展开。学者认为，新疆农村剩余劳动力基数大、劳动力就业结构不合理是就业领域的突出问题。李鹏（2010）研究认为，新疆农村富余劳动力总量庞大，至少有1/3的农村劳动力就业不充分。剩余劳动力向非农产业转移的比重不足一半。转移劳动力中季节性转移比重占3/4，回流性较高。陈君和井西晓（2018）对民族地区青年就业水平进行分析，认为受教育水平低的青年劳动力，劳动形式以非正规就业为主，岗位不固定、收入不稳定、无保障，陷入"就业、失业、再就业、再失业"的怪圈。苏荟和孙毅（2018）研究认为，新疆转移就业劳动力外出务工的薪酬普遍不高，并且普遍低于全国就业人员的平均工资水平。李建新和刘梅（2019）、

欧阳金琼等（2020）研究分析认为，新疆少数民族劳动力超过80%集中在农林牧渔业，在二三产业就业的比重很低，少数民族劳动力就业结构失衡问题突出。

就业能力是劳动者的竞争能力，是人生存的基础保障，是实现自我价值的前提，是个体潜在的被雇佣能力（陈君和井西晓，2018）。新疆劳动力非农就业存在的转移难、稳定性低、结构失衡问题，虽然有新疆区域经济环境的因素，但最根本的原因是受与劳动力就业能力密切相关的文化素质和劳动技能的制约。俞燕（2013）认为，新疆剩余劳动力接受职业技能培训比例偏低，与就业能力相关的文化素质和工作技能偏低，使其转移就业后集中在稳定性较差、工资水平较低的劳动密集型行业，以体力、青春乃至健康为筹码的就业形式决定了其就业年限极其有限。李建新和刘梅（2019）认为，就业能力与受教育水平密切相关，一些劳动力掌握和应用汉语的能力相对较为欠缺，使就业能力和职业发展没有跟上现代化的步伐。辜胜阻等（2014）、欧阳金琼等（2020）认为，汉语水平低以及由此导致的受教育程度低是新疆本土劳动力就业结构失衡的主要原因。产业转型升级与创新经济对劳动技能提出了更高素质要求，较低的文化水平使待转移劳动力就业时的竞争力弱，就业水平明显较低。受经济环境、地理环境、人文环境的影响，南疆非农就业问题尤为突出。赵强（2011）认为新疆天山北坡的经济密度最高，南疆西南部的经济密度最低，因此导致南北疆创造就业机会、吸纳劳动力的空间有较大差异。张长江和晁伟鹏（2017）认为，南疆特殊的地理位置和发展缓慢的教育水平，使南疆流动人口中有很大比例是没有任何职业技能的普通劳动力，所从事的工作也以体力劳动为主，就业稳定性差，供需结构性矛盾突出。陈君和井西晓（2018）认为，教育导致的就业贫困亦会代际传递，因为父母受教育程度较低导致其对子女的教育问题不重视，没有非农就业的劳动技能导致家庭收入不高，都会成为下一代接受教育和改变就业现状的障碍。

通过劳动就业实现美好生活，是新疆各族群众的基本权利，也是新疆各族群众的美好心愿。就业的前提是解决农民的非农就业能力。加大教育投资，依靠教育和职业培训提高劳动力的就业能力，是教育人力资本功能发挥的应有之义。目前关于新疆教育投资与就业关系的研究很少，现有为数不多的研究倾向于探讨人力资本投资与经济增长或收入分配的两者关系。关于新疆就业问题的研究围绕新疆农村剩余劳动力转移、新疆少数民族大学生就业以及就业结构问题展开，从教育投资角度提出增进就业的研究也很少。

1.2.6　简要述评

1.2.6.1　现有研究成果

非农就业被认为是观察社会经济和金融发展程度的重要指标。随着城镇化的推进和经济社会发展，非农就业相关的系列问题成为社会关注的重要问题，更是学者研究话题的热点。非农就业研究的焦点集中在非农就业影响因素、增进非农就业的途径和非农就业能力提升上。研究者认为宏观层面的经济发展、劳动力市场、产业结构、资源禀赋，微观层面的人力资本存量、劳动力收入、家庭特征和土地流转，是影响非农就业岗位提供、非农就业机会概率以及非农就业质量（收入、流动距离、稳定性）的主要因素。推进城镇化、教育技能培训、科技创新被很多学者论证能拓展非农就业选择空间，提高非农就业选择能力，从而增加非农就业概率和非农就业质量。从 2000 年至今，中国关于非农就业的研究成果丰硕，为本书提供了较充足的文献基础。

教育作为提升非农就业能力和增进非农就业的途径，对非农就业有正向影响。很多研究表明劳动力受教育年限决定其非农就业机会、选择能力和稳定性，而非学校正规教育的主要类型——教育培训对非农就业的贡献被证实不亚于正规教育，这些研究结论为本书奠定了理论基础。一些学术研究的结果显示教育投资对于大学生、农业劳动力等群体均有促进作用。教育投资影响非农就业的机理被概括为人力资本功能和信号筛选功能。教育投资通过人力资本投资功能提高劳动生产率、促进经济增长、增加全社会就业岗位；教育投资作为一种人力资本水平信号在劳动力市场可以增加就业机会可得性。学者对很多省份的宏观数据和微观调查数据进行统计学分析，发现对劳动力进行教育投资和人力资本投资，会对就业总量、就业结构、就业收入和就业质量产生影响，进而对非农就业产生贡献。教育投资对就业的正向影响的研究为本书提供了观察视角和可行性依据。教育影响非农就业的研究，学者采用的模型主要有 CGE 一般均衡模型、多项对数模型、AK 类型的增长模型、SD 模型、向量误差修正模型（VECM）、HECK-MAN 模型和分层线性模型（HLM）等，这些为本书研究方法使用有重要的借鉴意义。

1.2.6.2　本书研究可能的创新空间

首先，关于教育投资的研究，多围绕教育投资对经济增长的贡献展开。就业作为教育投资经济功能发挥的主要途径，被作为经济衡量指标中的一项被探讨。单独探究教育投资与就业关系的研究数量很少，可以有进一步深入挖掘的空间。

其次，关于教育投资效率方面的研究不多，针对新疆教育投资就业收益的研究仍然有空缺。教育投资与就业的关系复杂，不注重教育投资效率，不仅造成资源损失，更会出现教育投资与产业结构不相适应导致结构性失业，以及教育深入与知识失业等问题。因此，有必要进行新疆教育投资对就业的贡献研究。

再次，非农就业的相关研究近70%围绕农村劳动力的非农就业问题展开，将非农就业劳动力总体作为研究对象，探讨教育投资与非农就业关系的研究不多。教育投资的就业受益群体包括受过各级各类教育的适龄劳动力，农村劳动力只是受益对象类别之一，其就业层面的目标是通过教育提高受教育对象的知识水平和技能水平，提高非农就业能力。本书立足于非农就业的基本内涵，探究整体教育投资的非农就业贡献，有理论依据，有现实价值，有研究空间。

最后，很多研究注重教育对非农就业的宏观影响，较少体现与微观个体相关的非农就业质量。本书在宏观分析的基础上，利用转移就业劳动力的调查数据，更进一步探讨微观层面的非农就业质量问题。

1.3　研究思路与研究内容

1.3.1　研究思路

教育投资通过人力资本功能和社会筛选功能影响非农就业。本书遵循理论与实证相结合的思路，在人力资本等理论指导下，围绕教育投资对非农就业的贡献这一主线，探究新疆教育投资对非农就业的影响。第一，基于新疆教育投资与非农就业的现状，对新疆劳动力人力资本结构、非农就业结构与经济发展协调性进行分析。第二，在现状分析和重要性认知基础上，从非农就业数量和非农就业质量两个层面分析教育投资对非农就业的贡献。根据促进非农就业的两种正规教育形式,一方面论证学校正规教育投资对非农就业的贡献,从教育总体、教育类型、教育层级等多维度、多视角分析教育投资的就业效应;另一方面分析非学校正规教育投资促进非农就业数量的贡献,基于宏观数据、实证案例、调研访谈论证非学校正规教育的实施效能。第三,在论证教育投资影响非农就业数量的前提下,根据反映就业质量的就业可得性、就业收入、就业稳定性、就业地区流向和就业产业进一步审视教育投资对非农就业质量的贡献。第四,从助力实现新疆总目标的视角,论证教育投资与非农就业对经济社会发展的重要性,阐明探究教育投资与非农就业关系的实践价值。第五,基于本书的研究结论,提出内生人力资本驱动型非农就业发展的政策建议。

1.3.2　研究内容

第一,教育投资对非农就业影响的理论分析。首先,对教育投资和非农就业进行辨析和界定。将本书的核心概念教育投资、非农就业和贡献进行含义辨析和操作性概念界定,为各章核心概念的把握和衡量指标的选取提供依据。其次,对研究相关理论基础进行逻辑归类和论述。从劳动力供给角度、社会对劳动力的需求角度梳理教育投资与劳动力素质、劳动力市场的相关理论;从社会发展的视角梳理教育投资与经济收益相关的理论;从劳动力产业间转移的必要性,梳理非农就业相关理论。通过对理论基础的分析和加工,夯实本书的理论依据。最后,基于理论基础,结合本书的研究框架,构建了教育投资对非农就业数量、非农就业质量的分析框架,阐释教育投资影响非农就业数量和质量的机理;讨论教育投资、非农就业、经济发展和社会稳定的交互关系,并论述了教育投资通过就业中介变量促进社会发展的理论和机制。

第二,新疆教育投资与非农就业的现状分析。首先,从教育投资规模、教育投资结构、教育投资经费来源、农村教育投资和教育投资效果等维度分析新疆学校正规教育投资状况。其次,从新疆职业培训成本分担主体、新疆职业培训促进就业投资政策、新疆职业培训投资特征三个方面论述非学校正规教育的投资状况。再次,从非农就业总量、非农就业结构、城镇与农村非农就业差异,对比分析新疆近 20 年的非农就业形势。最后,运用比较劳动生产率、产业结构偏离度等理论,探讨新疆劳动力人力资本结构、非农就业结构与经济发展相适应的情况。

第三,学校正规教育投资对新疆非农就业的贡献。从教育投资的人力资本功能、市场筛选功能分析学校教育投资影响非农就业的机理。运用协整理论、误差修正模型、脉冲响应分析学校正规教育投资总量、新疆普通教育投资、新疆职业教育投资与非农就业的关系，探索不同类型、不同层级教育投资对非农就业的替代效应和促进效应，分析教育投资促进就业的长期效应、短期效应和时滞效应。在教育投资的就业效应分析基础上，对比各级各类教育促进非农就业的贡献差异。

第四，非学校正规教育投资对新疆非农就业的贡献。依据职业培训是国民教育的属性，基于职业培训影响个体就业能力和调节就业结构的已有研究成果，假设新疆职业培训可以促进劳动力非农就业。从新疆职业培训承接主体、受培主体、培训实施分析新疆职业培训的投资特点，进而论证职业培训投资增进受培劳动力技能和促进受培劳动力就业的成效。以新疆 J 县和 Q 县职业培训促进农村劳动力非农就业为实证案例，进一步论证新疆职业培训促进就业的实施效能。此外，基于 6 县的实际调研和访谈，分析职业培训促进就业的数量和质量问题，探寻现行职业培训在促进就业方面存在的不足。

第五，新疆教育投资对非农就业质量的贡献分析。以劳动力受教育程度作为教育投资的近似衡量标准，使用 2011～2017 年中国流动人口动态监测调查新疆数据，运用多水平回归模型，根据反映就业质量的就业可得性、工作性质、就业收入和就业稳定性四个指标测度新疆劳动力就业质量，从受教育程度对就业质量影响的总体效应和时间效应两个维度，探索劳动力教育投资水平对非农就业质量的影响。基于该调查问卷，从市场筛选的视角，根据不同教育投资水平劳动力的就业行业、职业选择和单位性质差异进一步分析教育投资影响非农就业质量的路径。

第六，新疆教育投资促进非农就业的社会贡献分析。阐述教育与就业影响新疆经济社会发展的理论依据和研究基础，分析教育投资以就业为中介变量促进社会发展的重要意义。运用灰色关联系统理论分析非农就业、教育投资对新疆经济社会高质量发展的贡献，探究非农就业、教育投资、新疆经济和社会高质量发展的互动关系。在新时代我国的发展由要素与投资驱动转向创新驱动，高教育人力资本代替人口红利的背景下，论述教育投资的就业促进效应对新疆经济社会高质量发展的重大社会效益。

第七，构筑内生人力资本驱动型非农就业发展战略转型的制度安排。搭建内生人力资本驱动型非农就业发展战略的框架体系，提出新疆劳动力非农就业发展战略转型的制度安排。

1.4　研究方法、技术路线与创新

1.4.1　研究方法

教育投资对非农就业的影响，其中包括的两个主体研究对象——教育投资与非农就业，均是一个纷繁庞杂的体系，对这两者关系的研究需要结合运用多种研究方法，才能深入地探讨揭示新疆教育投资对非农就业的贡献，从而实现本书的研究目的。本书采用的研究方法包括：

1.4.1.1　理论研究和实证检验相结合

理论研究是实证研究的基础，实证研究是理论研究的深入。教育投资对非农就业的关系研究需要坚实的理论基础作为分析框架和思路，这样才能通过掌握充分的数据资料进行实证分析与验证。本书将通过大量阅读国内外相关文献，梳理教育投资与就业关系的研究成果，论述教育投资影响就业的理论基础，为本书进行理论铺垫。无论宏观角度还是微观角度，教育投资和非农就业现状、教育与就业的关系、教育投资对非农就业的贡献研究均力求以事实为依据，通过实证分析去解释和说明理论问题。

1.4.1.2　定性分析和定量分析相结合

定性分析教育投资和非农就业的现状、教育投资影响非农就业的内在机理。在此基础上，运用协整理论、误差修正模型、脉冲响应分析学校正规教育投资总量、新疆普通教育投资、新疆职业教育投资与非农就业的关系，分别分析各级各类教育投资当期、短期和长期对非农就业的贡献，探讨教育投资的就业促进效应、就业时滞效应和对潜在就业增长的弥补效应。结合 Logistic 模型和多元线性回归模型，根据反映就业质量的就业可得性、就业收入、就业稳定性、就业地区流向和就业产业五个指标，从受教育程度对就业质量影响的总体效应、时间效应、性别差异三个方面，探索劳动力受教育水平对非农就业质量的影响。

1.4.1.3　宏观分析和微观分析相结合

教育投资、劳动力非农就业既是一个宏观的社会问题又关系到微观个体。本书一方面从宏观的角度分析不同类别教育投资对于劳动力非农就业规模、非农就业结构以及非农就业收入的影响；另一方面，站在微观的个体角度，以调查数据为基础，分析某地区劳动力的教育投资对于非农就业的机会、稳定性和收入的影响，通过宏微观相互印证教育投资对于非农就业的重要性。

1.4.1.4 现实与未来期望分析相结合

教育投资的非农就业贡献存在短期效应和长期效应。在实证分析中要考虑各级各类教育投资当期、短期和长期对就业的贡献，探讨教育投资的就业拉动效应、就业时滞效应和对潜在就业增长的弥补效应。着眼于新疆短期的非农就业困境，提出优先提高哪种类型的教育投资的建议。立足于新疆经济社会高质量发展的背景，指出哪种类型的教育需要长线投资以从根本解决新疆就业难题。

1.4.2 技术路线

本书的研究技术路线如图 1-1 所示。

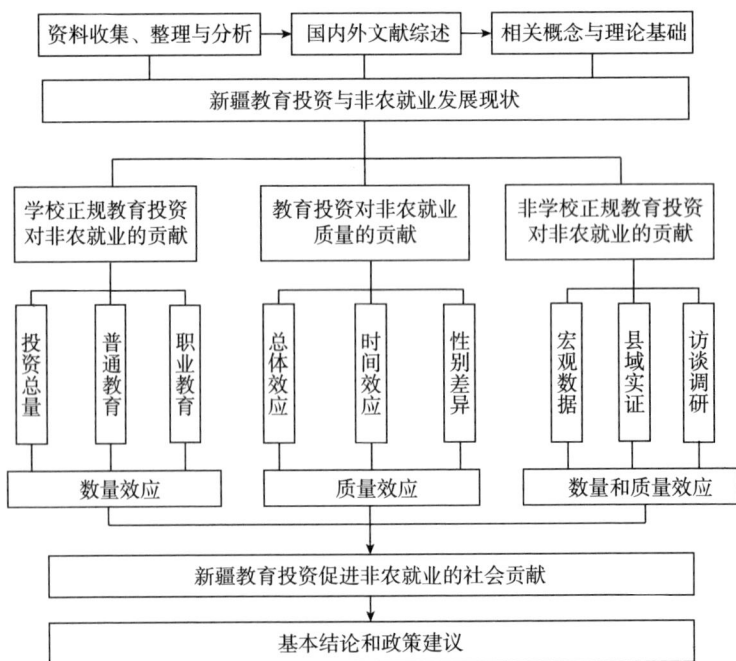

图 1-1 本书的研究技术路线

1.4.3　可能的创新点

第一，从研究视角来看，以往对教育与就业关系的研究多基于经济发展视角，本书基于社会稳定与长治久安的视角，提出新疆教育投资与就业的分析框架，探讨教育投资的非农就业总量效应、质量效应和社会效应；探析新疆教育投资对劳动力非农就业的贡献。

第二，在研究内容方面，基于教育投资影响就业规模和结构的机理，从宏观视角审视了新疆不同类型教育投资对非农就业的长期、短期促进效应，替代效应和时滞效应。基于教育影响个人就业收益的理论分析，从微观视角论证了提升教育投资水平对新疆劳动力非农就业质量改善的重要意义。

第三，从实践来看，探讨教育投资增加是否在宏观上促进新疆劳动力的非农就业、在微观上提高个体就业质量，研究成果有助于评估新疆教育投资政策在实现促进就业方面的绩效，为新疆促进劳动力就业的政策制定提供一定参考价值。

第2章 教育投资对非农就业影响的理论分析

2.1 概念界定

本书涉及的核心概念有教育投资、非农就业和贡献。在界定清楚教育投资的概念时，要厘清教育的内涵和外延。在界定清楚非农就业的概念时，要厘清就业的概念。同时，在对概念进行操作性定义的基础上，根据已有研究对核心概念在文中的衡量指标做了简要说明。

2.1.1 教育投资

2.1.1.1 教育

教育是有目的地培养人的社会实践活动，是传承社会文化、传递生产经验和社会生活经验的基本途径。前半句明确了教育社会属性的本质，后半句突出了教育的社会功能。教育对于就业的重要性根植于教育的社会属性。教育的劳动起源说代表人物（米丁斯基、凯洛夫等）认为教育起源于社会劳动，教育的职能是传递劳动过程中形成的社会生产和生活经验；英国教育家赫伯特·斯宾塞（2013）认为"教育为未来生活之准备"；法国教育家涂尔干（2020）认为"教育就是系统地将年轻一代社会化"；美国教育学家约翰·杜威（2001）认为"教育即生活""教育即生长""教育即经验之不断改造"。马克思、恩格斯创立的科学社会主义理论体系揭示了教育在社会生产中的地位和作用，认为"教育会生产劳动能力"，劳动力再生产既是社会再生产的必要条件，又是教育与社会生产的联结点。虽然个别学说简单地将满足生存需要视为教育的目标受到学界的批判，但是通过教育满足生存需要、满足社会生产需要的事实不能否定和忽视。

教育的经济价值从 17 世纪古典政治经济学发展之初得到启蒙和认知，其创始人英国经济学家威廉·配第（2010）提出复杂劳动比简单劳动创造更多价值的论断，认为有技术的劳动完成的工作量是没有技术的劳动完成工作量的两倍。随后亚当·斯密（2001）首次将人的经验、知识和能力视为国民财富的主要内容和生产要素。19 世纪弗里德里希·李斯特（2017）将教育、宗教、科学、艺术纳入"精神资本"的概念，认为培养和促进人的精神劳动具有生产性。20 世纪 60 年代，西奥多·舒尔茨（1990）将教育视为资本，并命名为人力资本，认为人力资本有助于提高劳动生产率、提高人们的企业家才能。这种才能在农业和非农业生产中具有较高的价值。加里·贝克尔（2017）强调教育与培训对形成人力资本的重要作用，认为人力资本在短期和长期都能提高劳动生产率和个人收益。从以上学者的观点可以看出，接受教育形成人力资本的劳动和简单劳动存在异质性，教育具有提高劳动生产率和改变收入分配的经济功能。

教育具有狭义的概念和广义的概念之分。狭义的教育概念是指学校正规教育，即在教育部门认可的正规学校接受的学历教育。广义的教育概念既包括学校正规规教育，也包括非学校正规教育和非正规教育（王必达等，1994；胡代光和高鸿业，2000；徐筑燕，2006；郭熙保和周军，2007）。非学校正规教育指的是教育对象在非学校的正规教育机构中接受短期的、专门技术的训练，往往是非学历教育。这类教育开展的承担机构也是国家相关部门认可的正规机构，通常由各种经济的、社会的和政治的机构负责实施，如以人力资源和社会保障部为资格认定部门的职业培训机构、职业培训院校、就业训练中心，或者是有能力开展教育培训的企业等。这种教育的形式比较多，具有代表性的教育形式如培训中心和扫盲班等。学校正规教育和非学校正规教育面向的群体不同，前者主要以还没有进入社会，正在为个人素质提升和社会化做准备的学龄青少年为主，后者往往以亟待进入劳动力市场的准劳动力或者已经进入劳动力市场、有过就业经历的成年人为主。学校正规教育作为开发人的知识和技能、提高国民综合素质的主要教育形式，是本书关注的重要教育形式之一。非学校正规教育为没有在正规学校教育机会的人群提供了继续学习的可能，也为已经进入劳动力市场的劳动力提供了进修学习的机会。非学校正规教育的教学内容往往与劳动、工作、生活紧密联系，与个人的学习需求和一个国家、一个地区的发展需求保持较高一致性。非学校正规教育是一个地区人力资源开发的重要形式，在新疆探讨教育与非农就业的关系，要关注和聚焦非学校正规教育的投入和收益。广义教育概念中的第三种形式为非正规教育，指的是在任何教育机构之外的一种学习方式，社会上提倡的"干中学"理念属于这一概念范畴，国际上也称非正式教育。本书对非正式教育不做探讨。

2.1.1.2　教育投资

教育投资，也称教育资源、教育投入等，是指一个国家或地区，根据教育事业发展的需要，投入教育领域中用于培养不同熟练程度的后备劳动力和各种专门人才，以及提高现有劳动力职业技能和智力水平的人力、物力的货币表现（靳希斌，2001）。教育投资（投入）是教育发展的经济基础，也是物质基础。马克思指出，要改变一般人拥有的简单劳动的性质，就要通过一定的教育或训练，让他具有一定劳动部门的劳动技能和劳动技巧，改变简单劳动的性质，成为发达的和专业性强的劳动力。这个教育和培训过程须花费或多或少的商品等价物，这就是教育费用。劳动力的教育费用因生产技能技巧（劳动性质）的复杂程度而不同。这种教育费用包括在生产劳动力所耗费的总价值中。这种观点揭示了教育投资最基本的原理和思想。英国经济学家阿尔弗雷德·马歇尔（2005）则指出，教育资金的使用是否明智，不应该只根据教育的直接结果来衡量，投资教育使大多数人可以获得比不投资之前能利用的大得多的机会，对社会也会是一种积极回报……一个伟大的工业天才的经济价值，足以抵偿整个城市的教育费用。马歇尔的这一论述体现了教育投资的价值。

教育领域中从事教育活动投入的人力和物力的总和称为教育资源。教育资源即开展教育活动须具备的条件，包括以下三个方面：一是人力资源条件。随着分工的细化，从事教育工作的人群根据专业和工作性质分为很多的类别，如不同学科的专业教师、教育行政管理人员和教辅人员等。二是基础设施，即教学需用的室内外场所、教育生活和活动中需要的场所。三是教学工具，即教育需用的教材、仪器、办公用品等物品。这些教育资源以货币的形式表现出来就是教育投资（袁振国，2004）。

2.1.1.3　学校正规教育投资和非学校正规教育投资

根据广义的教育概念，促进劳动力就业能力的教育投资既包括学校正规教育投资，也包括非学校正规教育投资。学校正规教育投资是指用于各级各类学校学历教育的投资，以培养后备劳动力和专门人才为主，这是教育投资的主要部分。非学校正规教育投资指的是用于成人教育的投资，以提高现有劳动力的职业技能和智力水平为主旨，主要是以职业培训为代表的非学历教育投资。从就业的角度来看，学校正规教育是各国开发人的智力和技能的典型教育形式，非学校正规教育是提高劳动力职业技能和综合素质的重要教育途径。学校正规教育和非学校正规教育都是有目的地培养人的活动。这两种形式的教育作为培养劳动力的主要形式，具有以下共同点：一是在培养目标上期待受教育者通过训练发生预期的变化，培养成一定社会或阶级所需要的人。二是在组织形式上由专门机构承担，有组织、有计划、有目的地实施。三是学习结束均有固定形式的考核方式。

学校正规教育（Formal Education）是指学龄儿童和青少年在学校正规教育机构接受系统教育，为个人成长和未来社会生活做准备。学校正规教育根据学校类别分为高等学校（普通高等学校和成人高等学校）、中等职业学校（中等技术学校、中等师范学校、成人中专学校和技工学校、职业高中）、中学（普通中学和成人中学）、小学（普通小学和成人小学）、幼儿园和特殊教育学校。按照教育与职业的联系程度不同又可以分为普通教育和职业教育。社会实践不断证明，投资学校正规教育获得的知识和技能对一个人日后的工作生活影响很大。人们认识到学校正规教育对个人社会融入与工作能力的影响，投资学校正规教育的时间在逐步延长，较高教育投资水平的劳动者规模不断增加。

非学校正规教育（Non-formal Education）的对象大多是成年人，他们在正规教育机构接受短期的、专门技术的训练（王必达等，1994）。非学校正规教育项目的课程往往时间更短、目标更明确、与工作实践的联系也更紧密，对提高劳动力的技能素质有促进作用。非学校正规教育的形式较为丰富，但以"职业培训"和"继续教育"为主。非学校正规教育需要进行人力、物力、财力的投资才能达到提升劳动力知识、技能和素质的目标。加里·贝克尔（2017）认为，劳动者通过培训提高技能和完善原有技术是需要成本的，否则企业或劳动者将会乐于组织或接受无穷的培训，来提高生产效率和个人素质。这些成本包括培训方付出的人力、物力和财力，也包括受训方付出的时间和精力。培训方牺牲原本可以用来提高当前产量或发展其他事业的资源开展劳动力培训，最主要的目的是增加未来的产出。非学校正规教育的投资总量取决于培训的种类，比如培训一名计算机操作员比培训一名大盘鸡烹饪厨师耗时长、耗资多。

在本书的研究中，教育投资包括学校正规教育投资和非学校正规教育投资。学校正规教育是培养人的最重要途径，国际上通常认为教育是一种比较典型的公共产品或者准公共产品，因此，政府财政投入构成了各国教育经费的主要部分。我国的情况也是如此，政府财政投入是学校正规教育经费的主要来源。非学校正规教育投资重点关注职业培训投入。在新疆，非学校正规教育对于解决短期的就业问题意义重大，成为学校正规教育的有益补充，国家和地方开辟专项资金投入以期望提高劳动者的就业能力。这一项投入也是新疆教育投资的重要组成部分。除了学校正规教育投资和非学校正规教育投资之外，还有一种教育形式称作非正式教育（Informal Education，有的学术著作也称为非正规教育），这种教育往往是指不受任何教育机构引导的一种学习方式，如人们在家里、社会、工作岗位上学习知识和技术属于此类。本书不考虑非正式教育的投资。

2.1.1.4　教育投资的衡量指标

宏观教育投资水平容易通过教育经费支出核算，但是个人教育投资水平难以统计和测量。学术界在开展教育投资相关问题研究时，从不同视角选用一些近似衡量指标或替代指标来测评学校正规教育或非学校正规教育的投资状况。

（1）学校正规教育投资的衡量指标。

从宏观层面来看，学校正规教育投资可以用教育经费支出来衡量。教育经费支出包括个人部分支出、公用部分支出和基本建设支出。其中个人部分支出涵盖工资福利支出、对个人和家庭的补助支出，反映了提供人力资源条件的教育投资；公用部分支出涵盖商品和服务支出、其他资本性支出，反映了教学日常运行和教学工具采购的教育投资；基本建设支出包括公共财政预算用于购置固定资产、土地、无形资产和大型修缮发生的费用支出，反映了保证基础设施条件的教育投资。以上教育经费支出项目反映了投入教育领域的人力、物力的货币投资水平。宏观教育投资的效果可以用全社会人力资本存量来衡量。全社会人力资本存量是一个地区在一定时期内持续投资教育的直接反映，是由每个劳动力的教育投资状况汇聚形成的结果，是经过相对完善的考核机制评价而得出可信的教育投资成效测量标准。全社会劳动力受教育程度高，说明整个社会重视教育投资，教育投资水平较高；劳动力受教育程度偏低，说明全社会教育投资水平偏低。因此，全社会人力资本存量反映了一个地区的教育投资水平。

从微观层面来看，教育投资可以用劳动力受教育程度衡量。个人受教育程度是由持续的时间投资、人力投资、物力投资和财力投资发挥作用而形成，反映了时间积累特征的教育投资水平。劳动力受教育年限长，文化程度高，意味着学校正规教育投资经费积累较高；受教育年限短，文化程度低，意味着学校正规教育投资较少。著名的明瑟收益率是指个人多受一年教育带来的收入提高的百分比。在这一概念中，默认劳动力受教育年限为个人教育投资水平。不少学者采用受教育年限、受教育程度、教育层级作为教育投资水平的衡量指标，论证微观教育投资与收益等变量之间的关系（马晓强和丁小浩，2005；王胜今和韩保庆，2018）。综合已有研究，可以认为劳动力受教育程度是衡量教育投资水平的最重要指标，也是衡量微观层面教育投资的最近似指标。

（2）非学校正规教育投资的衡量标准。

职业培训是非学校正规教育的重要组织形式，是学校正规教育的有益补充。正如学历证书是学校正规教育投资后个体知识技能提升的凭证，职业资格证书是职业培训投资后个人文化知识和技术技能素质提升的证明。职业资格证书的发放体现了国家对从业者身份的权威性认证，是我国劳动就业制度的一项重要内容。劳动力通过职业培训这种非学校正规教育投资，综合素质达到从事某种职业所必备的学识、技术和能力的基本要求，是其顺利实现就业再就业、获得晋升机会等的重要依据。

从宏观角度来看，非学校正规教育投资既可以用当年该类教育经费支出衡量，也可以用当年全社会职业资格证书的发放数量来衡量。职业资格证书的发放数量既可以反映全社会职业培训的投资数量，也可以在一定程度上反映职业培训的投资质量（见图2-1）。首先，职业培训投资后新增职业资格证书在一定程度上反映了非学校正规教育投资规模。新增职业资格证书数量较高，说明用于职业培训的投入较高。其次，职业资格证书是由政府认定的考核鉴定机构对参加过某种职业能力培训的人员进行技能水平的评价和鉴定后，才能获得这一职业资格的凭证。证书的鉴定过程就是追求投资质量和效果的过程。不同等级职业资格证书的数量也可以反映非学校正规教育投资的数量和质量。初级职业资格证书的培训内容简单，通常是通用性培训，对参加培训的人设立的门槛较低。如果初级职业资格证书偏多，说明职业培训投资倾向于一般职业培训投资或通用性培训投资，职业培训的投资水平偏低。中级和高级职业资格的培训内容针对性、专用性较强，大多数属于专业性培训。申请参加中级、高级培训和申领中级、高级职业资格证书的人群，一般要求具有持有下一级资格证书和连续工作时长的要求，培训投资经费积累和时间积累都要高于初级培训的投资。如果中高级职业资格证书占有较高比例，说明职业培训投资水平较高。

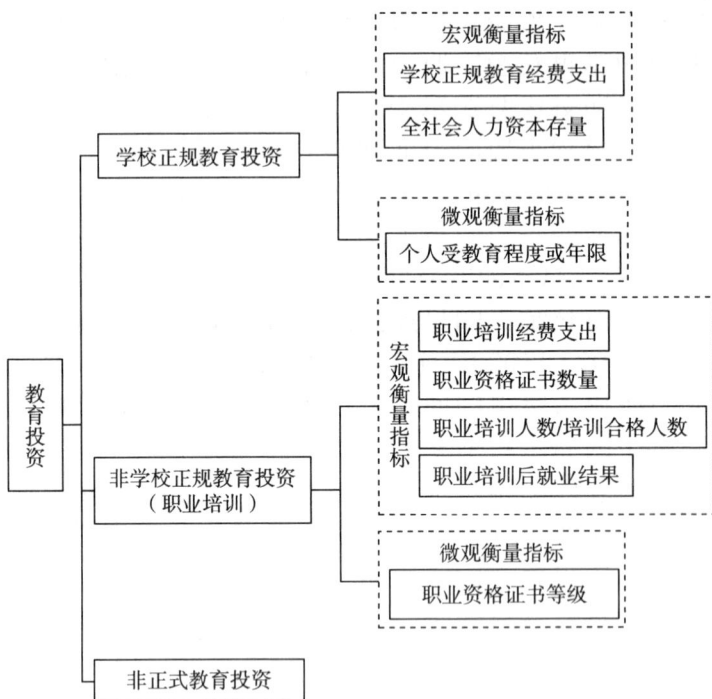

图 2-1　教育投资的衡量指标

除了用职业资格证书的发放数量衡量职业培训投资外，在宏观层面，可以用职业培训总人数、职业培训合格人数来衡量。在新疆，凡是参加职业培训，符合职业培训补贴政策的人群，均以培训补贴的形式给予事后投资。因此，职业培训人数也可以反映投资规模。职业培训的最终效果用培训后就业人数来衡量。职业培训注重教育内容的实践性和应用性，目标是把待业劳动者培养训练成具备一定文化知识和技术技能素质、特定岗位需要的合格劳动者，把要转换职业和在岗就业的劳动者训培训成为能适应待转换职业需要和继续从业岗位需要的劳动者。这一目标的实现都只能通过就业的结果来衡量，因此，培训后就业情况是职业培训投资效果的衡量指标。

在微观层面，参加职业培训的时间、获得资格证书的等级均可以被认为是衡量个人非正规教育投资的替代指标。获得初级资格证书的劳动力在非学校正规教育方面的投资高于没有参加过职业培训的劳动力；获得中级职业资格证书的劳动力，非正规教育投资高于只获得初级职业资格证书的劳动力。选择参加职业培训，即使受培者不需要进行经费投入的情况下，考虑到个人因为参加该项培训而放弃可能从事某项工作而得到报酬的机会成本，也算作是个人非正规教育的投资。另外，通常情况下中级职业培训需要投入的时间成本比初级职业培训需要投入的成本更高。

2.1.2　非农就业

2.1.2.1　就业

就业也称劳动就业，是指一定年龄阶段内、具有劳动能力和劳动愿望的人，从事同劳动生产资料结合的社会经济活动，并取得合法劳动报酬或者经营收入的行为状态（刘勇，2012）。这一概念具有三层含义：一是就业者符合法定劳动年龄（不小于 16 周岁）；二是就业者具有体力、智力和技能等与特定劳动相适应的能力；三是所从事的劳动是可以获得报酬或收入的社会经济活动（康伟等，2008）。国际劳工组织认为就业不仅包括雇佣与受雇的行为或状态，而且包括雇主或独立经营人员的自我劳动。该组织对就业状态作出如下规定：受雇于有报酬或有收入的职业就是就业；有职业但因为疾病、事故、设备故障、休假等原因临时停工也算是就业；雇主与自营人员应算作就业者；达到劳动法定年龄，在家庭经营的企业或农业帮工时间达到正规工作时间 1/3 以上，即使没有获得报酬也应算作就业者（张得志，2007）。

2.1.2.2　非农就业

按照劳动力就业产业区分，在第二产业、第三产业的从业人员被视为非农就业，而第一产业的从业人员被视为农业就业。本书根据研究需要，借鉴和参考一些学者的定义，将非农就业定义为：适龄劳动力在第二产业、第三产业从事社会生产和经济活动，并获得工资性收入的从业状态（钱敏泽，2001；吉粉华，2008；王晓宇和叶裕民，2009；刘维奇和韩媛媛，2014；罗奎等，2014；王会娟和陈锡康，

2014)。行业与产业往往相对应，按照就业行业也可以对就业状态进行非农就业和农业就业的区分。根据《三次产业划分规定（2012）》，制造业、建筑业、采矿业属于第二产业，电力、热力、燃气及水生产和供应业也属于第二产业；批发和零售业、住宿和餐饮业、金融业、软件和信息技术服务业、交通运输、租赁和商务服务业等在内的 18 个国民经济行业门类的服务业属于第三产业。凡是在归属于第二产业和第三产业的行业就业的从业人员都是非农就业，而在农林牧渔行业从业被认为是农业就业。进一步按照市场部门划分的话，以下四种情况属于非农就业：一是正规部门的就业，例如，在企事业单位、政府机构和社会团体、社会组织中的正式劳动关系的就业；二是正规部门从事临时工作、季节性工作、承包正规部门的生产或服务项目的就业、劳务派遣就业等；三是非正规部门的就业，例如，在个人、家庭或合伙自办的微型经营实体就业；在社区、企业、非政府社团组织为依托的生产性和公益性劳动组织的就业；四是其他自负盈亏的独立劳动者。

如果将总人口按照城镇人口和农村人口划分，则非农就业可以分为城镇非农就业和农村非农就业。一般城镇非农就业人口达 90%以上，因此一些研究默认城镇就业都是非农就业。农村就业人口包括农村农业就业人口和农村非农就业人口。农村非农就业指的是农村从业人员中除农业工作之外的其他就业，包括进入本地二三产业就业、异地外出务工、个体批发零售等其他非农就业等。具体的衡量指标是农村从业人员中除去农林牧渔业外的总从业人数（赵海，2009）。

农业部门一直是我国就业人口的"大蓄水池"，凡是非农产业未能吸纳的就业都被计入农业就业人口，因此农村农业剩余劳动力丰富。农业剩余劳动力往往指现有的农业生产力水平下，超过农业生产需要的那部分劳动力；其重要特征是农业劳动力的边际生产率趋于或等于零，转移出这部分劳动力不会影响农业发展。农业剩余劳动力得不到有效转移，降低了农业生产效率，浪费了人力资源，并给社会造成社会保障和社会稳定的压力。研究劳动力非农就业的目的并非是让所有劳动力抛弃农业，转向非农产业，而是在保证粮食生产安全的前提下，让农业中剩余劳动力的一部分通过发展高效农业，实现农业产业化，在农业内部吸收，另一部分逐步转移到非农产业，实现从农业到非农业的职业转换，从而提高全社会的劳动生产率。

2.1.2.3　非农就业的衡量指标

全社会非农就业情况可以用非农就业规模和非农就业结构、产业结构与非农就业结构的协调度来衡量（见图 2-2）。非农就业量是第二产业、第三产业就业人口之和，被认为是观察社会经济发展程度的重要指标（王会娟和陈锡康，2014）。非农就业比率是指第二产业、第三产业就业人口之和与全社会从业人口的比率（钱敏泽，2001），用第二产业、第三产业就业人口占全社会就业人口的比重来表示。非农就业比率可以衡量一个国家或地区的非农化程度（刘维奇和韩媛媛，2014）。在宏观层面除了看非农就业量和非农就业比率外，产业结构与非农就业结构的协调度是衡量非农就业数量和结构是否满足社会经济发展需要的重要指标。经济学家克拉克基于威廉·配第的研究提出了"配第-克拉克定理"。"配第-克拉克定理"认为，农业劳动力和非农业劳动力的规模与一个地区国民收入水平有重要关系。和人均国民收入水平较低的地区相比，人均国民收入水平高的地区非农产业就业劳动力比重较高，农业产业就业的劳动力比重较低。反之亦然。一个地区的经济发展会改变劳动力在三次产业就业的分布。经济发展和人均国民收入水平的提高，往往会带来农业产业就业劳动力比重的下降和非农产业就业劳动力比重的上升。在美国，非农就业数据是观察经济发展数据中重要的一项，主要统计农业就业人口以外的新增就业人数，这一数据反映了制造行业和服务行业的发展情况。非农就业数据高，证明美国就业市场健康发展。

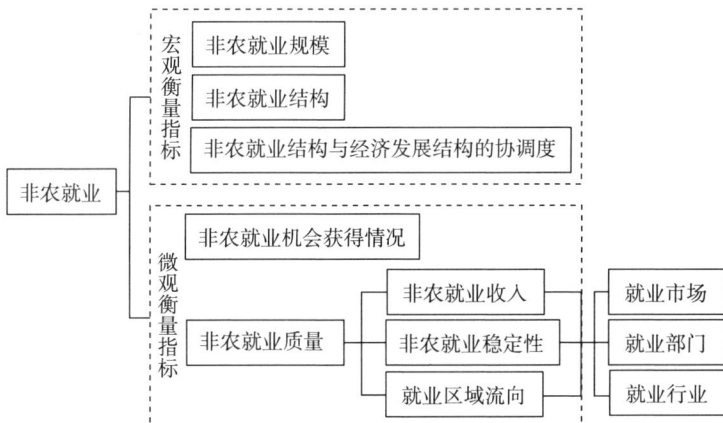

图 2-2　非农就业的衡量指标

衡量非农就业状况，在微观层面要关注非农就业机会获得情况和非农就业质量两方面。非农就业机会获得情况是指就业人员对非农就业机遇和时机的把握情况。就业机会获得情况反映了寻找工作的结果，只有在获得工作的基础上谈就业质量才有意义。获得就业机会是就业质量的基础保障。非农就业机会具有时效性、有限性、竞争性、风险性和隐蔽性的特征。及时抓住机会，是享受机会回报的前提；机会的受体数量有限，机会的回报一般给竞争中的优胜者；机会出现的时间比较短暂，做过准备的人会捷足先登获得；机会相关信息具有隐蔽性，需要通过搜寻得知，信息能力较强、察觉敏锐的人更容易获得。就业质量是就业结果的综合性评价指标，反映的是就业过程中劳动力与生产资料结合的优劣状况。就业质量的操作性定义往往包括就业机会可得性、工作性质、工资报酬、工作稳定性、工作场所的尊严和安全、劳资关系及工作满意度、就业地区流向等内容（马庆发，2004；张昱和杨彩云，2011；谭永生等，2015；王向东，2016）。根据数据的可得性，本书在探讨就业质量时关注非农就业收入、就业地区流向、非农就业稳定性。在微观层面讨论非农就业质量问题时，也会涉及非农就业结构的问题，但是非农就业结构不能简单地根据二三产业来讨论就业质量。影响就业质量的原因不能追溯到进入第二产业或第三产业的差异，而是进入这些产业的不同行业会产生巨大差别。第二产业和第三产业都有正规部门和非正规部门，都有资本密集型、技术密集型和劳动密集型行业。在非正规部门、技术门槛要求低、劳动密集程度高的行业，往往就业机会较多，但就业质量较差。在正规的、技术门槛要求高、劳动密集程度低，或资本密集型行业，就业机会较少，但就业质量较高。

2.1.3 贡献

在《高级汉语词典》中，"贡献"的定义是：把自身拥有奉献给别人，或者以自身行动推动社会进步和发展等，是一种具有自我牺牲性质的精神。贡献在不同语境下的基本解释有两种：第一种解释是进奉或赠予。《论衡》一书中"方今匈奴、鄯善、哀牢贡献牛马"是该释义。第二种解释是有助某事的行为，或做有利于社会国家的事。如《给青年们的一封信》中"科学需要一个人贡献出毕生的精力"就是该释义。

目前学术界对于贡献的定义还没有形成统一的看法。在管理学会计中，贡献的概念就是毛收益。在加工制造业的产量决策中，贡献指一个决策引起的增量利润的变化，也就是说贡献等于由决策引起的增量收入减去由决策引起的增量成本。如果贡献大于零，说明这一决策能使利润增加；如果有两个以上的方案，它们的贡献都是正值，则贡献大的方案就是较优的方案。

在经济学和其他社会科学的文献中，贡献往往有增进、促进的含义，指一种或多种因素对某领域的增长及发展带来的拉动作用。如郑鑫（2014）用城镇生产总值的增长量比当年全国国内生产总值的增长量来计算城镇经济对经济增长的拉动作用。齐明珠（2014）采用历史增长核算法分析人口变动要素对经济增长的影响。付宇（2014）将资本分解成物质资本和人力资本，分析人力资本对经济增长的贡献。

本书中的"贡献"指的是教育投资对非农就业的拉动作用，既包括对非农就业质和量积极的、正向的、增进性的影响，也包括对社会的贡献。根据学校正规教育和非学校正规教育的分类，本书从宏观层面探讨学校正规教育投资和非学校正规教育促进全社会非农就业劳动力数量增加的规模效应，包括教育投资决策的变化带来非农就业宏观数量、结构的变化。本书从微观层面探讨教育投资对劳动力就业机会、微观就业质量的影响，既有非学校正规教育促进就业的质量现状，也有学校正规教育投资促进非农就业的质量效应。在教育投资促进非农就业的社会贡献中，主要探讨教育投资提高全社会劳动力的人力资本，从而通过非农就业促进经济发展和社会稳定的社会效应。

2.2　理论基础

2.2.1　教育投资的经济收益理论

2.2.1.1　教育投资与经济增长之谜

人们认识到教育投资对非农就业的促进作用主要源于 20 世纪 50 年代经济学家对促进经济增长的人力资本要素的重大发现。人力资本代表人物舒尔茨和丹尼森对教育投资与经济增长的宏观关系进行了论证。西奥多·舒尔茨（1990）发现，1900～1957 年美国农业劳动生产率不断提高、粮食不断增产的根本原因不是土地面积增加、物质投入增加和劳动力数量增加这三个传统经济理论中的要素，而是劳动力知识、技术水平的提高和劳动力质量的改善。劳动力知识、技术水平的提高和劳动力质量与劳动者所接受的培训和教育有关。培训和教育影响劳动力的质和量，从而给经济发展造成影响。他在 1960 年利用系数法对 1929~1957 年美国教育投资对经济增长的贡献进行测算，结果表明教育对经济增长的贡献为 33%。舒尔茨认为一个国家的人力资本可以通过劳动者的数量、质量和劳动时间来衡量；经济发展过程中考虑人力资本因素，充分发挥人力资本的积极因素，有助于解决一个国家动态的、增长中的与经济相关的矛盾和难题。

他将影响经济增长的因素划分为生产要素投入和生产要素的生产率两大类，同时将教育年限的增加导致的劳动质量的提高和由于知识积累导致的生产率提高进行区分，研究结果表明，在此期间美国经济增长的 23% 是由教育投资引起的。丹尼森进一步分析西欧等国家经济增长情况，发现在经济影响因素中，人力资本投资和技术进步等引起的增长率为 60%，要素投入量引起的增长占 40%。通过量化分析，他提出劳动力教育投资是促进经济发展的重要因素之一。雅各布·明塞尔（2001）认为，人力资本在经济增长过程中发挥两个作用，一是通过教育和培训产生的技能存量是重要的生产要素，二是通过教育和培训产生的知识存量是创新的源泉。在经济高速发展过程中，人力资本是一种可持续资源。总之，人力资本学家认为，对一个国家或地区来说，为了促进经济的发展，进行人力资本的投资是非常有必要的。20 世纪 60 年代，很多发达国家和发展中国家将教育作为刺激经济增长、减小社会差距的重要武器。20 世纪 70 年代经济滞胀、文凭膨胀和过度教育等问题说明人力资本中的教育资本作为一种生产要素，在生产过程中一定要与物质资本相协调，不断进行自身调整以适应经济发展变化的需要，单纯地加大教育投资并不必然带来经济繁荣。

2.2.1.2 教育投资与个人收益

人力资本理论认为，教育是对未来收益的投资。因为劳动者拥有的知识、技术和能力能够提高劳动生产力，雇主愿意为知识、技能和能力水平高的劳动者支付高工资。而劳动者拥有的知识、技术和能力中的大部分并非先天因素造就，后天的努力非常重要，教育、工作、培训等是提升劳动力知识、技术和能力的重要途径。教育和培训投资的收益往往较高。西奥多·舒尔茨（1990）通过量化分析认为美国各级教育投资的平均收益率为 17.3%，其中初等教育 35%，中等教育 10%，高等教育 11%。加里·贝克尔（1987）同样认为，教育影响人们的未来收入，作为理性人愿意进行教育投资是因为有个人的收益。判断进行正规教育和职业培训方面的教育投资是否合算，可以从两个方面来衡量：一是比较这项人力资本投资的成本与收益，二是比较这项人力资本的投资收益率与其他物质资本投资收益率。当教育投资的边际收益等于边际成本的均衡点，教育收益率高于其他投资收益率时，人们才愿意接受教育和培训。贝克尔估算了大学和中学教育的收益，认为大学生的平均回报率为 10% 或 12%，中学教育的实际回报率低于大学教育。大学毕业生和中学毕业生收入差距的较小部分来自能力而大部分来自教育。大学生的回报率与能力水平呈正相关，大学生能力对回报率的贡献超过中学生能力对回报率的贡献。贝克尔不仅考虑了教育投资的直接成本，而且纳入机会成本。无论是个人教育投资行为或是国家教育投资行为，把机会成本纳入成本收益核算才能更加全面权衡教育投资的成本与收益，从而做出理性决策。

为了估算教育所能带来的经济价值，雅各布·明塞尔（2001）运用人力资本收入函数探究教育与个人收入之间的变动关系，从而证明教育对提高个人收入和改善收入分配具有重要作用。明塞尔在收益率函数中将教育投资分为学校教育投资与学校教育以后的投资，前者用受教育年限来衡量，后者用工作经验年限来表示，分别估算教育投资收益率和职业培训收益率，从而证实学校教育投资和培训对个人收益增进的作用。结果显示，教育投资越高，人力资本存量越高，个人的收入就越高，人力资本与个人收入之间能够形成相互促进或抑制的循环。学校受教育程度相同，但参加职业培训不同量的劳动力会有收入差异；劳动力可以通过培训"追赶"因为学校教育投资少而产生的个人收益差距，且职业培训对劳动力终生收入模式产生影响。

2.2.2　二元经济的就业结构理论

发展经济学认为，发展中国家内部存在着严重的"二元经济"结构，形成的主要原因是工业部门、农业部门的劳动生产效率差异。现代产业部门可以分为农业部门和工业部门。高效率的现代工业部门与落后的农业部门的并立是发展中国家的一个基本特征。亚瑟·刘易斯模型、费景汉-拉尼斯模型、托达罗模型和乔根森模型将农业部门与工业部门联系起来，描述了劳动力在两大产业间流动的就业特征，其中，前三者认为劳动力从农业部门流向工业部门是以剩余劳动力的存在为前提，而最后一个模型认为劳动力流动的前提是农业产出存在剩余。

亚瑟·刘易斯模型（亚瑟·刘易斯，1989）将经济部门分为现代工业部门和农业部门，认为农业部门人口多且增长快，当边际生产率递减甚至为零的时候，大量剩余劳动力会在特定社会出现。在经济发展过程中，剩余劳动力从传统农业部门向现代工业部门转移，现代工业部门往往会扩张。现代工业部门扩张的驱动力，是该部门为就业劳动力提供了稍微高于农业部门人口最低生活水平的工资。农业部门剩余的劳动力因为工资差异原因向工业部门流动，在前期是无限的劳动力供给，这为工业部门的扩张提供可能。传统农业部门中的剩余劳动力被现代工业部门吸收完毕，即意味着"刘易斯拐点"的到来。当一个经济体的农业剩余劳动力减少到一定程度，对工业部门的劳动力无限供给快要结束之时，说明这个经济体的"人口红利"逐渐消失。

费景汉-拉尼斯模型（费景汉和古斯塔夫·拉尼斯，2004）提出农业劳动力边际生产率决定和影响工业部门的扩张和劳动力的转移，据此劳动力转移可以分成三个阶段：第一阶段是农业劳动边际生产率为零时，大量的农村剩余劳动力向工业部门转移，农业总产出没有减少，农业部门工资由道德和习惯而非市场决定。第二阶段是农业劳动边际生产率大于零但小于农业平均收入水平时，农业劳动力数量不断减少，农业部门和工业部门会争夺劳动力，农业劳动力的边际生产率由零变为正数，农业总产出减少，粮食价格上涨带动工业部门工资水平上涨，工业部门吸纳农业劳动力的规模和速度减弱。第一阶段和第二阶段流出的劳动力是农业隐性失业人口。第三阶段是农业劳动边际生产率大于农业平均收入水平时，农业部门和工业部门的工资完全由市场决定，该阶段农业劳动力变成了竞争市场的产品。

托达罗模型（迈克尔·托达罗，1992）认为不仅农业部门存在剩余劳动，工业部门（城市）也存在着失业和就业不足，工业部门和农业部门劳动力是相互流动的。劳动者流动时不仅要权衡城乡预期收入的差距，还要考虑迁移的实际成本和心理成本等。预期未来工业部门（城市）收入的现值大于未来农村收入，转移成本小于未来收入的现值，就会做出向工业部门就业流动的决策，反之则会留在农业部门。劳动力就业部门分为农业部门、城市正规部门和城市非正规部门，城市非正规部门是农村劳动力的一个"蓄水池"，试图在正规部门就业未果的人可以被非正规部门吸纳。城市正规部门和非正规部门都存在失业，要注重协调城乡关系。当城市就业压力较大时，说明农业部门劳动力向城市非正规部门迁移的速度高于该部门的需求。在这种情况下，依靠农村自身的发展吸纳更多的劳动力，降低农业劳动力迁移速度，才能减轻城市就业压力。

乔根森模型（Jorgenson D. W.，1961）与前三位学者在劳动力流动的原因上有较大差异，这一模型认为农业劳动力自愿转移到工业部门是人们消费结构从粮食转变为工业品的结果。乔根森模型否认劳动力转移是以剩余劳动为前提的假设，认为人口增长具有自动调整的机制，当人口增长超过农业产出的增长时会自动减速，在动态的调整中人口增长和农业产出增长保持相适应，边际生产率等于零或小于零而产生剩余劳动力的假设在农业部门不存在。劳动力从农业部门向工业部门转移，是因为农业存在剩余。农业出现剩余后，人们对农业产品的需求得到满足，全社会对农业产品的需求相对减少，同时会增加对工业品的需求。社会对工业品需求的增加，会引致工业品的扩大生产，工业部门需要更多的劳动力、生产出更多的工业品，以满足社会的需求。社会的需求会促使农业劳动力进行产业间的转移。因此，农业剩余越大，农业劳动力向工业部门转移的规模越大。他认为在农业部门与工业部门的劳动力工资，都呈现按某一比例上升的规律，决定工资的主要因素是技术进步率和资本积累率。

从以上四类发展经济学模型得出的启示是：在经济发展过程中，"现代"与"传统"的并存和相互交错，使农业部门和非农业部门劳动力流动成为常态。现代工业与传统农业并存、现代城市与传统农村并存、经济发达地区与欠发达地区并存，都使"二元"特征社会的劳动力流动具有必要性，也有内生驱动力。劳动力等要素从生产率低的农业转向生产率更高的非农产业，会提高全社会的劳动生产率。无论是农业生产率提高导致全社会向非农产业供给的劳动力增加，还是农业剩余增加导致人们消费结构的变化，都影响着农业部门和非农业部门的劳动力流动，在经济持续发展过程中的地位和作用都至关重要。

2.2.3　人力资本与人的社会化理论

人力资本理论和社会化理论认为，教育会使劳动力发生认知、能力的变化，从而改变劳动力供给的质量。这两个理论从供给侧强调教育对劳动力内生性的影响，强调教育投资对个体融入劳动力市场的价值。

2.2.3.1　人力资本理论

西奥多·舒尔茨（1990）把凝结在劳动者身上的体能、技能和智能等称为人力资本。在他创立的人力资本理论中着重强调，教育是一种投资，投资的价值在于劳动力技术、知识的改善。教育累积投入可以促进个体从基本计算和读写能力到高级的逻辑和分析等认知能力逐步提高；教育、培训可以改变劳动力工作技能、提高劳动力认知信息和搜集信息的能力，使劳动者从各个方面都能够得到提升。教育投资的过程是生产能力和配置能力提升的过程，教育支出属于劳动力再生产的支出。劳动力质量的提高在很大程度上是由于接受了更多的教育。教育投资是质量替代数量的过程。教育投资的质和量决定了劳动力被雇佣的情况。他的人力资本理论的观点在《人力资本投资》《教育的经济价值》《教育和经济增长》和《对人投资的思考》等著作中做了详述。

2.2.3.2 人的社会化理论

教育的社会化功能早于人力资本理论之前就被广泛认同。接受教育的目的是让男性和女性成年后能够懂得在特定社会中个人应该持有的各种价值观念，能够明白这些价值观念在人类生活中的重要意义，从而成为具备合格能力与责任感的社会公民。社会化理论创始人鲍尔斯和金蒂斯认为，教育的社会功能远比提高知识技能对经济的影响更重要。个体是嵌入在社会中的，个体需要通过学习增加自己的社会性。教育的社会功能表现在：向受教育者传递所在群体（社会）的价值观念和行为方式，使其形成一定社会所认可的心理—行为模式，从而遵守和维护所在群体的社会规范，成为特定群体中合格的社会成员。整个教育过程是培养个人具备社会结构和经济生产结构所需要的非智力素质。学校教育一方面在复制特定社会的价值观和秩序利益，如向学生灌输守时、守规则、尊敬权威的观念，使其能够适应不同劳动力市场的需要；另一方面复制特定社会所需的人格特质，如针对未来行政经理人的学生培养具有弹性、学习容忍、激发创造与革新能力的特质，使其能成为未来特定经济岗位需要的生产者（Bowles 和 Gintis，1999）。个体社会化是一个发展过程，不是一蹴而就的，具体而言会经历初期社会化（儿童及青少年时期）、继续社会化（成人期）和再社会化三个时期（戴维·波普诺，1999）。

2.2.4 劳动力市场分割与信号筛选理论

教育投资必须经过劳动力市场这一中介，才能对就业产生作用。信号筛选理论和劳动力市场分割理论基于现代市场的特点揭示教育投资对就业市场发挥作用的机理。

2.2.4.1　劳动力市场分割理论

劳动力市场分割首次由克拉克·克尔（Kerr Clark）提出，他在《劳动力市场的分割》中认为经济体存在不受市场经济变化影响的内部劳动力市场和受市场经济影响的外部劳动力市场。迈克尔·皮奥雷和彼得·多林格基于克拉克·克尔的劳动力市场分割论，提出了二元劳动力市场分割理论。持二元劳动力市场分割的学者认为，劳动力市场并非是单一的、同质的、完全竞争的市场，薪酬福利机制、雇佣关系稳定性、升迁机会多寡、工作环境等在主要和次要劳动力市场存在巨大差异。主要劳动力市场的工资福利、雇佣关系稳定性、工作环境、学习和培训机会、向上发展的晋升空间都优于次要劳动力市场。次要劳动力市场主要集中在边缘非正规经济部门，而主要劳动力市场提供的岗位更多在核心正规经济部门。持该理论的学者认为，教育的职能是维持两个劳动力市场共同存在的格局，使其稳定发展。投资劳动力教育，不是通过提高劳动力的知识和技能从而提高劳动生产率，它真正的功用是将不同智力水平和能力素质的人加以区分，分配到不同层次的劳动力市场。在次要劳动力市场就业的劳动力，流动到主要劳动力市场的难度较大。次要劳动力市场由于缺少提高工作技能的机会，只能长期"蜷曲"在低收入的职业领域。人们愿意进行教育投资，真正的目的是能够进入主要劳动力市场。教育投资过剩，又会深化劳动力市场的分割，两个就业市场的壁垒反而加剧。我国劳动力市场同样存在分割的特点，并且在城乡分割、体制分割（所有制分割）、行业和职业分割均有体现。学者认为二元劳动力市场理论虽是现实劳动力市场复杂多元关系的抽象和简化概括，但从制度性和结构性的角度分析劳动力资源配置和就业质量差异的问题，是解释收入分配差异、社会不平等的强有力理论工具。

2.2.4.2　信号筛选理论

20 世纪 70 年代初，美国经济学家 Michael Spence（1973）系统阐明了信号筛选理论。该理论开创性地提出劳动力教育水平在劳动力市场上发挥"信号传递"，有助于雇主方筛选经济岗位需要的劳动力。该理论认为，劳动力市场存在信息不对称。一个企业雇佣工人的时候，雇主不知道工人的能力，很难辨识高能力的求职劳动者。同时雇主搜寻劳动者总是在有限的范围内进行，不可能穷尽所有的信息后选择与需求匹配的劳动力。雇主倾向于选择与能力有关、并可以观察到的凭证为依据来选择雇员，从而降低搜寻过程中的信息成本，教育有机会成为筛选信号之一。"斯宾塞-莫里斯条件"认为，个人智力和动机水平与个人能力呈正相关，与教育成本呈负相关。在教育成本一定的情况下，较高智力和动机水平的人在学习中会有更多愉快体验，通过教育获得更高的能力收益。不同的人在接受相同层次的教育时，所付出的成本是不同的，聪明的人学习新知识时，学习的速度会很快，成本很低；而一个比较笨的人学习知识，会很吃力，很慢，成本很高。高生产能力、低教育信号成本者，投资教育是经济的；但低生产能力、高教育信号成本者，投资教育则是不经济的（Weiss，1995）。因此，个人能力与劳动力投资教育是成正比的，教育作为筛选信号是有效的。

学术界也认同教育信号是雇主择人的关键衡量指标。在劳动力市场，雇主凭借求职者的教育信号了解其从业能力，将他们安置到不同职业岗位上。教育机构和各种考试机构颁发的学历证书和各种资格证书，被认为是求职者投放的能力信号，雇主通过这些证书推断哪些劳动力具备更高生产能力，预测劳动力未来的工作成绩，从而决定是否录用以及配置到哪个岗位上。为了向雇主发送更具吸引力的信号，未来劳动力愿意加大正规或非正规的教育投资，来表明自身有更大概率拥有更高的实力，从而在劳动力市场的比较和筛选中能脱颖而出。劳动力教育凭证在劳动力市场释放信号、展现标识，雇主在教育与能力正相关的基本假设下筛选，双方在发射信号和筛选的双向作用中，教育的经济价值其实不断被强调和体现（洪柳，2012）。

Weiss（1995）认为，信号和筛选是雇主和求职者需求与供给的博弈策略，求职者作为信号发送者，主动选择教育水平来发送生产能力信号；雇主方作为筛选者会先提供工资表，未来求职者根据工资表来选择教育水平。信号筛选理论将学历简单等于能力的假设受到学者的质疑，现实中也常出现雇佣的劳动力教育投资水平与能力不成正比的情况。而这种情况的发生往往与劳动力的逆向选择相关，即低能力的求职者为了向雇主发送更具吸引力的信号会加大教育投入，从而导致教育信号和能力不匹配。在一些企业中，为了防止员工队伍出现"逆向选择"，一般都会强化对员工个体的绩效考核，通过绩效薪酬，使高能力员工得到高报酬，低能力员工得到低报酬，这种做法实际上也是通过信息搜寻来改善信息不对称性，从而防止逆向选择现象的发生。

马克·布劳格（2000）将劳动力市场分割与筛选假设理论相结合，认为在二元劳动力市场分割存在的实际情况下，教育信号决定了劳动力进入不同的劳动力市场，影响就业的收入和质量，从而出现"受过良好教育的人即使不具备良好的生产能力也通常能挣更多的钱"的情况。在目前的劳动力市场中，受教育程度不仅是主要劳动力市场和次要劳动力市场的准入条件，在发展中国家，也会决定在农业部门还是在非农业部门就业的条件。受教育程度高的人群更倾向于在非农业部门就业。劳动力进入非农业部门后根据教育信号会被继续分层，分别进入主要劳动力市场和次要劳动力市场。因此，教育信号是将劳动力划分到不同产业部门、不同劳动力市场就业的重要配置手段。

2.3　理论框架

虽然人力资本理论在 20 世纪 60 年代经历研究和实践的高潮后进入过反思甚至否定时期，但学者依然认为该理论是认识教育现象的有效视角，是连接教育、经济和社会发展的重要纽带。同时，教育和经济是复杂的系统，人力资本理论、信号筛选理论、劳动力市场分割理论、社会化理论等并不对立，而是相互补充，从各自角度反思人力资本理论的局限性，并进一步解释劳动力市场与教育的关系。本书要用这四个理论共同解释发生的作用机理，从宏观和微观、供给和需求、数量和质量、改进和发展等多重视角审视新疆教育投资与非农就业的关系，分析教育投资对非农就业的贡献。

2.3.1　教育投资对非农就业规模的影响机理

2.3.1.1　教育投资产生短期的就业替代效应

教育投资是在劳动力供求规律下对劳动力市场的人力资源配置发生作用的。教育投资影响非农就业数量的逻辑顺序是：提高劳动力的认知能力，从而提高劳动生产率，进而提高经济产出能力。替代效应的产生发生在经济产出需求既定情况下，教育投资使具有人力资本的劳动力替换了简单劳动力，从而减少对劳动力数量的需求。具体机理可以用生产函数来解释。假设 L 为特定经济体中的就业劳动力数量，K 为物质资本投入量，Q 为经济产出水平，不考虑土地和企业家才能，生产函数可以写成：$Q = f$（L，K）。假定工资维持不变，初始阶段劳动要素投入为 L_0，物质资本投入为 K_0，总就业量为 L_0，在成本约束线

AB 条件下，产出的均衡点为 R。假定未进行教育投资时劳动力的劳动生产率为 1，劳动要素的总产出能力 $Q_L = 1 \times L_0 = L_0$。但是，教育投资提高劳动力的认知能力，进而提高劳动生产率时，供给的劳动量变为两部分，一部分是简单劳动量，假设为 L_s，另一部分是具有人力资本的劳动量，假设为 L_e，这时候的劳动要素投入已经不再是 L_0，如果用 L_N 表示，则 $L_N = L_s + L_e > L_0$。因为教育投资引起边际劳动生产率提高，假设人力资本劳动力边际生产率为 r，则 r>1，这时候的劳动要素总产出（设为 Q'_L）为：$Q'_L = L_s + rL_e > Q_L$。如果不改变就业劳动力数量，则劳动产出过剩会出现，即出现 $(L_s + rL_e) - Q_L > 1$ 的情况。这种情况出现，是经济增长的基础，但是如果经济体需要维持既定经济产出水平时，只能减少 L_s（简单劳动力）的数量，出现拥有人力资本的劳动力替换简单劳动力的情况，即就业质量替代就业数量，产生就业替代效应（景光仪，2012）。如图 2-3 所示，我们假设就业质量替代就业数量后需要投入的劳动量为 L_1，则产生替代效应后减少的就业量为 L_0L_1。

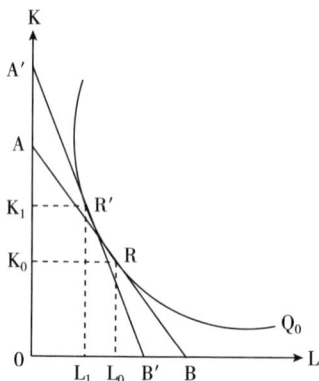

图 2-3 教育投资产生短期的就业替代效应

我们发现，当教育投资使人力资本劳动力代替简单劳动力后，经济产出均衡点和物质资本投入产生移动。人力资本理论用资源聚集效应和外溢效应解释。当劳动力通过接受教育，人力资本水平提高时，他要在生产中发挥更大的效用，需要和先进的生产机器相结合。有较高技能没有相应生产机器的人，和有较先进机器没有可以操作的人一样，不会提高劳动生产率。因此，教育投资使劳动力人力资本提升的同时，也会伴随着物质资本聚集，从而使人力和物力协调发挥应有的效能，这就是人力资本的资源聚集效应。人力资本的外溢效应表现在劳动力认知和技能的提升，可以提高物质资本要素的产出效率，使物质资本的实际投入等于名义投入和人力资本创造的投入之和，所以物质资本投入量应该趋于增加。人力资本的这两种效应使产出均衡点和物质资本投入量均发生变动。

2.3.1.2　教育投资产生长期的就业扩张效应

教育投资的就业扩张效应也是基于教育投资的经济功能。根据贝克尔关于人力资本经济价值的论述，加大教育投资一方面提高了生产函数中的劳动力要素效率产出，另一方面还会产生人力资本的内部聚集和外溢的双重效应。在教育投资的替代效应分析中，我们假设教育投资后短期内经济产出维持不变。实际上，当增加经济产出是经济体追求的目标时，增加教育投资提高了劳动力的人力资本水平，人力资本劳动代替简单劳动，劳动力要素效率产出（就业替代效应中阐释的 $Q'_L = L_s + rL_e > Q_L$）会提高，其结果是提高经济体的经济产出规模。人力资本提高劳动力要素效率产出，从而提高经济总产出，这是经济增长的基础。根据人力资本的聚集效应和外溢效应，物质资本投资会因为教育投资增加而相应增加，从而提高经济产出；即使名义物质资本投资不增加，实际物质资本投入量也会因为人力资本的外溢效应而提高物质资本要素的产出效率，从而长期会促使经济总产出扩张。如图 2-4 所示，假设人力资本投资持续投资导致经济产出从 Q_1 扩张至 Q_2 或 Q_3，直线 OE 与等产出线的交点分别从 S_1 转变为 S_2 或 S_3。长期内，因为教育投资导致经济产出规模扩张，无论劳动力要素还是物质资本要

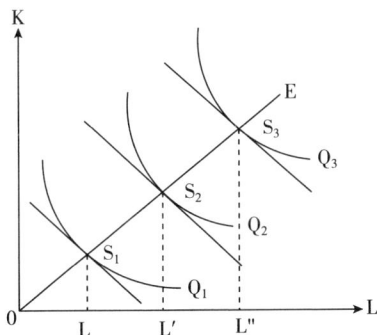

图 2-4　教育投资导致长期的就业扩张效应

素都需要不断追加，因此就业量也会随之增加。人力资本推动经济产出增加，有利于经济规模扩张。经济规模的扩张不仅扩大了对人力资本劳动力的需求，人力资本聚集型产业往往与劳动密集型产业同步和配合发展，也能增加对简单劳动力的吸纳能力。持人力资本理论的学者认为这一现象的发生，与人力资本聚集型产业的辐射效应有很大关系。当人力资本聚集型产业形成规模经济，往往带动劳动密集产业（生产互补品，或者进一步的包装加工等）的扩张，从而带动劳动力就业量的扩张（景光仪，2012）。

在当代经济发展过程中，教育投资创造就业岗位，从而产生长期就业扩张效应。教育投资增加就业可以从三个方面解释：一是教育投资通过培养经济发展所需要的熟练劳动力，促进国民经济中特定产业的经济产出扩张，并辐射到相关劳动密集型产业的发展，从而吸纳更多的劳动力就业；二是教育投资促进现代科学技术的再生产，科学技术转化为生产力过程中，会产生很多新型技术部门，新型技术部门的运行和发展创造会创造更多的就业岗位；三是教育投资培养的受教育对象可能成为职业岗位的创造者，从而增加新的劳动就业岗位。教育不仅培养劳动力具备受雇者的素质，还使其成为与就业岗位相适应的求职者。在"大众创新、万众创业"的新时代，教育也在培养大批创业者，使这些人成为"自我雇佣的人"，这些创业者也是新的职业岗位的创造者，能够带动更多的人就业（范先佐，2008）。学者认为，通过教育投资扩大人力资本存量来影响就业的方式属于主动地增加就业量，更有利于就业目标的实现。

2.3.1.3　持续教育投资产生就业滞后效应

教育投资可以形成劳动力总量供给的滞后效应。把受教育者培养成社会所需要的专门人才，要经过较长时间的教育投资。如培养一名中等文化程度的劳动者，现在需要15年的教育投资。因此，教育投资使劳动力进入就业市场的时间迟滞（见图2-5）。但是，这种迟滞效应可以有效延缓社会的就业压力。学者认为，在劳动力供给大于需求的特殊时期，提高教育投资，增加教育供给，可以有效地分流一部分劳动者，对缓解就业压力有不可低估的作用。劳动力总量供大于求是很多发展中国家就业问题严重的现实根源，随着经济发展对劳动力知识技能要求门槛提高，劳动力的受教育需求日益增加。加大教育投资，扩大教育规模，使教育部门有能力吸纳更多的劳动就业人口，从而延缓新成长劳动力进入就业大军的时间，可以缓和就业压力。教育部门也可以看成是一个巨大的经济部门，这个经济部门与就业市场联系最紧密，教育投资对全社会劳动就业的影响非常直接。当全社会加大教育投资，延长劳动力受教育年限时，教育规模的扩大直接降低了劳动力参与率，从而对社会就业状况产生积极的影响（范先佐，2008）。

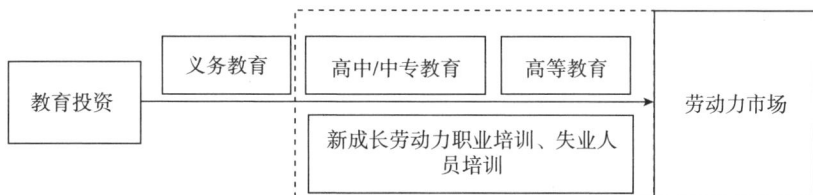

图 2-5　教育投资产生就业滞后效应

2.3.1.4　教育投资也产生短期的就业促进效应

增加教育投资，除了对就业产生长期的扩张效应外，在短期也会产生就业促进效应。教育投资的短期促进效应可以分两种情况：一种是教育投资直接创造就业岗位，从而促进就业岗位的增加；另一种是短期教育投资增加了劳动力人力资本存量，促进了就业量的增加（见图 2-6）。教育投资直接增加教育行业和教育发展相关行业的劳动力需求，从而增加了社会就业量。当扩大教育投资时，教育部门本身得到发展。作为传播知识、应用知识和创新知识的行业部门，教育投资增加，教育规模扩张，意味着增加更多的教师、管理人员和辅助人员的岗位，才能保证教育活动正常运行，各级、各类教育投资的增加均可以

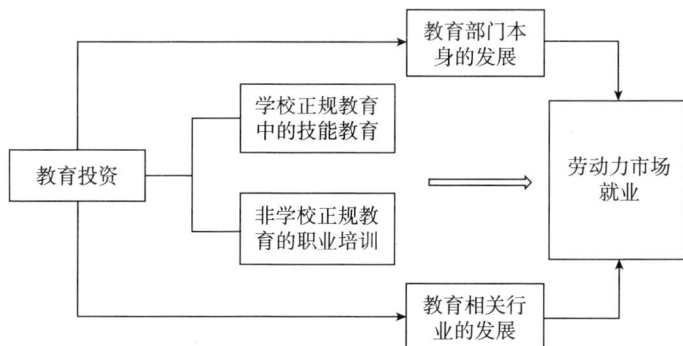

图 2-6　教育投资的短期就业促进效应

在短期内提供与教育运行相关的就业岗位，吸纳一定的劳动就业人口。另外，教育投资增加，教育规模扩张，在人力投资需要增加的同时，与教育相关的基建工程和日常运行物品提供行业都要齐头并进，这些提供物质资本的行业因为教育投资的原因，生产规模扩大，从而增加了对劳动力的需求。因此，教育投资在短期内不需要作用于人力资本的提升，就可以通过资本扩张而影响社会就业状况。

2.3.2 教育投资对非农就业质量的影响机制

教育投资对非农就业数量的影响，着眼点在于全社会就业量的问题，是从宏观视角审视教育投资对非农就业的贡献。教育投资对非农就业质量的影响，着眼点在于劳动力的就业状况，是从微观层面探讨教育投资的个人收益。

2.3.2.1 教育投资影响就业质量的传导机制

劳动力非农就业质量可以从就业机会可得性、就业收入、就业区域、就业稳定性等方面讨论和分析。就业机会可得性反映寻找工作的结果，只有在获得工作的基础上谈就业质量才有意义。非农就业拓宽了人们的收入来源，提高了人们对日益增长的美好生活的支付能力。非农就业规模扩大，民生问题将得到更大的改善。就业收入反映了劳动力对社会的贡献、自身价值体现以及社会对劳动力的认可程度，是衡量就业质量的核心指标。就业区域是劳动力就业选择的重要考虑因素，经济发展水平高的地区提供便利的生活环境、宽广的职业发展空间，就业质量和生活质量较高。就业稳定性是就业质量的外在表现。就业稳定性与就业收入、就业区域紧密联系，有利于劳动力工作经验积累、机会晋升、职业长远发展，决定劳动力在工作所在地的生活稳定（见图2-7）。

人力资本理论认为，教育投资是一种生产性投资。研究表明，教育投资通过增加劳动者的知识技能来提高劳动力人力资本水平，从而影响劳动力的就业结果。一般来讲，教育投资的时间越长，所接受的教育年限越高，其劳动知识和技能就越多。这些增长起来的能力代表了较高的生产率。雇主之所以选择雇佣高学历的劳动力，并许诺更多的工资报酬，是因为更多的事实证明劳动力在教育投资过程中提高了认知能力，有利于提高劳动生产率。教育投资影响非农就业质量，并非教育投资本身影响非农就业，而是教育投资提高了劳动力的知识、技能，改变了劳动力阻碍就业的观念，从而提高了劳动力的就业力。

因此，在教育投资影响就业质量的传导机制中，起直接作用的是劳动力通过教育投资改变的人力资本水平。明确"教育投资—人力资本—劳动生产率—就业结果"四者的关系，是理解教育投资影响非农就业质量的前提。

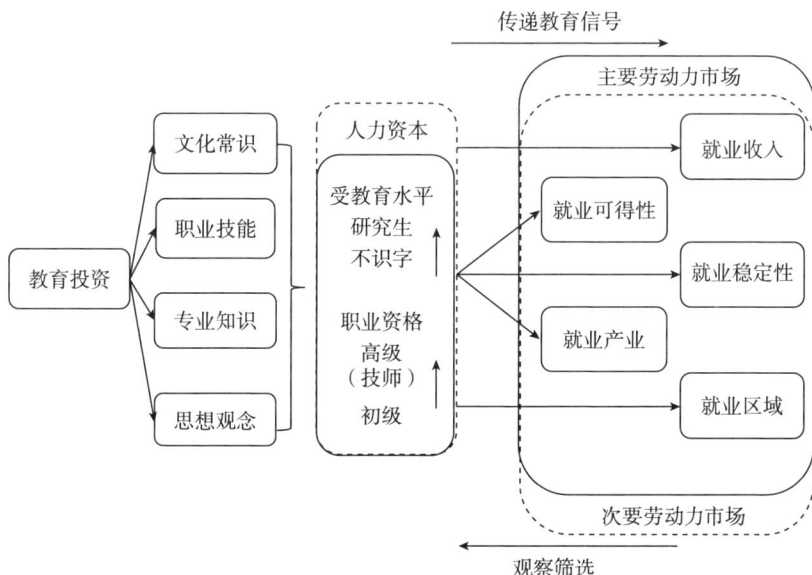

图 2-7　教育投资影响就业质量的传导机制

2.3.2.2　教育投资以人力资本为中介影响劳动力就业质量

根据教育投资影响劳动力素质的相关理论，教育投资改变劳动力人力资本，从而影响劳动力就业质量。人力资本是教育投资影响劳动力就业质量的中介。微观层面劳动力通过教育投资提高个人的就业收入、雇佣关系稳定性等，是劳动力主动适应就业市场，改变个人就业质量的重要途径。教育投资影响非农就业质量的机理可以分为以下四个方面。

第一，教育投资通过人力资本影响非农就业机会。陆慧（2004）认为劳动者通过教育投资获得的促进就业的能力中，有一项非常重要的能力是信息能力，赵海（2009）认为在非农就业中，教育投资形成人力资本后影响劳动力非农就业机会的把握能力。信息能力和把握机会的能力是获得就业机会的首要关键能力。在劳动力市场，信息被认为是一种稀缺的竞争资源。信息能力是个人获得就业机会的前提和基础。当劳动者流动到陌生环境寻求就业机会时，能获得及时信息的劳动力在机会把握、工作岗位获得上占得先机。人力资本理论认为，劳动者的人力资本水平与个体的认知能力、理解能力成正比，通过教育投资可以提高个人对外部信息的认知，增强个体的信息收集获取能力。劳动者所受的教育、培训与其对信息的认识、理解和获得能力呈正相关关系。因此，教育投资通过提高劳动力的信息认知能力，进而影响劳动力把握非农就业机会的能力。

第二，教育投资通过人力资本影响非农就业决策。劳动力选择非农产业就业、选择区域流动就业，均是劳动者劳动供给的决策问题。根据非农就业理论，劳动力主动从农业部门流动至非农就业部门，是因为工资机制起着杠杆作用。往往非农业部门的工资水平高于农业部门，才使劳动力调整自己的知识和技能结构，流动和适应高收入部门的就业岗位。劳动力市场存在信息不对称，在这种情况下，劳动力流动就业或者转岗就业的决策，更多取决于自我能力的评估和预期。教育投资水平较高、人力资本存量较高的劳动力，对个人收益预期和风险预期较为乐观，在就业产业、就业行业和就业区域的决策上更加自信。教育投资影响就业决策最常见的案例是受教育程度的高低与劳动力流动就业的距离成正比。蔡昉（2000）认为文化程度决定就业机会和选择范围，高文化程度的劳动力最可能突破距离的障碍。王洪春和阮宜胜（2004）研究认为，受教育程度高的农村劳动力会选择向发达地区、大城市转移，文化程度低的劳动力可能会选择就近转移。

第三，教育投资通过人力资本影响非农就业适应能力。就业适应能力包括职业技能适应、文化适应、环境适应等。适应能力关系到劳动力就业的稳定性。尤其对于从农业部门转移至非农业部门的劳动力来说，非农就业的过程中职业形式、生活环境以及社会角色发生重大转变，教育投资过程中形成的认知性知识和技能性知识，对于劳动力适应就业岗位和就业环境非常重要。首先，无论是学校正规教育投资还是培训投资，都使劳动力在未迁移之前具备就业岗位可能需要的知识和技能，在一定程度上增强了劳动力职业技能适应能力。其次，教育投资使劳动力具备劳动力心智模式和学习能力提高，进入新的岗位有能力继续学习深造新的技能。再次，在教育投资过程中，劳动力接受了文化多样性教育，形成的多元文化知识能够更好地满足劳动力就业过程中多元文化交互的需要。最后，教育投资的过程中也是人格完善和心理素质提高的过程。拥有较高人力资本水平的劳动力，在个性上和价值观上更成熟，对新事物和新环境表现出较强的适应能力，进入工作岗位更容易实现角色转化和融入新的环境。教育投资水平越高，劳动力在职业技能适应、文化适应和环境适应的能力更强，就业稳定性更高。

第四，教育投资通过人力资本影响劳动力非农就业收益能力。劳动力的收益能力体现为获取高工资收入的能力。劳动者作为理性人在教育投资中追求收益最大化，这种收益最大化的追逐主要在劳动力市场才能发挥出来。劳动力就业收益能力受到个人在就业市场的竞争能力和工作效能的影响。学历凭证和技能凭证在获得就业机会的竞争中发挥重要作用，决定劳动力进入行业、单位的性质。而凝结在劳动者身上的人力资本在就业后表现出的高劳动生产效率，也可以反馈到个人的收益中（刘健，2015）。人力资本学家贝克尔和明塞尔等的研究都认为教育个人收益率始终为正数，教育投资提高个人收入水平的功能是毋庸置疑的。

2.3.2.3　教育投资改变能力信号而影响劳动力就业质量

根据劳动力市场理论，劳动力进入不同类型的劳动力市场，其就业质量会产生差异。劳动力更愿意进入主要劳动力市场，因为主要劳动力市场的就业质量相对优于次要劳动力市场。不同劳动力市场的质量差异表现在工资待遇、工作稳定性、工作环境、晋升机会等方面。劳动力通过教育投资要实现"信号"功能，必定期望在劳动力市场上向雇主发出高于全社会劳动力普通受教育程度的信号，以获得主要劳动力市场的工作机会（Michael Spence，1973）。例如通过投资高等教育而获得凭证的劳动力，比接受过中等教育的劳动力传递给雇主的信号更强，进入主要劳动力市场的机会更大。雇主凭借求职者的教育信号了解其从业能力，将他们安置到不同职业岗位上。劳动力通过教育投资改变能力信号，从而提高进入优质劳动力市场就业的机会，进而影响个人的总体就业质量。

教育投资的变化，既从供给侧改变着主要劳动力市场和次要劳动力市场的求职劳动力数量，也从需求侧改变着主要劳动力市场和次要劳动力市场对劳动力的需求。劳动力就业质量的变化也是因为劳动力的供给与需求的变化，改变了两个市场的就业劳动力数量，从而改变了就业工资水平。以图 2-8 为例进行分析，分析时有四个条件假设：一是产业部门发展增长速度变化不大；二是特定地区的教育投资规模一定时，高等级的教育投入增加会带来次等级教育投资的减少；三是受教育程度相对较低的劳动力根据筛选理论会进入次要劳动力市场，受教育程度相对较高的劳动力更有能力、也更倾向于进入主要劳动力市场；四是主要劳动力市场的工资水平高于次要劳动力市场，且次要劳动力市场在长时期内处于劳动力接近无限供给状态。

依据二元劳动力市场理论，主要劳动力市场的工资水平高于次要劳动力市场，建立的供给需求曲线如图 2-8 所示。D_{p1}、S_{p1} 分别为主要劳动力市场上初始的劳动力需求曲线和劳动力供给曲线，E_1 为初始均衡点，L_1 为初始均衡的就业数量，W_1 为初始均衡的工资率。D_s 和 S_{s1} 分别是次要劳动力市场上的劳动力需求曲线和供给曲线，次要劳动力市场的初始均衡点为 E_5，初始就业数量为 L_5，初始工资率为 W_5。在主要劳动力市场对劳动力的需求增加的情况下，主要劳动力市场的需求曲线从 D_{p1} 移动至 D_{p2}，需求增加往往带动工资水平的提高。因为主要劳动力市场与次要劳动力市场存在较大的工资差距，次要劳动力市场的劳动力通过教育投资向主要劳动力市场转移，正在接受劳动预备教育的人群也会加大教育投资，提高进入主要劳动力市场的可能性。在这种机制下，主要劳动力市场的供给曲线从 S_{p1} 移向 S_{p2}，就业数量由 L_1 增加到 L_3，即有 L_3-L_1 的新增劳动力进入主要劳动力市场，这些新增劳动力的就业质量得到改变。因为劳动力向主要劳动力市场流动，次要劳动力市场的劳动力供给不再是无限供给，假设次要劳动力市场的供给曲线因为劳动力的流出移动至 S_{s2}，均衡点变为 E_4，此时均衡点

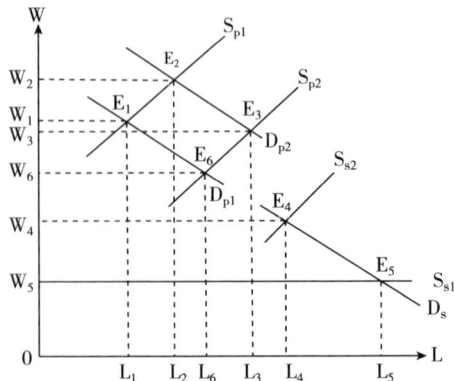

图 2-8 教育投资对二元劳动力市场就业状况的影响

的工资水平提高至 W_4，与初始工资相比增加了 W_4-W_5，即因为教育投资增加，一部分劳动力向主要劳动力市场转移，次要劳动力市场劳动力的均衡工资得到提高，次要劳动力市场的劳动力就业质量在一定程度上得到改善（景光仪，2012）。虽然次要劳动力市场的工资水平依然低于主要劳动力市场的均衡工资水平，但是主要劳动力市场与次要劳动力市场的工资差距在缩小。总体来看，通过教育投资使得劳动力供给发生改变后，新进入主要劳动力市场的劳动力和留在次要劳动力市场的劳动力，就业质量都得到一定程度的改善。其中新进入主要劳动力市场的劳动力就业质量改善表现在工资待遇、工作稳定性、工作环境、学习机会、晋升空间等方面；留在次要劳动力市场劳动力就业质量改善的标志是工资水平的提升。

有特殊情况需要说明，当教育投资急剧增长并快于经济增长时，会因为主要劳动力市场供给高于需求、受教育程度较高的劳动力不愿进入次要劳动力市场，主要劳动力市场和次要劳动力市场就业量均降低，从而产生新的失业问题，这一现象信号筛选理论和分割的劳动力市场理论都做了相关解释。另外，当一个社会经济快速增长时，主要劳动力市场和次要劳动力市场需求都会增加，会出现主要劳动力市场和次要劳动力市场的劳动力需求都上升的情形，有益于改变因教育投资不足或者教育投资过剩而产生的就业问题。

2.3.3　教育与就业影响经济社会发展的机制

教育投资的经济收益理论阐释了教育投资提高人力资本，从而对经济发展和个人经济收益的影响；二元经济的就业结构理论阐释了社会经济发展对劳动力就业的影响。人力资本理论和社会化理论从劳动力供给视角阐释了劳动力素质对于市场适应的重要性；市场分割理论和信号筛选理论从劳动力市场的视角阐明市场需求与劳动力的被选择。这些理论在阐明教育投资对劳动力就业的影响时，也反映出教育投资、劳动力就业、经济发展和社会发展相互交织、相互影响的复杂关系。教育投资根据特定作用机制对非农就业数量和质量产生影响外，教育投资通过非农就业会产生较大的社会收益，这种社会收益反映在促进经济社会高质量发展的社会贡献上。在这个过程中，教育、就业本身具有促进经济社会高质量发展的功能，同时，教育通过就业这一中介机制，扩大了对经济社会发展的影响（见图 2-9）。

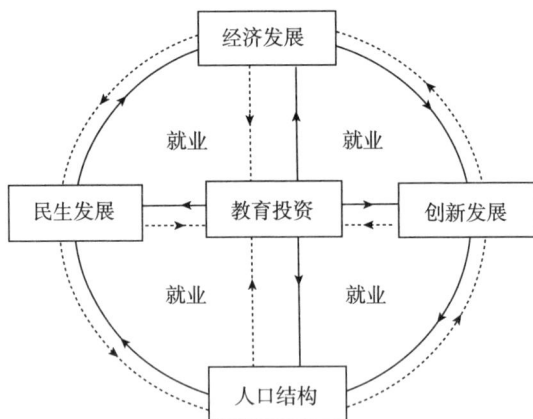

图 2-9　教育、就业、经济社会发展的交互关系

2.3.3.1　教育投资通过就业中介机制促进经济健康发展

一是教育投资通过提高劳动力素质而促进经济社会发展。人力资本理论认为教育投资最大的作用是改变劳动力的知识、技能、观念，提高劳动力的综合素质。舒尔茨（1990）认为，现代经济的发展与人的质量因素密切相关，劳动力素质的提高是经济增长和发展的重要原因。教育投资可以提高"处理不均衡状态的能力"、分配和利用时间的能力，这些能力素质促进劳动生产率的提高，进而促进经济的增长和发展。另外，凝结在劳动力身上的人力资本具有内生效应和外溢效应，通过教育投资改变劳动力的人力资本，会增加生产过程中的实际劳动投入数量和物质资本投入数量（名义上不增加），从而促进经济增长和社会发展。

二是教育投资通过优化劳动力配置结构而促进经济发展。国民经济各产业和行业的发展需要劳动力的人力资本结构与之相适应。教育的重要任务之一是提高后备劳动力的人力资本，因此学校的类型结构和专业设置与社会需求紧密相关。教育部门要根据产业和行业的需要，确定不同学校类型和专业的比例关系，向各产业部门和行业输送匹配专业知识和技能要求的劳动力。教育投资通过调整全社会的劳动力知识、技能和素质结构，使全社会的人力资本结构与产业、行业的发展更协调，也使更多劳动力的就业能力得到提升。另外，劳动力合理流动是优化劳动力配置的重要条件，劳动力在流动中需要有"教育准备"，教育投资使劳动力更具备转移和转岗就业的"教育准备"，从而实现就业的顺利流动。劳动力通过流动找到适合自己能力和偏好的岗位，促使劳动力的配置结构与经济结构更加协调，从而促进整个经济的发展。

三是教育投资通过规范劳动力的行为而促进经济社会发展。劳动者的行为合乎规范，是经济活动正常进行的保证。劳动力的行为规范与劳动者本身的道德观念、修养、素质、知识水平、认知态度、动机等有密切关系。而这一切离不开教育投资。教育投资在提高劳动力的知识和技能水平时，也增进了对道德的认知。道德力量在一定程度上潜移默化引导劳动者遵守经济活动需要的行为规范。厉以宁（1984）曾指出，只有造就一大批有高度政治思想觉悟、掌握先进科学技术知识的劳动者，才能保证建成具有现代化工业、现代化农业、现代化国防和现代化科学技术的，高度民主、高度文明的社会主义现代化国家。

2.3.3.2　教育投资以就业为中介改善民生质量

教育作用于人的能力素质和思想观念，从而提高就业增收能力，主动改变生活质量。一是教育作用于劳动力能力素质而减少结构性失业。凯恩斯（1997）认为解决就业问题就是消灭"非自愿失业"。"非自愿失业"是工人愿意接受现行工资水平但仍找不到工作的状态。非自愿失业既有社会有效需求不足的情况，但更普遍的是在社会有需求的情况下个体能力不足、不能匹配需要特定知识和技能的岗位。结构性失业是非自愿失业中的一种特殊情形，现在很多经济体中的就业问题往往表现为结构性失业，即招工难和就业难问题的并存。如传统行业随着技术的日新月异被新行业代替，新型行业往往非常需要劳动力，但传统行业人员因为没有及时更新技能、知识结构而不能够胜任新行业的岗位，造成失业与空岗并存的情况发生；或者转移劳动力知识、技能水平偏低，不能满足转移后岗位的需求，而出现就业后快速失业。解决劳动力非自愿失业中的结构性失业问题，关键在于使劳动者的素质和能力适应社会发展的产业结构、技术结构等的变化。教育投资通过教育实现劳动力再生产，改变劳动力的能力素质结构，从而使劳动力供给结构更加适配新产业、新业态对劳动力的需求。教育增强劳动力的职业转变能力，优化劳动力的供需结构，从而减少因结构性失业而产生的"非自愿失业"。

二是教育通过改变劳动力就业观念而扩大就业增收。教育投资能改变劳动力落后的就业观念，主动寻求自身素质和能力的提升，用竞争实力摆脱就业困境而提高创收能力。一些地区的劳动者就业观念落后，如宁愿待在家里拿救济金也不愿出去寻找工作；一些劳动者在择业过程中过度追求轻松安逸，拒绝接受条件较差的单位和岗位；一些劳动者留恋"公字号"的单位，而错过民营单位的就业机会。教育投资在一定程度上改变着劳动力的就业观念。在职业观念上，教育改变着劳动者职业等级的思维惯性，树立社会分工不同、行行出状元的就业观念，引导劳动力更理性对待职业选择问题。在市场观念上，劳动者认识到就业机会的竞争性，从而主动提高自身的素质与能力，增加个人的人力资本存量，以期望通过市场机制被识别和选择，从而实现就业。在就业的流动性问题上，通过教育也能使劳动力认识到人口流动是市场经济资源配置优化的一种方式，改变"金窝、银窝，不如自己的土窝"这一落后思想，主动走出封闭的环境、走向有就业机会的区域，提高个人创造收入的能力。另外，教育也会传递就业的危机意识，认识到在市场经济中就业者很难在一个岗位"从一而终"，需要不断学习保持自己的竞争实力，从而在转岗和转业时机确保竞争优势（范先佐，2008）。

2.3.3.3 教育投资以就业为中介影响社会创新发展

无论在培养高素质的劳动者和专业人才方面，还是在提高创新能力和提供知识创新、技术创新成果方面，教育都具有独特的重要意义。创新的事业，人才是关键，教育是基础。教育影响社会创新的发展，这种影响可以通过"创新教育—就业—创新—教育创新—就业的循环机制来描述。

创新是引领社会高质量发展的重要动力，抓创新就是抓发展。创新的关键因素是"人"。人的创新能力不是生而具有的，而是后天学习和教育的结果，是一种经常的、稳定的心理特征。一个人创新能力发展的关键时期是青年时期。该时期处在创新心理的大觉醒阶段，思维活跃，创新意识强（李万峰，2019）。

开发该阶段个体的创新潜力关键在教育，教育的主旨之一就是培养和造就创新型人才。教育的最终目的不是传授已有的东西，而是要把人的创新能力诱导出来，将生命感、价值感唤醒。创新型人才的培养和造就要靠创新性教育。校园环境、教师和课堂教学是学校教育的重要因素，是创新型人才培养的重要依赖力量和途径。注重知识、技术和创新精神、创新能力的传递和培养，是教育的应有之义。教育通过再生产和生产科学技术的功能，能主动适应创新发展的需求，以培养学生的创新精神和创新能力为重点，以培养创新型人才为价值趋向。

除了教育之外，没有其他任何的社会实践活动目标如此明确地指向人的发展与人才的培养。

我国从 20 世纪 80 年代开始提倡素质教育，素质教育的核心是人的创新能力的培养。1993 年，中共中央、国务院印发了《中国教育改革和发展纲要》，把基础教育视为提高民族素质的奠基工程。素质教育的根本宗旨是提高国民素质，重点是培养学生的创新精神和实践能力。2010 年颁布的《国家中长期教育改革和发展规划纲要（2010—2020 年）》对素质教育赋予了以人为本的时代内涵，强调素质教育要着力提高学生勇于探索的创新精神和善于解决问题的实践能力（项贤明，2019）。进入新时代，人的知识、技术和创新精神、创新能力成为影响经济社会高质量发展的关键因素，并且决定综合国力和国际竞争实力。可以说，创新性人才的孵化与培养主要由社会系统中的教育来完成。进入新时代，经济社会对创新人才的呼唤，更多转变为对教育体制机制改革的呐喊。这一现象更说明，教育对于创新性的"人才"培养的至关重要性。

创新型人才的培养不能直接促进社会发展，是需要将这种素质和能力在创新实践活动中展现出来。根据创新能力的定义，它是指根据一定的目的和任务，以创造性思维为核心，能够提供一些新颖的、有独创性的，对社会或个人有价值的"产品"的能力（吕平，2018）。创新能力最终是通过有形的产品来物化的，这种物化过程往往需要个体以创业或者就业为活动载体，从而将创新思维转化成对个体或社会有价值的产品。进入新时代，创新驱动被认为是高质量发展的重要动能，各行各业对创新提出了迫切要求，这种诉求反馈到具有较高创新能力的劳动者，会加速个体创新能力的物化，从而提高社会的创新水平。新产业新业态对劳动者创新能力的需求，通过市场也会传导至正在为未来生活做准备的青年学生以及承担创新型人才培养职能的学校，这些主体会改变教育、学习的内容，注重与创新发展相适应的能力和素质的培养，从而回应市场对劳动力能力培养的诉求。因此，教育培养创新型人才，通过就业这一载体，影响着社会的创新发展，社会创新发展对人才培养提出思维、能力创新诉求，反馈给学校和个体，从而通过教育内容和方法的变革，促进进一步的创新，为新一轮经济的创新升级提供支撑。

2.3.3.4　教育投资以就业为中介影响人口流动

人口流动是指人口在一定社会结构范围中所处地位、职业和空间上的变动。第一种城乡人口的流动是空间层面的流动，这种流动使农村富余劳动力转移到城市，成为推进我国城镇化进程的主要力量，为我国的工业发展做出了巨大贡献。第二种城乡之间的合理流动，使城乡人口结构更加合理，城乡人口发展更加协调。劳动力在行业间、职业间的变动，也是人口流动的重要形式，劳动力在同一技术水平或不同技术层次的岗位之间、企业之间和部门之间的流动，可以使劳动者找到适合自己能力和偏好的职业，促使劳动力配置结构与经济结构整体更加协调，从而促进社会经济的协调发展。第三种人口流动是人口在社会中的社会地位、经济地位的变动，也称为社会阶层跃迁。对于优势阶层的个体，期望能够通过努力保持优势阶层或者向更高的阶层跨越。对于处于非优势阶层的个体，期望通过努力向优势阶层跨越。市场机制为劳动力自由充分地流动迁移提供了可能性，每个人都可以基于个人的能力，有机会实现空间、职业或地位的变动。

无论是地域的迁移、就业部门的转换还是社会阶层的上升，都需要劳动力具备一定的迁移、转换的能力，而这个基础是劳动力的人力资本积累。人力资本包含了教育资本、健康资本、迁移资本和流动资本。根据教育的功能可知，教育是提升人力资本综合素质的基础，教育在促进劳动力转移就业、空间流动和阶层上升中具有重要作用。受教育程度的提高可以拓宽劳动力转移就业和空间流动时选择工作的范围，提高争取工作岗位时的竞争力，增强融入新环境的适应能力。教育投资对于提高劳动力的就业竞争力、适应能力具有正向作用，能在岗位转换和职业变动中快速适应新的行业、部门和职业，尽快实现就业。如李强（2004）的研究认为受教育程度与就业区位选择灵活性、就业流动距离呈正向关系。教育决定看家本领。看家本领强的劳动力最可能突破距离的障碍。教育长期以来被视为提升资本存量、实现阶层流动的"催化剂"。依赖教育从而获得人力资本提高，进而获得经济地位和社会地位较高的就业岗位，是较多的中等及以下社会阶层的人群愿意投资教育从而提升子代社会地位的重要途径。为了获得较高的社会经济地位，人们愿意投资年限较长、层级较高的教育，因为这样才有机会成为社会的上层，才能实现从中、下阶层的向上流动（马千里和许尧华，2007）。

在经济社会发展过程中，强调劳动力配置结构与经济结构的协调发展。但这种协调发展一直处于动态调整的过程中。经济社会结构的动态发展要求劳动力配置结构适度调整，劳动力能适当地跨域区域、职业和阶层进行流动，从而为社会革新注入活力。很难想象，一个国家如果不存在劳动力流动，劳动力配置结构能够合理，经济会高速增长。而劳动者合理流动的前提条件是具备流动和迁移的能力，这种能力的培养最关键还是依赖教育。教育投资调节着区域间、产业间、行业间、部门间劳动力的供求，流动着的劳动力资源使劳动力要素配置进一步优化。因此，教育改善着区域、职业和社会阶层的人口结构，使人口结构与社会发展结构更加协调和平衡，从而满足社会不同发展阶段的需求。

第3章 新疆教育投资与非农就业的现状分析

　　教育投资是一个国家或地区根据教育事业发展的需要，投入教育领域中用于培养不同熟练程度的后备劳动力和各种专门人才以及提高人的劳动能力的人力、物力和财力的货币表现。教育投资包括投向学校正规教育的财政投资和非学校正规教育的投资。非农就业指劳动力在第二产业和第三产业从业并获得工资性收入的劳动行为和状态。就业对人的生存具有保障功能，非农就业拓宽了增加收入的途径，为人们改善生存和发展条件提供了更多可能。教育投资经济功能的实现途径是就业，从理论上来说，教育投资对就业总量产生影响，并且对就业产业结构优化起到助推作用。新疆十多年来在教育投入上力度空前，教育投资高于全国平均水平，教育投资对非农就业的实然作用如何，需要进行探讨。本章运用《中国教育统计年鉴》《中国教育经费统计年鉴》《新疆统计年鉴》的宏观数据，基于新疆各级教育和就业职能部门的访谈，试图解决以下三个问题：第一，从教育投资规模、教育投资结构、教育投资经费来源、农村教育投资和教育投资效果分析新疆近20年的教育投资状况；第二，从就业规模、就业结构、就业行业和单位性质分析新疆非农就业现状；第三，揭示就业结构与非农就业的关系，阐释劳动力人力资本结构与产业结构协调对于经济发展的紧迫性。

3.1 新疆学校正规教育投资状况

　　学校正规教育是现代国家开发人的智力和技能的典型教育形式。参加学校正规教育的人群是为了个人成长和未来社会生活准备的学龄儿童和青少年，他们是未来接力实现中华民族伟大复兴中国梦的最重要力量。学校正规教育作为面向全体公民的学历教育，需要巨大的资金投入。1998~2002 年，中央增加教育投入以落实科教兴国战略，教育经费占中央财政支出的比例按照每年 1% 的比例提高。在该时间段，全国大部分省份比照中央的做法，提高了教育经费支出占本级财政的比重。新疆学校正规教育在 20 世纪 90 年代末开始体量增加。近 20 年来，随着教育政策的变迁，新疆教育投入形成区别于其他区域的投资特征。

3.1.1　新疆教育投资规模

3.1.1.1　教育投资总量持续增长

1996~2016 年，新疆教育投资经费总量大幅度上升。1996 年，新疆教育经费为 43.59 亿元，比上年增长 17.55%；2016 年，新疆教育经费为 782.39 亿元，比上年增长 9.54%；2016 年新疆教育经费总量是 1996 年的 18 倍。从 2008 年开始，新疆教育投资总额突破 200 亿元，2011 年，教育投资总额突破 400 亿元，2014 年，教育投资总额突破 600 亿元。新疆教育投资有三个高比例增长阶段，第一个阶段是 1999~2001 年，增长速度由 1999 年的 12.18% 上升到 2001 年的 33.56%。第二个阶段是 2006~2008 年，增长速度由 0.36% 上升至 30.52%。第三个阶段是 2009~2011 年，增长速度由 18.29% 上升至 25.98%（见图 3-1）。

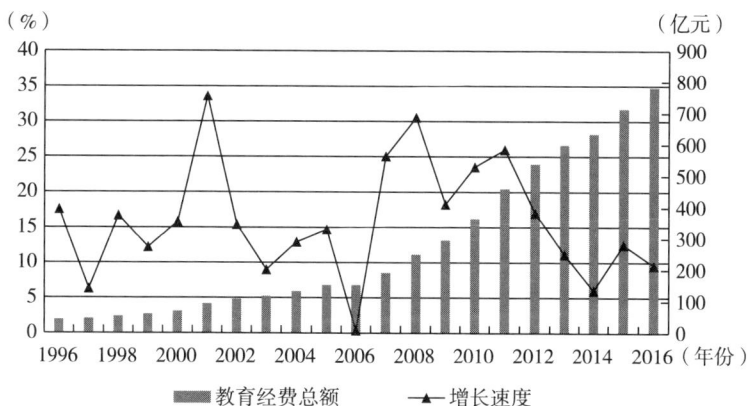

图 3-1　新疆教育经费规模

资料来源：《中国教育统计年鉴》（1997~2017 年）。

3.1.1.2 教育经费占GDP的比重较高

在新疆教育投资中，国家财政性教育经费占区内生产总值比例基本保持在 4% 以上。1996 年新疆国家财政性教育经费达 38.74 亿元，占区内生产总值的 4.30%，已经超过我国《教育法》规定的 4% 的目标；1997~2007 年国家财政性教育经费占区内生产总值的比例保持在略高于 4% 的水平。从 2008 年开始，中央和地方进一步加大了对教育领域的经费投入，使教育经费在 GDP 中的比重进一步上升，2008 年这一比例达 5.12%，2009 年达 6.09%，2015 年突破 7%。新疆国家财政性教育经费占 GDP 的比重高于全国平均水平，2005 年新疆国家财政性教育经费占 GDP 的比重为 4.12%，同期国家财政性教育经费占 GDP 的比重平均为 2.82%；2015 年新疆国家财政性教育经费占 GDP 的比重超过 7% 之时，同期全国的比例平均是 5.29%。从教育投资占 GDP 的比例来看，新疆教育投资总量在我国处于较高水平（见图 3-2）。

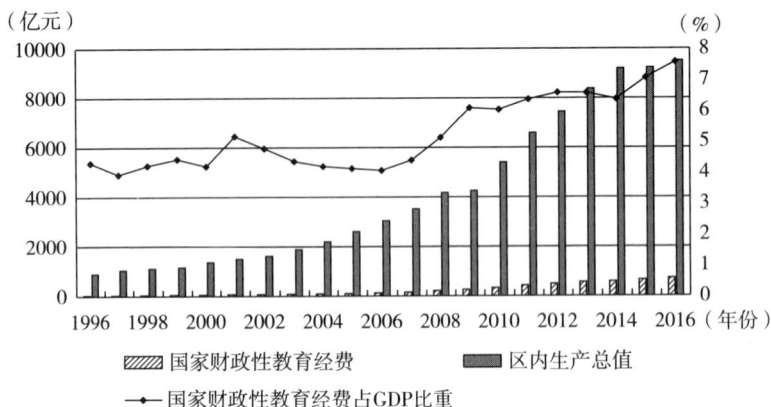

图 3-2 新疆教育经费占区域生产总值的比重

资料来源：《中国教育统计年鉴》（1997~2017 年）

3.1.1.3 生均教育经费大幅度提高

生均教育经费支出指特定教育阶段平摊到单位学生的教育经费支出，用该阶段教育经费支出总额与学生人数的比值表示（杜鹏和顾昕，2016）。生均教育经费支出既能总体反映国家、社会对每个学生的教育投资状况，也能反映出单位学生享有教育资源的情况。很多研究认为生均教育经费是衡量教育投入水平中最具可比性的指标之一，因为该指标可以直观地看到每名特定教育阶段学生教育经费的享有情况，进而衡量不同地区教育投入、教育质量和教育公平现状。表 3-1 描述了 1995~2016 年普通高等学校、普通高中和中职中专、普通初中、普通小学生均教育经费支出情况及变化趋势。将物价水平的变化考虑在内，对 22 年的生均教育经费进行不变价格处理，可以更清晰地看出生均教育经费支出的实际变化。经 CPI 调整后，按照不变价，22 年新疆普通高等学校、普通高中和中职中专、普通初中、普通小学生均教育经费分别增加了 2.34 倍、2.94 倍、11.10 倍、15.09 倍。新疆各级各类教育生均经费支出有较大幅度的提高，其中普通小学生均教育经费的增幅最大，普通中学的增幅次之。根据生均教育经费可以看出国家对新疆义务教育阶段的投资力度非常大。

表 3-1　新疆各级学校生均教育经费支出（不变价）　　　　单位：元

年份	CPI	普通高等学校	普通高中和中职中专	普通初中	普通小学
1995	1.17	6385.57	3823.55	1007.57	500.15
1996	1.27	7131.73	3449.72	1120.23	541.48
1997	1.30	6986.28	3323.50	1085.60	553.84
1998	1.29	7259.37	2269.79	756.70	475.51
1999	1.28	7425.70	2419.57	778.66	563.89
2000	1.28	8532.60	2584.14	906.87	673.44
2001	1.29	8891.08	3079.28	1120.01	891.29
2002	1.28	8815.60	3376.51	1396.35	1055.77
2003	1.29	7372.28	3182.01	1437.74	1131.48
2004	1.34	6682.84	3260.09	1419.83	1286.34
2005	1.37	7762.63	3390.89	1784.97	1474.99
2006	1.39	7868.92	3756.04	2355.10	1729.46
2007	1.46	7123.55	4726.31	3116.97	2446.26
2008	1.54	7432.46	5239.87	4135.86	2998.73
2009	1.53	8476.83	6296.39	5170.98	3637.33
2010	1.58	12214.54	7078.41	5855.98	4301.14
2011	1.67	12564.53	8477.21	7254.23	5145.76
2012	1.71	11809.19	9242.04	8451.68	5879.30
2013	1.76	12715.19	10550.68	9578.19	6565.26

续表

年份	CPI	普通高等学校	普通高中和中职中专	普通初中	普通小学
2014	1.79	12230.30	9957.02	9290.29	6844.72
2015	1.82	16237.59	10627.04	10465.26	7447.92
2016	1.85	14914.51	11224.43	11182.74	7549.63

注：原始数据来自《新疆统计年鉴》，生均教育经费支出的数据采用以1994年为基期的CPI进行平减。

3.1.2 新疆教育投资结构

教育资源和教育经费合理地在各级各类教育中分配，是任何一个国家、地区根据区域发展战略和经济发展水平必须要做出的重要抉择。我国开展学校正规教育的主体分为高等学校（普通高等学校和成人高等学校）、中等职业教育学校（中等技术学校、中等师范学校、成人中专学校、技工学校、职业高中）、中学（普通中学和成人中学）、小学（普通小学和成人小学）、幼儿园和特殊教育学校。新疆教育投资按照教育层级和类别分类，包括高等学校、中等职业教育学校、高级中学、初级中学、小学、幼儿园和其他特殊教育的经费投入。因为研究需要，本部分不将特殊教育纳入分析范围，主要基于前六者讨论教育的投资结构（见表3-2）。

表3-2 新疆各级各类教育机构经费支出　　　　单位：亿元

年份	高等学校	中等职业教育学校	高级中学	初级中学	小学	幼儿园
1995	4.49	5.17	4.07	7.18	13.48	0.46
1996	5.43	6.12	3.51	9.29	15.81	0.56
1997	5.64	6.78	3.94	10.02	17.47	0.61
1998	6.88	5.03	2.78	7.59	15.39	0.95
1999	7.61	5.47	3.26	8.67	18.03	1.29
2000	10.25	5.99	4.08	10.85	21.36	1.54
2001	16.18	8.07	6.09	14.49	27.99	1.81
2002	13.62	7.44	7.97	19.04	31.86	2.00
2003	14.94	7.01	8.94	21.09	33.52	2.10

年份	高等学校	中等职业教育学校	高级中学	初级中学	小学	幼儿园
2004	17.91	7.83	11.06	22.12	38.37	2.27
2005	19.82	7.48	14.56	29.32	43.29	2.71
2006	23.28	8.57	18.09	38.29	50.42	3.41
2007	35.74	12.55	25.64	50.64	73.34	4.49
2008	40.93	15.17	30.86	67.91	93.04	7.53
2009	45.59	18.61	35.85	81.38	109.94	14.73
2010	64.03	22.97	41.03	92.93	131.71	28.51
2011	70.81	30.64	53.40	118.11	164.67	23.60
2012	74.75	35.17	59.68	136.36	191.17	28.95
2013	80.70	42.66	69.94	154.40	218.28	35.56
2014	83.27	40.86	69.12	151.59	238.07	42.20
2015	107.53	42.25	83.10	172.38	277.00	52.26
2016	103.95	50.12	94.38	185.27	301.85	83.04
2017	109.94	48.02	96.95	195.59	300.78	147.00

资料来源：《中国教育经费统计年鉴》（1996～2018 年）。

3.1.2.1　各级教育投资总量大幅增长

1995～2017 年，新疆各级各类教育投资整体呈现较大幅度增长。1996 年高等学校教育经费支出为 4.49 亿元，中等职业教育学校教育经费支出为 5.17 亿元，中学经费支出为 11.25 亿元，小学经费支出为 13.48 亿元，幼儿园经费支出为 0.46 亿元。2017 年高等学校教育经费支出与 22 年前相比翻了近五番，达 109.94 亿元；同期中等职业教育学校教育经费翻了三番，达 48.02 亿元；中学教育经费支出翻了五番，达 292.54 亿元；小学经费支出翻了四番，达 300.78 亿元；幼儿园经费翻了八番，达 147.00 亿元。各级各类教育经费支出在不同年份或时间段出现高速增长期。高等学校教育经费支出在 2000 年、2001 年、2007 年、2010 年和 2015 年分别是 10.25 亿元、16.18 亿元、35.74 亿元、64.03 亿元和 107.53 亿元，比上年依次增长 34.75%、57.85%、53.50%、40.46%和 29.13%，增长幅度相对较高。中等职业教育学校教育经费支出在 2001 年、2007 年和 2011 年出现三次高幅度增长期，当年该类经费支出分别为 8.07 亿元、12.55 亿元和 30.64 亿元，比上年依次增长 34.73%、46.54% 和 33.36%。中学经费支出 22 年间出现三个高速增长期，第一个高速增长期是 2001~2002 年，增速分别为 37.85% 和 31.30%；第二个高速增长期是 2005~2008 年，增速均为 30% 左右；第三个高速增长期是 2011 年，增速为 28.03%。小学经费支出增长速度相对稳定，2001 年增速为 31.03%，2008 年增速为 26.86%，2011 年增速为 25.03%，这三年经费支出较上年增长幅度相对较高。幼儿园教育经费支出的增长速度波动较大，22 年间出现三个高速增长期，其中 1998 年和 1999 年出现一个较高增长期，前一年增长速度为 55.4%，第二年增长速度为 35.11%；第二个高速增长期是 2007~2010 年，2007 年的增长速度是 31.77%，2008 年的增长速度是 67.61%，2009 年的增长速度达到 95.59%，2010 年的增长速度是 93.56%；2016~2017 年出现第三个高速增长期，2016 年的增长速度是 58.90%，2017 年的增长速度是 77.02%。22 年间投入增长速度最高的时间段是第二个增长期。

3.1.2.2 教育政策影响教育支出结构变化

教育经费支出结构的变化与教育政策密切相关。教育政策要保障教育的公共性，具有公平、效能和效率三方面的价值追求。进入 21 世纪后，新疆教育发展总体落后于全国平均水平，文盲人数和辍学人数规模高于全国平均水平。国家和地方在新疆教育投资方面秉持均衡教育资源、促进教育公平的价值取向，通过加大基础教育实现区域人力资本水平的提升。自 1986 年我国确立义务教育制度以来，国家和地方不断加大财力保障新疆义务教育的实施，为实现边疆地区"基本普及九年义务教育，基本扫除青壮年文盲"的"两基"攻坚目标不断奋斗，因此新疆教育投资中义务教育经费支出占总经费的比重总体稳居第一。义务教育阶段的小学教育投资占总经费的比重最高，平均为 37.39%；初级中学经费支出的比重平均为 23.39%，排名第二。其中，2005~2013 年初级中学投资规模扩张，经费支出比重上升 2%~4%，同期小学教育经费支出的比重下降相近的比例，但义务教育投资比重总体没有发生明显变化。

1999 年，中共中央、国务院作出扩大高等学校招生规模的重大决定，新疆高校年招生数和在校学生数在之后的 5 年迅速增长，教育经费投入也相应大幅度增加。1999~2007 年，高等学校教育经费支出比重比之前上升 5%，以平均 17.8% 的比重超过中等职业教育，排名第三。该阶段全国以极大力气支持高等教育发展，由此拉动普通高中规模的扩张和经费的增长，新疆高级中学教育经费支出占经费总支出的比重在 2002~2008 年快速增加，所占比例是中等职业学校的 2 倍。与此同时，中等职业学校毕业生就业受到高等学校毕业生规模扩张的冲击，向上发展通道和就业渠道受限降低了学生选择的积极性，中等职业教育开始转型或者缩小规模，中等职业教育经费占总经费的比例从 1998 开始逐年减少。1995~1997 年中等职业教育经费支出占总经费的排名第三，2001 年经费投入开始大滑坡，至 2014 年中等职业教育经费支出是所有学校正规教育中支出比例最少的类型。

受国家政策支持，新疆学前教育投资比重在近年大幅度提升。2016 年新疆实施农村学前三年免费教育工作"两步走"规划，同年全疆幼儿园教育经费支出比重上升 3%，占总经费的 10.14%（见图 3-3）。2017 年，在中央的支持下，新疆南疆扎实推进农村学前三年免费教育，四地州率先全面普及 15 年免费教育，幼儿园经费支出比重占 16.36%，仅次于小学和初中教育经费支出。2018 年《新疆维吾尔自治区高中阶段免费教育实施办法》的出台，推动全疆基本实现 15 年免费教育的目标。

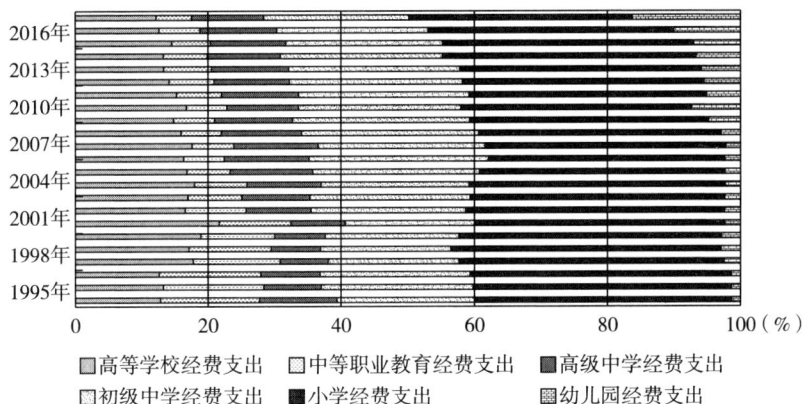

图 3-3　新疆各级教育经费支出占总经费的比例

资料来源：《中国教育经费统计年鉴》（1996~2017 年）。

3.1.3　新疆教育投资经费来源

3.1.3.1　政府财政投资为主导

根据教育投入主体的多样性和投入口径的不同，教育经费来源主要包括国家财政性教育经费、民办学校中举办者投入、社会捐赠经费、事业收入、其他收入五部分；其中，学杂费作为个人教育投资的经费，是事业收入的重要组成部分。新疆教育经费主要来源于国家财政性教育经费拨款，且国家财政性教育经费占比在教育经费来源中的主导地位不断巩固。1996~2016年国家财政性教育经费占总经费的83.6%，2010年以后国家财政性教育经费一直维持在90%左右。事业收入中的学费在2009年以前占总经费的7%~10%，2009年以后随着12年免费教育和15年免费教育的逐步推进，私人成本分担的比例只占总经费的4%左右，除了高等学校收取象征意义的学费、书本费和杂费等外，其他类型的教育完全由政府投资甚至给予生活补贴。新疆的教育投资主体中政府投资和学费收入合计占全社会教育投资的95%左右，而新疆社会资本对于教育的投资微乎其微。民办学校中举办者投入的经费、社会捐赠经费在多数年份都不足0.5%，民间教育投资在新疆还没有形成气候（见图3-4）。

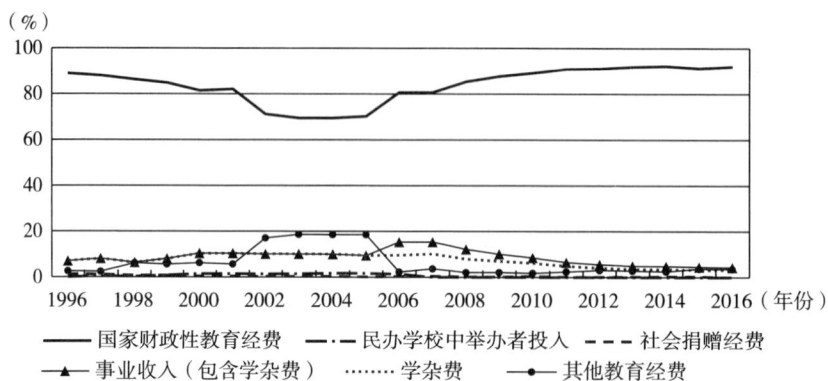

图3-4　新疆教育投资主体承担费用比较

资料来源：《中国教育经费统计年鉴》（1996~2017年）。

3.1.3.2　投资主体多元化特征较弱

新疆教育经费高度依赖政府财政，新疆教育经费渠道存在单一性。国家对新疆教育投资的力度非常大，国家财政性教育经费高于全国平均水平。将2016年新疆教育经费来源结构与同期全国水平、各地理区域代表性省份对比可以看出，新疆财政性教育经费占总经费的比重高于全国平均水平11个百分点，超过代表性省份10个百分点。相应地，个人承担的教育经费低于全国 9 个百分点，低于代表性省份近 10 个百分点。个人承担教育经费低于全国水平，与新疆多个地区推行 12 年和 15 年免费教育、高等教育学杂费低于全国水平有关。新疆社会力量对教育投入比重低于全国水平，民办学校中举办者投入只有 0.05%，社会捐赠只有 0.17%，多数年份都低于全国平均水平和代表性省份（见表 3-3）。在教育经费来源愈益多元化的背景下，新疆民间社会力量对教育投入的贡献很小。民间力量的投资和捐赠比重非常小且很不稳定，与新疆民办学校发展机制不完善、社会捐赠氛围尚未成型等密切相关。

表 3-3　2016 年全国代表性省份不同来源教育经费的比重　　　　单位:%

地区	合计	国家财政性教育经费	民办学校中举办者投入	社会捐赠经费	事业收入	学杂费	其他教育经费
全国	100.00	80.73	0.52	0.21	16.14	12.27	2.39
河北	100.00	83.70	0.35	0.05	14.83	12.36	1.08
辽宁	100.00	80.61	0.14	0.04	18.40	15.08	0.81
安徽	100.00	83.38	0.47	0.08	14.93	12.31	1.15
河南	100.00	78.94	0.62	0.03	19.01	16.24	1.39
广东	100.00	73.87	1.50	0.28	22.99	19.63	1.36
四川	100.00	81.85	0.72	0.21	16.19	12.92	1.03
陕西	100.00	80.47	0.16	0.08	17.74	13.80	1.55
新疆	100.00	91.84	0.05	0.17	4.37	3.22	3.57

资料来源：根据《中国教育经费统计年鉴 2016》计算所得。

3.1.4　新疆农村教育投资现状

3.1.4.1　农村教育投资大幅度增长

农业、农村和农民问题一直是我国经济发展中的基本问题。农村教育一直是新疆教育发展的重点和难点。新疆农村人力资本质量长期偏低，既难以满足现阶段农村经济发展对人力资本质量的需求，也难以满足转移劳动力市场对人力资本质量的要求。发展好农村教育，提高农村人力资本水平，保障农村教育经费投入是促进新疆教育发展的关键。新疆农村教育投资主要包括农村幼儿园、小学、初中、高中的教育投入。对新疆城乡教育经费对比发现，投入总量变化最大的是农村教育经费支出。1995 年新疆农村教育经费只有 10.22 亿元，2017 年达 494.82 亿元，2017 年农村教育经费总量是 1995 年的 48.4 倍，年均增长速度为 19.28%（见图 3-5）。

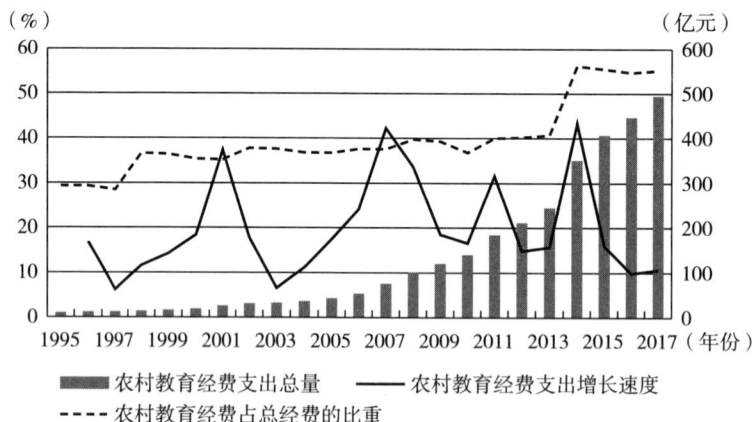

图 3-5 农村教育经费支出规模

资料来源：根据《中国教育经费统计年鉴》（1996~2018 年）计算所得。

1995~2017 年，新疆农村教育投资总量保持大幅度增长态势。新疆农村教育投资的重大变动往往与国家的重大战略密切相关。西部大开发战略、中央新疆工作座谈会以及"一带一路"倡议，都为新疆农村教育发展提供了机遇。如 2000 年国务院成立了西部地区开发领导小组，2001 年农村教育投资总量为 26.26 亿元，较上年增长 37.38%；2006 年国务院通过《西部大开发"十一五"规划》，2007 年新疆农村教育投资总量达 75.97 亿元，较上年增长 33.55%；2010 年召开第一次中央新疆工作座谈会，2011 年新疆农村投资总量达 184.39 亿元，较上年增长 31.57%。2014 年召开第二次新疆工作座谈会，当年农村教育经费投入为 351.07 亿元，较上年增长 43.35%。

3.1.4.2 农村重大教育战略实现得到经费保障

近年来，新疆尤其加大了农村学前教育、义务教育、高中教育和汉语教育的投入，各级政府在农村教育投入上做出了积极努力。1995 年农村教育经费支出占总经费的比重只有 29.33%，2012 年这一比重达 40.24%，2014~2017 年这一比重保持在 55% 左右。农村教育经费比重的持续增长保障了农村重大教育战略的实现。随着新的农村义务教育经费保障机制的推行，新疆在 2006 年所有农村中小学实现了免费教育。2013 年，新疆财政率先对南疆三地州农村高中学生免除学费和教材费，提高农村学龄人口的受教育程度。2016 年，新疆将普及农村学前三年免费教育确定为教育惠民 "1 号工程"，率先在南疆四地州应建尽建幼儿园，确保学龄幼儿实现 "就近" "免费" 入园。至 2017 年年底，新疆基本实现了农村从幼儿园至高中的 15 年免费教育。

新疆作为一个多民族、多语种、多文化的地区，农村教育不仅有助于提高整体的人力资本质量，而且更有助于新疆社会稳定和长治久安，新疆农村教育的社会效能价值远远大于效率价值。新疆农村教育经费占总经费的比重变化也充分体现了中央和地方对农村基础教育的重视程度。加大幼儿园、小学和中学的教育投入，大力普及汉语教育，对于农村未来的社会劳动力选择多样的职业奠定基础。目前优质的教育资源不足依然制约着农村人口整体素质的提高，提高教育质量仍是困扰新疆农村教育发展的主要问题之一。未来新疆要在提高农村义务教育办学水平、办学条件、加大教育师资队伍建设、完善学生资助体系等方面攻坚克难，对教育经费的需求非常大，需要中央和地方进一步加大力度扶持。

3.1.5　新疆教育投资成效显著

3.1.5.1　人力资本存量提高

教育投资是促进人力资本存量形成的主要来源，区域社会就业人员受教育程度能够反映该地区教育投资形成的人力资本存量。全国百分之一抽样劳动力调查资料显示，随着新疆教育投资力度增大，新疆就业人员的受教育程度总体在提高。纵向按照时间序列来看就业人员的受教育程度情况，呈现出以下特点：一是未上过学的人数在减少，1996 年未上过学的就业人员占社会从业人员的 10.70%，2006 年减少一半，占 5.20%。2010 年以后，未上过学的就业人员比重占 1%~2%。二是小学文化程度的就业人员所占的比例在减少，1996 年小学教育程度的就业人员占 35.40%，2009 年后小学文化程度的就业人员比重开始低于 30%，到 2017 年降至 16.30%。三是初中文化程度的劳动力在增加且比重越来越高，1996 年初中教育程度的就业人员是 31.30%，到 2017 年上升了近 10 个百分点。2002 年开始初中教育程度就业人员超过小学受教育程度的就业人员比重，成为所有从业人员中比重最多的学历人群。四是高学历的就业人员比重在快速增加，1996 年大专及以上文化程度的就业人员占 6.70%，2011 年达 15.93%，到 2017 年达 25.00%（见表 3-4）。

表3-4　新疆就业人员受教育程度构成　　　　　单位:%

年份	未上过学	小学	初中	高中及中等职业教育	大专及以上
1996	10.70	35.40	31.30	15.90	6.70
1997	9.70	36.10	31.60	14.80	7.80
1998	8.50	38.20	31.00	14.00	8.20
1999	7.10	32.40	33.40	16.70	10.50
2001	6.10	34.90	34.30	13.30	10.80
2002	6.00	29.20	35.10	15.70	14.00
2003	4.90	30.60	38.00	12.90	13.60
2004	5.40	30.00	36.70	14.30	13.55
2005	6.10	29.20	39.80	12.60	12.30
2006	5.20	31.00	41.70	10.90	11.20
2007	3.10	31.00	44.60	10.70	10.60
2008	3.10	31.00	44.60	10.70	10.60
2009	2.50	28.70	47.00	10.50	11.29
2010	2.00	26.50	46.10	11.60	13.86
2011	0.70	26.40	42.80	14.20	15.93
2012	1.00	26.00	40.90	14.00	18.01
2013	0.90	24.80	42.70	13.50	18.11
2014	1.00	23.20	44.60	13.50	17.67
2015	2.20	16.90	41.00	15.70	24.30
2016	2.10	17.50	41.40	15.00	24.00
2017	1.40	16.30	40.70	16.60	25.00

资料来源:《中国人口和就业统计年鉴》《中国劳动统计年鉴》,2000年数据缺失。

3.1.5.2　人力资本质量有待提高

综合来看,新疆人力资本存量总量较高,但是劳动力文化结构重心低,人力资本存量的质量依然偏低。新疆初中文化程度的劳动力为主要学历群体,约占就业劳动力总数的40%。接受过高中及中等职业教育的比重较低,21年间该比重平均为13.67%,纵向比较没有明显的增长。进一步分析可以看出,农村劳动力的受教育程度偏低,从而降低了全社会人力资本存量。以2011年为例,新疆乡村小学文化程度及以下的劳动力占32.9%,初中文化程度的占56.4%,也就是说初中及以下文化程度的劳动力占接近 90%。其中南疆喀什地区、和田地区、阿克苏地区和克孜勒苏柯尔克孜自治州受教育程度在初中水平及以下的劳动力分别占到 97.3%、96.0%、94.2% 和 91.3%（见表 3-5）。对于提高新疆劳动力素质来说，高中及以上的教育是非常必要的。如果不提升全社会从业人员的人力资本，即使新兴技术推广，整个社会的经济发展还是会受到低素质劳动力的阻碍。加大高中及以上教育的投资，为经济发展提供较高文化素质、基本职业技能的劳动力，对于新疆的经济可持续发展和社会长治久安意义重大。

表 3-5　新疆分地区农村劳动力受教育程度分布　　　　　单位:%

地区	不识字或识字很少	小学程度	初中程度	高中程度	中专	大专及以上
全区	2.4	30.5	56.4	5.9	2.5	2.3
乌鲁木齐市	4.6	27.0	52.5	6.4	4.4	5.2
吐鲁番市	2.1	31.2	51.5	9.5	4.0	1.7
哈密市	1.8	29.6	42.3	14.7	6.1	5.4
昌吉回族自治州	2.5	17.0	65.8	7.7	4.6	2.5
博尔塔拉蒙古自治州	1.5	12.5	60.1	12.1	8.3	5.5
巴音郭楞蒙古自治州	2.4	30.1	50.8	10.7	3.1	2.9
阿克苏地区	1.3	36.8	56.2	4.0	1.2	0.5
克孜勒苏柯尔克孜自治州	5.9	41.8	43.6	5.3	2.3	1.1
喀什地区	2.7	25.2	69.4	2.0	0.7	0.1
和田地区	3.0	38.6	54.4	2.7	1.1	0.3
伊犁哈萨克自治州直属	1.7	24.9	49.6	13.8	4.5	5.5
塔城地区	2.2	19.8	61.0	9.3	4.1	3.6
阿勒泰地区	1.9	20.8	63.4	6.8	3.2	3.9

资料来源：《新疆调查年鉴 2012》中分地区农村居民家庭情况。

3.2　新疆非学校正规教育投资状况

非学校正规教育指的是教育对象在非学校的正规教育机构中接受短期的、专门技术的训练，往往是非学历教育。这类教育开展的承担机构也是国家相关部门认可的正规机构，通常由各种经济的、社会的和政治的机构负责实施，如以人力资源与社会保障部门为资格认定部门的职业培训机构、职业培训院校、就业训练中心，或者是有能力开展教育培训的企业等（郭熙保和周军，2007）。这种教育的形式比较多，具有代表性的教育形式如培训中心和扫盲班等。在新疆劳动力培养中，开展非学校正规教育的形式主要是职业培训。非学校正规教育对于增进劳动力通用性知识和职业技能水平意义重大，是学校正规教育的有益补充。本部分通过探究职业培训的属性、分析职业培训经费的承担主体、梳理职业培训投资政策，总结新疆职业培训的投资特征。

3.2.1　新疆职业培训经费来源

3.2.1.1　职业培训的准公共产品属性

根据经济学理论对产品属性的分类，职业培训属于准公共产品。准公共产品有限的非竞争性或有限的非排他性特征，使它兼具部分公共产品和部分私人产品性质，如教育、公园、公路、医院等都属于准公共产品。经济学认为准公共产品的投资和供给在理论上应采取政府和市场共同分担的原则。目前国际上开展职业培训的培训模式有政府主导模式、用人单位主导模式、培训机构主导模式、培训需求人员自发主导模式等。很多国家愿意主导购买公益性就业培训、创业培训、岗位能力提升培训、人才培训等就业培训服务，是因为就业培训服务具有较为典型的公益性公共服务性质，既能提升接受服务人员的就业状况，也能带动提升公共就业水平。我国学者周其仁（1997）认为，要对较大规模的待业劳动力或下岗劳动力开展技术培训，任何一家企业或私人机构可能都不愿意承担职责，必须由政府动用公共开支来进行。皮江红（2007）认为职业培训是准公共产品，这一属性决定了培训者个人、企业和政府应该成为职业培训成本的分担者。劳动力职业培训要保证充足的经费资源，必须在坚持能力原则、收益原则和保障原则的基础上，建立个人、企业和政府共同负担的职业培训经费成本分担机制。

3.2.1.2　新疆职业培训的经费来源

我国就业资金来源包括"国家财政性经费""国家财政补助""培训补贴""按规定从工业结构调整专项奖补资金中统筹纳入就业资金管理范围的补助资金""社会团体和公民个人办学经费""用于促进就业的社会募捐"等其他资金。新疆就业资金来源结构相对简单，主要由中央财政支持的就业补助资金、自治区各级财政年度预算的促进就业专项资金、自治区本级及各地州（市）按照有关规定从失业保险基金中提取的用于促进就业的专项资金、就业资金利息收入和用于就业再就业的社会募捐等部分构成。就业补助是政府购买公共就业服务的重要投入方式。政府购买公共就业服务的补助支出主要为职业培训补贴、职业介绍补贴、职业技能鉴定补贴等项目，其中职业培训补贴支出占政府购买就业补贴项目的90%以上。

　　3.2.1.3　政府投资重点就业群体职业培训

　　国家和地方在开辟专项资金投入职业培训，以期望提高劳动者的劳动能力。根据 2009 年《新疆维吾尔自治区职业培训补贴办法》和 2016 年《新疆维吾尔自治区就业资金管理暂行办法》，自治区重点支持农村转移就业劳动者、城乡未继续升学的应届初高中毕业生、城镇登记失业人员、贫困家庭劳动力，毕业年度高校毕业生开展免费职业培训，按规定给予职业培训补贴和职业技能鉴定补贴。职业培训补贴和职业技能鉴定补贴主要从中央、自治区及各级财政预算安排的就业资金支出，属于就业补助资金中对个人和单位的补贴。根据职业培训类别，职业培训补贴分为职业技能培训、专项职业能力培训、创业培训、劳动预备制培训、汉语培训、困难企业职工技能培训等补贴。

3.2.2　新疆职业培训补贴标准

　　3.2.2.1　不同类型职业培训补贴标准

　　新疆通过职业培训补贴和职业技能鉴定补贴政策实施，鼓励待就业劳动力提高就业和创业能力，促进其尽快实现就业和再就业。培训类型、培训层次不同，职业技能培训补贴有差异，最高不超过 1800 元/人。专项职业能力培训补贴标准最高不超过 400 元/人次。创业培训补贴不超过 1250 元/人（高校在校学生创业培训补贴标准为 600 元/人）。劳动预备制培训给予补贴 500 元/人，以未继续升学的城乡新成长劳动力为主体的企业新型学徒制培训，补贴标准为 4000 元/人·学年（成本低于 4000 元/人·学年的，按实际培训成本给予补贴），培养期限为 1~2 年，特殊情况可延长到 3 年。有组织转移就业基本劳动素质培训补贴按照 50 元/人·天、伙食补助按照 15 元/人·天标准发放，最高不超过每人 500 元/人。高技能人才培训中，高级技师职业资格（国家一级）培训补贴不超过 1500 元/人；技师职业资格（国家二级）培训补贴不超过 1200 元/人；高级职业资格（国家三级）培训补贴不超过

1000 元/人。针对一些农业富余劳动力汉语水平较低的情况，参加职业技能培训或专项职业能力培训时，均增加汉语培训模块。汉语培训补贴标准不超过 1000 元/人。职业鉴定补贴包括职业技能鉴定补贴和专项职业能力考核鉴定补贴。职业技能鉴定补贴不超过 160 元/职业（工种），专项能力考核鉴定补贴不超过 40 元/职业（工种）。

3.2.2.2 不同工种职业培训补贴标准

职业技能、专项职业能力培训补贴和鉴定补贴根据职业工种做了更细致的规定。在职业技能培训中，A 类职业工种包含烹饪、机械制造、机动车驾驶、工艺编结类等。新疆各市、县培训工种中 A 类占大多数，参加该类培训的人员结业获得培训补贴 1200 元，培训鉴定合格获得鉴定补贴 160 元。B 类职业工种包括电子维修、汽车维修、手工制作、美容美发等工种，新疆很多职业培训机构设有电工、精细木工和手绣制作工等，均属于 B 类工种，该类培训补贴是 800 元，鉴定补贴是 120 元。C 类职业工种包括农林牧渔、生活服务技能等，园艺、锅炉操作员、家政服务员等，培训补贴是 600 元，鉴定补贴是 110 元。列入 D 类和 E 类工种中的保安员和服务员是新疆职业培训的重要工种，这两个工种的培训补贴分别是 300 元和 200 元，鉴定补贴分别是 200 元和 90 元（见表 3-6）。

表3-6　新疆不同工种职业技能培训和鉴定补贴　　单位：元

职业（工种）	A 类	B 类	C 类	D 类	E 类
培训补贴	1200	800	600	300	200
鉴定补贴	160	120	110	100	90

资料来源：《新疆维吾尔自治区职业培训补贴办法》（新人社发〔2009〕35 号）；2016 年、2018 年《新疆维吾尔自治区就业资金管理暂行办法》。下同。

专项职业能力培训针对专项工作技能提升需求的人群，A 类包括机械维修和手工艺等职业类别中的专项技能如汽车底盘维护、英吉沙小刀制作等 21 项。B 类包括烹饪、建筑职业等类别中的大盘鸡制作、混凝土的配料与搅拌等 36 项。C 类包括家政、社区服务等职业类别中的照料婴幼儿、社区保洁等 23 项。A 类、B 类和 C 类的培训补贴分别是 300 元、200 元和 100 元，鉴定补贴分别是 30 元、30 元和 20 元（见表 3-7）。

表 3-7　新疆专项职业能力培训和考核鉴定补贴　　　　　单位：元

职业（工种）	A 类	B 类	C 类
培训补贴	300	200	100
鉴定补贴	30	30	20

3.2.2.3　不同类型受训主体享受培训补贴差异

根据规定，城镇登记失业人员、农业富余劳动力、少数民族劳动力、农村新成长劳动力每年每人只能享受 1 次职业培训补贴，这些受训主体根据市场就业需求和个人意愿，可以选择参加和申请 1 次职业技能培训补贴，或者申请 1 次创业补贴，或者申请 3 次专项职业能力培训补贴。农业富余劳动力对应于个人参加培训的类别，可额外申请 1 次职业技能鉴定补贴或者 3 次专项能力鉴定补贴。有汉语提升需求的劳动力既参加职业技能培训，也参加汉语培训，可以申请这两项培训对应的技能培训补贴和语言补贴各 1 次。享受城镇居民最低生活保障的待业劳动力，在享受 1 次职业培训补贴的同时，初次职业技能鉴定可以申请和获批职业技能鉴定补贴 1 次、专项职业能力考核鉴定补贴 3 次。享受职业培训补贴的培训期限最长不超 12 个月。

职业培训补贴方式分为直接补贴给个人和培训机构代为申请培训补贴两种方式。城镇下岗失业人员、城镇登记失业人员采取直接补贴给个人的报销方式，其他类型的培训均由培训机构代为申请培训补贴。新疆为了撬动比政府投入本身更多的资源参与职业培训服务供给，对开展职业培训的企业通过税收支持和补贴支持提高承担培训服务的积极性。在税收支持方面，为引导企业开展职工技能培训，企业发生的符合条件的职工教育经费支出可依法税前扣除。在补贴支持方面，按照"谁出资培养、谁享受补贴"的原则，对开展新型学徒制培训的企业给予培训补贴，补贴资金从就业补助资金列支、直补企业。

3.2.3　新疆职业培训投资特征

3.2.3.1　职业培训承担主体的经费投入没有显著增加

新疆职业培训主要基于政府主导型的培训模式，依托技工院校、职业院校、企业培训机构、就业训练中心、民办职业培训机构等教育培训机构开展培训。2011～2013 年，政府对民办职业培训机构、就业训练中心的投资保持在较高水平，其中，购买民办职业培训机构培训服务的投入在 1.1 亿~1.3 亿元，购买就业训练中心培训服务的投入在 0.5 亿~0.9 亿元。2014 年民办职业培训机构和就业训练中心的总经费在观察的 7 年中最高，前者经费来源总额达 1.8 亿元，后者经费总额达 1 亿元。2015~2017 年，政府购买民办职业培训机构和就业训练中心的投入有较大幅度的下降，前者的经费来源总额在 0.3 亿~0.6 亿元，后者经费来源总额在 0.03 亿~0.31 亿元。值得关注的是，2016 年，这两类职业培训机构的政府投资出现新低，民办职业培训机构的经费总额只有 0.3 亿元，就业训练中心经费总额只有 0.03 亿元，这一情况出现与职业培训补贴发放不到位或政策变化有关（见表 3-8）。

表 3-8　新疆民办职业培训机构、就业训练中心经费投入状况　单位：亿元

年份	新疆民办职业培训机构				新疆就业训练中心				全国人均培训经费	
	总经费	财政补助费	职业培训补贴	人均培训经费	总经费	财政补助费	职业培训补贴	人均培训经费	民办职业培训机构	就业训练中心
2011	1.1	0.00	1.1	323	0.90	0.40	0.50	361	577	274
2012	1.1	0.00	1.1	326	0.80	0.00	0.70	310	604	315
2013	1.3	0.10	1.2	341	0.50	0.20	0.30	244	697	451
2014	1.8	0.10	1.7	471	1.00	0.00	1.00	585	1013	319
2015	0.6	0.01	0.4	143	0.20	0.10	0.10	193	1237	336
2016	0.3	0.10	0.2	79	0.03	0.003	0.02	76	790	381
2017	0.5	0.10	0.4	157	0.31	0.01	0.30	238	715	447

资料来源：《中国劳动统计年鉴》；人均培训经费根据总经费和当年培训总人数的情况计算得出。

技工学校职业教育包括全日制职业学历教育和职业培训。技工学校的总经费 2011~2017 年基本处于较大幅度增长趋势，其中 2016 年的经费总额比 2015 年增加 6.61 亿元，达到这 7 年的峰值。但是根据职业教育的相关政策，技工学校经费的变化与全日制中等职业教育招生数、在校生数增加有较大关系。2016~2017 年，技工学校的在校生数基本达 2011 年的 2 倍。但技工学校从 2014 年开始承担社会人员培训的人数一直处于明显减少态势。2017 年培训的社会人员数比 2011 年减少 29.6%。根据调研了解到，技工学校社会人员的培训经费在近 7 年没有显著增加（见表 3-9）。

表 3-9　新疆技工学校总经费投入状况　　　　单位：亿元，人

年份	总经费	学生和学员人数	培训社会人员	中专全日制学生
2011	6.90	331099	287614	43485
2012	8.50	406599	355205	51394
2013	9.00	354110	301587	52523
2014	9.80	333733	275495	58238
2015	10.96	342286	273749	68537
2016	17.57	299797	213028	86769
2017	11.80	286855	202512	84343

资料来源：《中国劳动统计年鉴》（2012~2018 年）；技工学校总经费包括中专全日制教育经费和社会人员培训经费。

3.2.3.2　人均职业培训经费较低

将新疆人均职业培训经费与全国人均培训经费对比发现，虽然新疆在职业培训方面的经费投入总额比较庞大，但是将培训人数考虑在内，这一投资水平仍低于全国平均水平。从表 3-10 可以看出，2011~2013 年民办职业培训机构人均培训经费均在 300 元以上，2014 年人均培训经费为历年最高，达 471 元。但 2015~2017 年人均培训经费都低于 200 元。就业训练中心人均培训经费情况与民办职业培训机构相似，2011~2012 年就业训练中心人均培训经费 300 元以上，2013 年人均培训经费为 244 元，2014 年经费充足，达 585 元，2015~2017 年人均培训经费都在较低水平。全国人均培训经费以 2015 年和 2017 年为例，民办职业培训机构人均培训经费 2015 年是 1237 元，2017 年是 715 元，可能因为社会资本投入的影响，远远高于新疆的人均经费投入；全国就业培训中心人均培训经费 2015 年是 336 元，2017 年是 447 元，均高于新疆的人均培训经费。调研发现，很多县级培训机构存在组织参加培训人数远远多于取得职业培训补贴的人数。根据 2012 年和 2013 年的官方数据也发现，符合培训补贴政策的人没有享受补贴的比例相对较高。2012 年，新疆各类人员参加职业培训 107.9 万人，培训后实现就业 55.3 万人，实际享受培训补贴人数 43 万人，实际支付培训补贴 3.48 亿元，人均享受培训补贴 809 元。这一年有至少 12 万名符合培训补贴政策的人没有享受到培训补贴。2013 年新疆各类人员参加职业培训 109.7 万人，符合职业培训补贴政策 56.7 万人，实际培训补贴 37.9 万人，占 66.8%，实际支付培训补贴 4.02 亿元，人均享受培训

补贴 1060 元。这一年有 18.8 万名符合政策的人没有获得职业培训补贴[1]。职业培训补贴是民办培训机构和就业培训中心的最重要运营经费来源,培训补贴不到位,人均培训投入与开展高水平职业培训的实际需要相去甚远,民办职业培训机构和就业训练中心往往开展的是低层次培训周期较短的简单培训,这可能会影响职业培训的实施效果。

表 3-10   新疆人均职业经费与全国人均培训经费投入情况   单位:元

年份	民办职业培训经费机构人均培训经费		就业训练中心人均培训经费	
	新疆	全国	新疆	全国
2011	323	577	361	274
2012	326	604	310	315
2013	341	697	244	451
2014	471	1013	585	319
2015	143	1237	193	336
2016	79	790	76	381
2017	157	715	238	447

3.3   新疆非农就业状况

发展经济学的经典劳动力流动模型一致认为,发展中国家内部存在着严重的"二元经济"结构,形成的主要原因是不同产业部门的劳动生产效率差异。经济增长和居民收入增长都是建立在劳动生产率提高的基础之上,劳动力转移和重新配置是很多发展中国家社会发展和经济增长最根本的源泉(蔡昉,2017)。在经济发展过程中,劳动力等要素从生产率低的部门转向生产率更高的部门,劳动生产率才可以得到不断提高。现代产业部门可以分为农业部门和非农业部门。第一产业的从业人员被视为农业就业,而第二产业、第三产业的从业人员被视为非农就业。托达罗模型(迈克尔·托达罗,1992)认为,非农

---

① 资料来源:新疆人力资源和社会保障厅网站的职业培训通报。

业部门和农业部门劳动力是相互流动的，劳动者预期未来非农业部门（城市）收入的现值大于未来农村收入的现值，就会作出向工业部门就业流动的决策，反之则会留在农业部门。

3.3.1　新疆总体就业状况

3.3.1.1　全社会就业规模增加

新疆就业人数总体呈上升趋势。1995 年新疆就业人员总计 676.00 万，2017 年就业人数为 1307.56 万，年均增长速度为 3.04%。其中 2005 年比 1995 年增加 115.62 万人，年均增长速度为 1.59%，2017 年比 2006 年增加 495.81 万人，年均增长速度为 4.43%。新疆就业人口占总人口的规模从 2010 年起开始明显增加，1995~2009 年就业人数占总人口的比例平均为 38.6%，2010~2017 年就业人数占总人口的比例平均为 48.1%，上升近 10%。乡村就业人口规模明显增加，1995~2009 年乡村从业人员占乡村总人口的比重平均为 32.15%，2010~2017 年平均为 44.4%（见表 3-11）。

表 3-11　新疆三次产业就业情况　　　　　　　　单位：万人

年份	就业人员	第一产业	第二产业	第三产业
1995	676.00	388.16	124.21	163.63
1996	684.00	390.98	119.39	173.63
1997	715.40	421.30	105.40	188.70
1998	680.92	387.80	106.22	186.90
1999	694.34	385.57	104.51	204.26
2000	672.50	387.90	92.70	191.90
2001	685.38	388.19	92.19	205.00
2002	701.49	391.84	95.82	213.83
2003	721.27	397.20	95.69	228.38
2004	744.49	403.31	98.49	242.69
2005	791.62	408.00	122.81	260.81
2006	811.75	414.45	111.28	286.02
2007	830.42	417.73	118.34	294.35
2008	847.58	421.32	120.05	306.21

续表

年份	就业人员	第一产业	第二产业	第三产业
2009	866.15	427.48	127.28	311.39
2010	894.65	438.13	132.75	323.77
2011	953.34	463.91	149.04	340.39
2012	1010.44	492.36	157.71	360.37
2013	1096.59	506.35	178.79	411.46
2014	1135.24	515.21	181.30	438.73
2015	1195.06	526.82	181.12	487.12
2016	1263.11	549.14	181.39	532.58
2017	1307.56	534.57	188.55	584.44

资料来源:《新疆统计年鉴》(1996~2018年)。下同。

3.3.1.2 全社会失业困境改善

新疆失业人口的比重下降。一方面,城镇登记失业率明显下降,1995~2009年城镇登记失业率平均为3.8%,2010~2017年城镇登记失业率平均为3.3%;另一方面,乡村从业人员占乡村劳动力的比例下降,2001年和2002年新疆乡村从业人员占乡村劳动力的比重为94.42%和93.94%,2016年和2017年乡村从业人员占乡村劳动力的比重为90.85%和89.29%。15年间乡村从业人员占乡村劳动力的比重下降4%左右,这一比例下降说明农村隐性失业人口下降。

3.3.1.3 就业产业结构发生重大转变

产业部门是就业的载体,随着新疆经济的发展、城镇化水平的提高和产业结构的调整,新疆就业的产业结构发生较大的变化。1995~2007年,半数以上的劳动力集中在第一产业,第二产业和第三产业就业比重偏低。1995年新疆就业人数总计676万,其中,在第一产业、第二产业和第三产业就业的人数分别为388万、124.21万和163.63万,三次产业的就业比重分别为57.42%、18.37%和24.21%。2007年新疆第一产业、第二产业和第三产业就业人数分别为417.73万、118.34万和294.35万,三次产业的就业比重分别为50.30%、14.25%和35.45%。这一阶段虽然第一产业就业比重小幅度下降,但是农林牧渔业就业人员一直承载半数以上劳动力;第二产业就业比重没有增加,反而小幅度下降；第三产业就业比重逐年上升，但没有影响就业结构，就业产业结构呈现"一三二"的排序特征。2008~2017 年，第一产业就业比重降至半数以下，第三产业就业人数逐年攀升，就业结构发生重大变化。2017 年，新疆第一产业、第二产业和第三产业就业人数分别为 534.57 万、188.55 万和 584.44 万，三次产业的就业比重分别为 40.88%、14.42% 和 44.70%，第三产业就业比重首次超越第一产业就业比重，第二产业就业比重未发生较大波动，第一产业就业比重为历年最低水平，就业产业结构转变为"二一三"的排序特征。从新疆就业产业结构来看，第一产业吸纳劳动力的能力逐年下降，就业人员主要从第一产业向第三产业转移，第三产业正成为吸纳劳动力的主力产业。第二产业吸纳劳动力的能力较弱，第二产业的就业比重与第三产业差距越来越大（见图 3-6）。

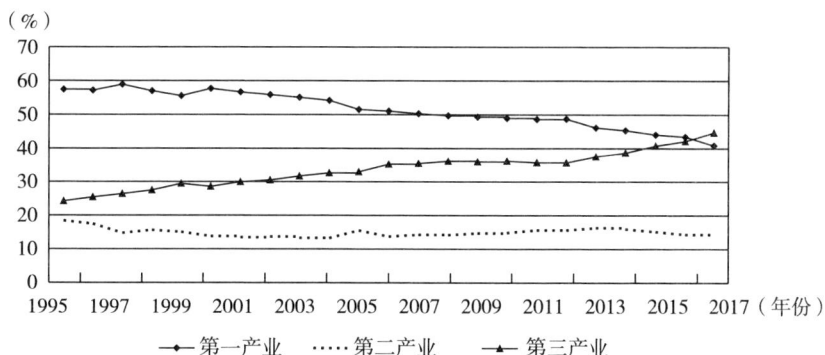

图 3-6　新疆三次产业就业比重

3.3.2　新疆非农就业现状

3.3.2.1　非农产业成为吸纳劳动力的主力产业

从新疆就业产业结构来看，近年来非农产业正成为吸纳劳动力的主力产业。1995 年新疆非农就业人数是 287.84 万，2017 年非农就业人数增加至 772.99 万，年均增加速度为 4.59%。其中，1995~2004 年非农产业就业人数增加缓慢，10 年间增长了 36.23 万人，平均每年的增长速度为 1.91%；2005~2010 年非农就业人数增加速度加快，5 年间非农产业就业人员增长了 72.9 万，年平均增速为 3.54%；2011~2017 年非农就业规模迅速扩张，6 年增长了 283.56 万人，年平均增速为 7.91%（见图 3-7）。

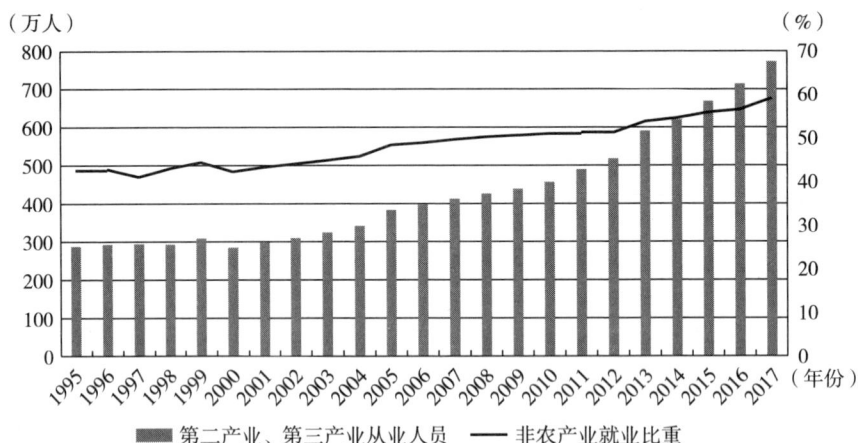

图 3-7　新疆非农产业就业规模和比重

3.3.2.2　新疆非农就业程度提高

非农就业比率可以衡量一个地区的非农化程度，根据新疆非农就业比率的动态演变，可以将新疆非农化程度划分为三个阶段：第一阶段是 1995～2004 年，非农就业比重基本保持在 43% 左右。该阶段农业就业人数占比较高，非农就业人口偏低，新疆非农化程度不高。第二阶段是 2005～2010 年，非农就业比重在 50% 左右，农业就业人口和非农就业人口各占半壁江山，新疆非农化程度提高。第三阶段是 2011～2017 年，非农就业比重约为 55%，非农就业人口稳稳超过农业就业人口，全社会非农化程度达到较高水平。根据三个阶段从事农业和非农产业劳动力的比例关系可以看出，新疆非农就业比重总体呈上升态势。

3.3.2.3　新疆非农产业内部就业结构分化

新疆非农产业内部结构分为第二产业就业和第三产业就业。其中第二产业包括采矿业、制造业，电力、热力、燃气及水生产和供应业、建筑业等；第三产业包括在农、林、牧、渔专业及辅助性活动在内的 18 个国民经济行业门类的服务业。根据近年来新疆就业人口数据，新疆非农产业内部容纳和承载劳动力的能力有差异。新疆第二产业的从业人员比重远远低于第三产业就业人员的比重，且第二产业吸纳劳动力总体处于下降趋势。第三产业吸纳劳动力的比重一直多于半数且处于持续上升趋势。1995 年第二产业就业人数占非农就业人口的比重为

43.15%，第三产业就业人口占非农就业人口的比重为 56.85%；第二产业和第三产业吸纳非农就业人口的承载差距较小。2017 年非农就业人口中在第二产业就业的比重下降到 24.39%，在第三产业就业的比重达 75.60%，2/3 的非农就业人口集中在第三产业，第二产业承载就业人口式微（见图 3-8）。

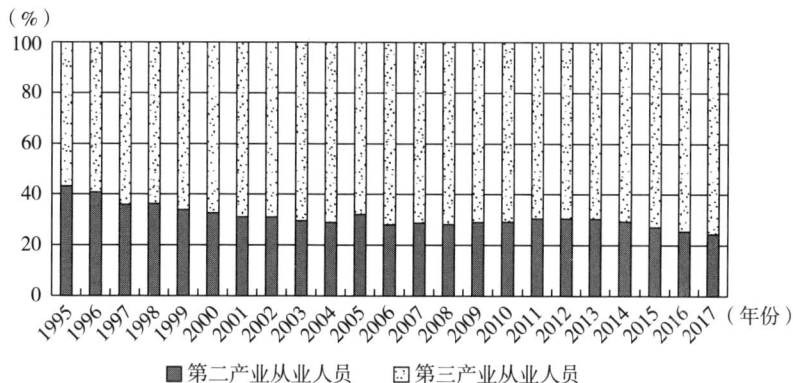

图 3-8 新疆非农产业内部就业结构

3.3.2.4 非农就业人口集聚在较少的行业

新疆劳动力在私营企业和个体就业的比重大于非私营单位就业的比重。劳动力在这两种性质的就业单位，就业行业集聚特征有明显差异。第二产业中的制造业、建筑业和采矿业吸纳劳动力的比例较高，2017 年在城镇非私营单位中这 3 个行业的劳动力就业比重分别为 12.47%、9.25% 和 5.49%。在工商登记注册的私营企业和个体就业人员中，制造业占 6.29%。第三产业的非私营单位中，公共管理和社会组织，教育，交通运输、仓储和邮政，卫生和社会工作这些行业劳动力聚集效应较强，分别占城镇非私营单位就业人员的比重为 23.82%、14.04%、6.63% 和 5.85%。这些行业多属于行政单位或事业单位，对劳动力文化程度有较高要求。经过对职能部门调研和劳动力访谈，多数受访者认为这类单位工作稳定性更强，工资待遇社会差异较小，在新疆对各文化程度的劳动力均有较高吸引力。第三产业的私营企业和个体就业中，劳动密集型行业集聚劳动力比重较高，在批发和零售行业就业的人数为 404.00 万，占私营企业和个体就业人员总数的 64.54%；住宿和餐饮行业就业的人数为 45.70 万，占私营企业和个体就业人员总数的

7.30%（见表3-12）。新疆劳动力人力资本质量偏低，劳动密集型行业往往对劳动力受教育程度要求的门槛较低，因此这类行业聚集数量庞大的劳动力。但是这些行业中很多工作岗位就业稳定性较弱，工资收入与劳动力期望有较大差异，这些行业的非农就业流动性很强。

表 3-12　2017 年新疆非农产业就业行业分布　　　单位：万人,%

行业		城镇非私营单位		私营企业和个体	
		就业人数	就业比例	就业人数	就业比例
第二产业	采矿业	15.68	5.49	—	—
	制造业	35.57	12.47	39.40	6.29
	电力、热力、燃气及水生产和供应业	9.94	3.48	—	—
	建筑业	26.38	9.25	14.10	2.25
第三产业	批发和零售业	9.04	3.17	404.00	64.54
	交通运输、仓储和邮政业	16.69	5.85	8.80	1.41
	住宿和餐饮业	2.22	0.78	45.70	7.30
	信息传输、软件和信息技术服务业	2.85	1.00	—	—
	金融业	9.81	3.44		
	房地产业	5.61	1.97		
	租赁和商务服务业	8.62	3.02	30.80	4.92
	科学研究和技术服务业	6.34	2.22		
	水利、环境和公共设施管理业	5.71	2.00		
	居民服务、修理和其他服务业	1.01	0.35	30.50	4.87
	教育	40.05	14.04	—	—
	卫生和社会工作	18.92	6.63		
	文化、体育、娱乐	2.93	1.03		
	公共管理和社会组织	67.97	23.82		
总计		285.32	100.00	626.00	91.58

资料来源：城镇非私营单位就业数据来自《新疆统计年鉴 2018》、按行业分工商登记注册私营企业和个体就业数据来自《中国统计年鉴 2018》。

3.3.3　新疆城镇与农村非农就业差异

3.3.3.1　新疆农村非农就业人口比重低

与内地乡村青壮年外出务工引发乡村"空心化"的情况不同，新疆受地缘、就业观念、就业能力等方面的制约，农村劳动力区域间转移就业比重较低，大多数劳动力滞留在乡村，新疆农村常住居民非农就业比重非常低。2017年新疆城镇非农就业比率为96.5%，同期新疆农村非农就业比率为20.08%，城乡非农就业比重对照可以看出新疆城镇非农化程度较高，新疆农村非农就业水平非常低（见图3-9）。综合2003~2013年新疆农村就业情况，在阿克苏地区、塔城地区、喀什地区、吐鲁番市、巴音郭楞蒙古自治州、和田地区的农村非农就业比重严重偏低，总体拉低了全区农村非农就业水平。

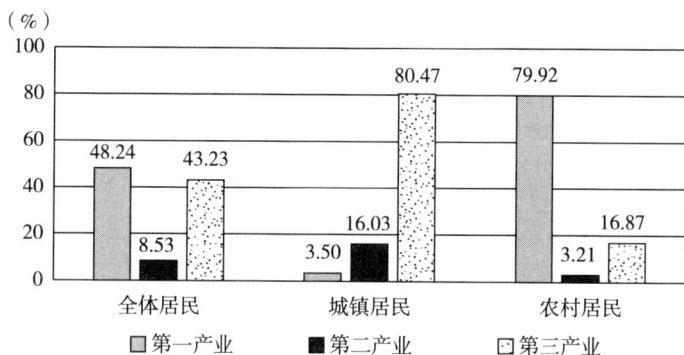

图3-9　2017年新疆常住从业人员就业产业结构分布

将新疆非农就业水平与全国农村非农就业水平对比，可以更清楚地看出农村农业劳动力向非农产业转移是新疆农村非农就业的主要问题。2014~2017年新疆农村常住从业人员在非农产业就业的比重比全国同期农村非农就业的比重低22.6%、23.7%和22.5%。从非农就业产业结构来看，新疆第二产业和第三产业的就业人口比重均与全国农村平均水平有较大差距。以2016年为例，新疆农村第二产业就业比重比全国平均水平低17.2%，第三产业就业比重比全国平均水平低5.3%。与全国农村非农就业结构相比，新疆农村第二产业就业劳动力比重尤其偏低。促进劳动力在第一产业、第二产业和第三产业合理流动，提高农村劳动力非农就业水平，尤其提高第二产业吸纳劳动力的能力，优化非农就业结构、提高就业质量，是解决新疆长期存在的结构性失业和招工难的重要方面（见表3-13）。

表 3-13　农村就业产业结构分布

年份	第一产业		第二产业		第三产业	
	新疆	全国	新疆	全国	新疆	全国
2013	—	62.5	—	20.4	—	17.1
2014	85.1	62.5	3.3	19.8	11.6	17.7
2015	85.1	61.4	3.5	20.3	11.5	18.3
2016	82.3	59.8	3.3	20.5	14.4	19.7
2017	79.9	—	3.2	—	16.9	—

资料来源：新疆数据来自《新疆统计年鉴》，全国数据来自《中国住户调查年鉴》。

3.3.3.2　私营性质的就业单位从业人员比重高

从新疆常住从业人员就业身份可以看出，新疆常住非农就业人员在私营单位和个体就业的比重远远高于非私营单位。就业身份为公职人员、事业单位和国有企业雇员的劳动力通常在非私营性质的单位就业，其他就业身份中的非农就业劳动力在一般在私营性质单位或者个体就业。按照以上分类，2017 年新疆城镇有 64.5% 的常住从业人员在私营企业或者个体就业，有 33.72% 的劳动力在非私营单位就业，私营企业或个体就业人员比重是非私营单位的 1.9 倍。同年新疆农村有 37.49% 的劳动力在私营单位就业或者个体就业，有 14.87% 的劳动力在非私营单位就业，私营企业或个体就业人员比重是非私营单位的 2.52 倍。可以看出新疆劳动力在私营性质单位和个体就业比重较高，这一特征在新疆农村劳动力就业单位性质分布上表现尤为显著（见表 3-14）。

表 3-14　2017 年新疆常住从业人员就业身份　　　　单位:%

就业类型	农村居民	城镇居民	全体居民
雇主	0.47	1.08	0.72
公职人员	0.36	8.61	3.78
事业单位	1.00	14.03	6.40
国有企业雇员	0.16	11.08	4.69
其他雇员	10.63	47.55	25.94
农业自营	80.13	1.78	47.64
非农自营	7.52	15.87	10.83

资料来源：《新疆统计年鉴 2018》。

3.3.3.3　乡村就业行业选择空间小

新疆劳动力在私营性质单位和个体就业比重较高，具体分析私营企业和个体就业行业分布，可以看出乡村劳动力多在劳动密集型行业就业，受经济和产业发展的限制，可选择的就业行业较少。在第二产业私营企业和个体就业的行业类型主要有制造业和建筑业；第三产业行业类型主要有批发和零售业，交通、仓储和邮政业，住宿和餐饮业，租赁和商务服务业，居民服务、修理和其他服务业等。2017 年乡村劳动力在私营企业就业的行业分布为：批发和零售业占 35.52%，制造业占 16.62%，住宿和餐饮业占 12.59%。同年私营企业和个体就业的城镇劳动力中，有 66.50% 在批发和零售业就业，6.94% 在住宿和餐饮业就业，5.59% 在制造业就业。从以上比例分布可以看出，一是私营企业和个体就业中的批发和零售业、住宿和餐饮业、制造业这三个行业吸纳劳动力的比例较高；二是乡村劳动力比城镇劳动力更倾向于在住宿和餐饮业、制造业这样劳动密集型行业就业。乡村劳动力因为受教育程度制约，更倾向于在私营企业和个体就业；受家庭经济投资能力和区域经济的影响，较少集中于资本密集型行业从业；受本地产业发展的限制，乡村劳动力可选择的就业行业较少。综合这些因素，导致80% 的乡村劳动力依附在农业领域，农村非农就业人口比重非常低（见表 3–15）。

表 3–15　新疆工商登记注册私营企业和
个体就业行业分布　　　　　　　单位：万人，%

主要行业	城镇私营企业和个体		乡村私营企业和个体	
	就业人数	就业比例	就业人数	就业比例
制造业	32.80	5.59	6.60	16.62
建筑业	11.40	1.94	2.70	6.80
批发和零售业	389.90	66.50	14.10	35.52
交通、仓储和邮政业	8.30	1.42	0.50	1.26
住宿和餐饮业	40.70	6.94	5.00	12.59
租赁和商务服务业	28.90	4.93	1.90	4.79
居民服务、修理和其他服务业	26.90	4.59	3.60	9.07
其他不便分类	47.37	8.09	5.30	13.35
总计	586.30	100.00	39.70	100.00

资料来源：《中国统计年鉴 2018》。

3.4　新疆就业结构偏差分析

3.4.1　新疆三次产业劳动生产率分析

3.4.1.1　比较劳动生产率的含义

比较劳动生产率，即一个部门的产值同在此部门就业的劳动力比重的比率，它反映 1% 的劳动力在该部门创造的产值（或收入）比重。比较劳动生产率大致能客观反映一个部门当年劳动生产率的高低（鲁春阳，2011）。如果要素自由流动、各产业均衡发展，那么每一产业的产值比重应等于就业比重，那么该比率等于 1。比率越大说明该部门劳动生产率越高。产业的比较劳动生产率（B）公式为：

$$B_i = \frac{g_i/g}{L_i/L} \tag{3-1}$$

其中，g_i/g 和 L_i/L 分别代表区域第 i 产业产值比重和劳动力比重；B_i 为第 i 次产业比较劳动生产率，B_i 值越大，说明该产业 1% 的劳动力所生产的产值在国内生产总值中的比重越大，产业部门劳动力生产效率高，该产业的发展潜力越大。

进一步构建比较劳动生产率差异指数 S：

$$S = \sqrt{\sum_{i=1}^{3} (B_i - 1)^2 / 3} \tag{3-2}$$

3.4.1.2　新疆农业部门生产率较低，长期存在大量剩余劳动力

从表 3-16 可以看出，新疆第一产业劳动生产率一直偏低，比较劳动生产率值一直小于 1 且呈小幅波动下降趋势，说明 40 年来该产业劳动生产率没有上升趋势，反而一直处于下降状态。根据全国各区域三次产业劳动生产率的变动规律，第一产业比较劳动生产率的变动轨迹往往呈现 "U" 形特征，该部门比较劳动生产率小于 1，劳动力会转向收入报酬更高的二三产业从业。随着该产业劳动力的转出，劳动力投入数量减少，配合农业机械化、规模化的发展，将提高农业部门的劳动生产率。但新疆第一产业没有 "U" 形变化趋势，说明新疆农业部门长期存在大量剩余劳动力，这些劳动力积聚在农业部门，没有明显地向非农产业转移，从而导致第一产业劳动生产率相对其他产业较低。

和全国第一产业比较劳动生产率对比发现，虽然全国第一产业的比较劳动生产率低于新疆第一产业的比较劳动生产率，但符合"U"形变化趋势。全国比较劳动生产率由 1978 年的 0.40 降低到 2005 年的 0.26，说明该阶段劳动力在第一产业聚集较多，全国比较劳动生产率下降；但是 2005 年之后该数值开始增加，到 2016 年达到 0.31，意味着该阶段劳动力从第一产业向生产率更高、收入水平更可观的产业转移，近 10 年全国农业部门劳动生产率有所提高。第一产业部门的劳动力根据劳动生产率的变化向其他部门转移，这种产业间劳动力要素的流动更有利于整个经济与社会的协调发展。

表 3-16　1978~2015 年新疆和全国三次产业比较劳动生产率

年份	新疆			全国		
	第一产业	第二产业	第三产业	第一产业	第二产业	第三产业
1978	0.50	3.28	1.27	0.40	2.75	2.01
1980	0.58	2.71	1.27	0.44	2.63	1.69
1985	0.60	2.28	1.29	0.45	2.05	1.74
1990	0.65	1.83	1.33	0.44	1.91	1.75
1995	0.51	1.90	1.47	0.38	2.03	1.36
2000	0.38	2.80	1.32	0.29	2.02	1.45
2005	0.38	2.88	1.08	0.26	1.97	1.32
2010	0.40	3.21	0.90	0.26	1.61	1.28
2011	0.35	3.12	0.95	0.27	1.56	1.24
2012	0.35	2.90	1.05	0.28	1.49	1.26
2013	0.37	2.59	1.08	0.30	1.45	1.22
2014	0.37	2.67	1.06	0.31	1.43	1.18
2015	0.38	2.55	1.09	0.31	1.40	1.18
2016	0.39	2.63	1.07	0.31	1.38	1.19
2017	0.35	2.76	1.03	0.29	1.44	1.15

资料来源：《中国统计年鉴》《新疆统计年鉴》。

3.4.1.3　新疆非农部门劳动生产率较高，具有吸纳劳动力潜力

新疆非农产业劳动生产率较高。其中第二产业劳动生产率一直处于较高水平，比较劳动生产率均超过 1，且大多数年份高于同期全国平均水平。说明新疆随着"优势资源转换战略"的实施，工业水平得

到显著提高，比较劳动生产率较高。新疆第三产业比较劳动生产率除
2010年、2011年外，其余时期均超过1但变化不大，和全国平均水平
较为接近。自2000年以来，第三产业比较劳动生产率的下降说明第三
产业更多地吸纳了从第一产业流出的剩余劳动力。根据全国各区域三
次产业劳动生产率的变动规律，一般二三产业比较劳动生产率高，变
动轨迹呈现倒"U"形特征。经济发展的过程就是劳动力不断由低劳
动生产率部门向高劳动生产率部门的转移过程，由于二三产业部门劳
动力能创造较多的产值，劳动要素不断由第一产业转向二三产业，边
际生产率下降，产出开始减少。但是新疆非农部门的第二产业该特征
并不明显。该产业比较劳动生产率一直高于全国，表明虽然国家战略
的实施使新疆第二产业产值增加，却没有相应地创造更多的就业岗位，
因此没有吸纳更多的劳动力进入该产业就业。第二产业在吸纳劳动力
就业方面贡献较小，但第二产业是吸纳劳动力且促进经济增长最具潜
力的产业部门。第三产业部门的比较劳动生产率大于1但更接近1，且
变化较为稳定，说明第三产业吸纳非农劳动力就业方面贡献一直较大，
且在吸纳劳动力方面依然有增加空间。

3.4.2 新疆三次产业就业协调度分析

3.4.2.1 产业结构偏离度的含义

产业结构与就业结构的关系是否协调是衡量一个地区社会经济健
康发展的重要标志之一。产业结构的偏离度是各产业增加值的比重与
相应的劳动力比重的差异程度。主要指就业结构与产值结构之间的匹
配格局，如果两者匹配度高，产业结构与就业结构的关系就比较协调
（李芳，2012）。本部分用就业结构与产值结构偏离度和偏差系数探究
新疆就业结构与产业结构的协调度。用φ_1表示偏离度，用φ_2表示偏
差系数，两者的计算公式如下：

$$\varphi_1 = \frac{GDP_i/GDP}{L_i/L} - 1 \tag{3-3}$$

$$\varphi_2 = \sum_{i=1}^{n} \left| GDP_i/GDP - L_i/L \right| \tag{3-4}$$

其中，GDP_i/GDP为第i产业GDP产值所占比重，L_i/L为第i产
业就业人员所占比重。就业偏离度φ_1为正值并越靠近0，说明就业结
构与产业结构协调度越好；偏离度为负值说明就业产业承载的劳动力
数量超出负荷，劳动生产率较低，劳动力收入较低，就业结构不合理；

偏离度为正值且数值较大，说明产值较高但吸纳劳动力的贡献较少，该产业有较大的就业空间。结构偏差系数是绝对值，当 φ_2 越小时，产值结构与就业结构发展越均衡，结构性失业或隐蔽失业就越小。反之则说明就业结构与产业结构发展不协调。

3.4.2.2　新疆就业产业结构偏离度分析

根据公式（3-3）计算 1978～2017 年新疆产业结构偏离度（见图 3-10），绘制产业结构偏离度图可以看出，新疆第一产业的就业产业结构偏离度一直为负值，说明新疆农业产值比重一直小于就业比重，第一产业长期存在大量的剩余劳动力。第一产业结构偏离度的变化基本上呈波浪式上升趋势，其绝对值从 1995 年的 0.49 上升至 2017 年的 0.65，说明这些年来新疆第一产业就业结构与产业结构的不协调性在增加，新疆农业劳动力冗余的状况没有明显改善，劳动力转出存在巨大的压力。根据比较劳动生产率分析，第一产业的劳动生产率很低；从产业就业结构偏离度分析，大量剩余劳动力依附在农业部门，这样的长久状态不仅造成区域劳动力资源的极大浪费，也会进一步阻碍农业科技化程度的发展。

图 3-10　新疆三次产业就业结构偏离度

新疆第二产业就业产业结构偏离度为正值，且数值在大多数年份都大于 1，表明第二产业产值构成远远大于其就业构成。从第二产业结构偏离度变动趋势来看，近 22 年以来虽然波动但总体呈现上升趋势。偏离度值从 1995 年的 0.90 上升至 2017 年的 1.76，说明第二产业结构偏离度整体增大，产值增加但吸纳劳动力的贡献较少，该产业有较大的就业空间。新疆第二产业产值比重大于就业比重，与新疆第二产业的快速发展密不可分，新疆第二产业产值的增加为新疆经济整体发展做出巨大贡献。第二产业吸纳的劳动力较少，可能是因为第二产业生产总值中占较大比重的是以石油、天然气为主的原材料加工型行业，这些行业本身吸纳劳动力能力低；同时石油等制造业对劳动力有较高的技术水平需求限制，其他产业劳动力很难转入这类行业；另外，新疆第二产业中的特色棉纺、医药等产业发展规模较小，对劳动力的吸纳能力更有限。值得关注的是，2011~2015年，第二产业结构偏离度降低，说明这几年新疆非石油制造业发展较快，对就业的带动作用增强。总体从产值比重来看，新疆第二产业有较大就业空间，但是新疆只有大力发展非石油制造业，同时提高劳动力技能水平，劳动力从其他产业向第二产业转移的通道才会更通畅，该产业就业结构协调度才会提高。

新疆第三产业结构偏离度大部分为正，其数值较第一产业、第二产业更趋向接近于0，说明新疆第三产业就业结构与产值结构比较合理，两者发展还是比较协调的。值得关注的是，1995年以后该产业偏离度总体处于下降趋势，2006~2008年、2010~2011年这两个时间段偏离度甚至为负数。这一趋势说明该产业吸纳劳动力的能力在降低。出现这种情况的原因可能有三个：一是新疆第三产业产值相对还比较低，新疆第三产业的生产总值在2004~2014年均低于第二产业生产总值；二是第三产业高素质的人力资本供给相对缺乏，第三产业聚集了大量较低受教育水平的劳动力，该产业虽然在吸纳劳动力方面的贡献增加，但是人力资本质量较低从而降低了该产业的劳动生产率；三是第三产业内部劳动密集型产业就业趋于饱和，传统的批发和零售业、住宿餐饮等吸纳劳动力较多的行业市场劳动力已趋于饱和，资本密集型行业发展依然相对滞后，影响了该产业就业空间的拓展能力。为此，新疆除了加快发展第三产业的步伐之外，还必须增加相关教育投资，以进一步与产业结构演进的步伐相协调，优化就业结构，促进经济内涵式发展。

3.4.2.3　新疆就业产业结构协调性分析

结构偏差系数是绝对值，当绝对值越小时，产值结构与就业结构发展越均衡，结构性失业或隐蔽失业就越小。反之则说明就业结构与产业结构发展不协调。图3-11反映的是新疆三次产业结构的偏差系数变动趋势。在经济发展过程中，新疆三次产业结构和就业结构在不断调整，不同发展阶段新疆就业结构和产业结构的协调性存在差异。1978~1990年，除个别年份外，新疆三次产业结构的偏差系数呈现下降的趋势，说明新疆产业结构与就业结构呈现逐渐协调的发展态势。1990~2000年，偏差系数呈现缓慢波动上升的趋势，说明就业结构与产业结构发展不协调程度在该阶段增加。2001～2017 年，三次产业结构的偏差系数再次呈现下降的趋势，三次产业的产业结构和就业结构发展朝均衡方向演变，农业就业和非农就业之间的流动根据经济形势发生正向变化。总体来看，新疆三次产业就业结构的偏差系数偏高，产值结构与就业结构长期存在失衡的压力，1990 年结构偏差系数最小为42.92，2001 年结构偏差系数最大为 74.65。产值结构与就业结构长期失衡也进一步说明新疆劳动力市场存在人力资本供给结构调整的空间。

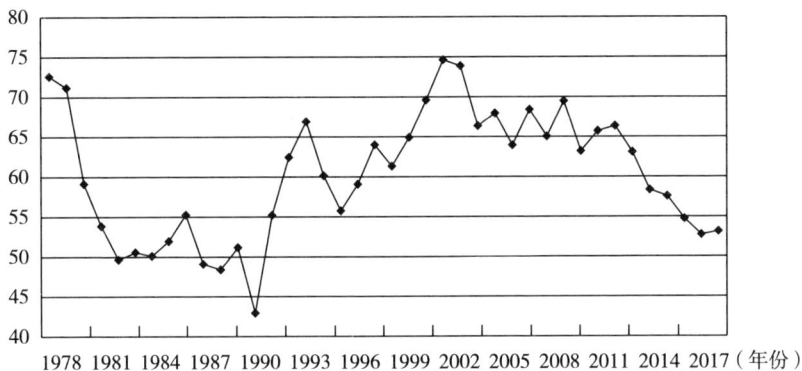

图 3-11 新疆三次产业结构偏差系数

新疆产业结构与就业结构协调发展不仅有利于区域经济社会发展，而且对国家发展具有非常重要的战略意义。根据新疆三大产业的就业结构偏离度和协调性分析可以看出，第一产业、第二产业就业结构偏离度较大，新疆劳动力资源在第一产业长期过剩，第二产业存在较大的转移就业空间。新疆三次产业结构和就业结构总体存在不协调的情况。劳动力从第一产业向非农产业转移，才能提高新疆全社会的劳动生产率。

3.5 小结

3.5.1 新疆学校正规教育投资规模增加，各级各类教育投资水平提高

新疆学校正规教育在 20 世纪 90 年代末开始体量增加。教育投资

经费总量大幅度上升，教育投资占 GDP 的比重在我国处于较高水平，各级各类教育投资整体呈现较大幅度增长。在国家政策支持下，新疆形成了优先保障义务教育投入、全面保障幼儿园免费教育投入、初步推行中等教育阶段免费、提高高等教育经费投入的教育投资格局。

各级各类教育经费投入结构发生变化：一是义务教育经费支出占总经费的比重总体稳居前列，其中小学教育投资占总经费比重最高，初级中学经费支出排序次之。二是幼儿园教育投资在近 10 年快速增加，2017 年经费支出仅次于小学和初中教育经费支出。三是高等学校招生规模扩张后高等教育经费投入大幅度增加，比重超过中等职业教育，在近 19 年投资规模排第三位。四是高级中等教育经费占总支出的比重没有显著上升，但是内部投资结构发生变化。高等教育发展拉动普通高中规模的扩张和经费的增长，高级中学教育经费支出超出同级中等职业学校投入，经费投入总量排第四位。中等职业教育发展式微，教育经费支出近 5 年是所有学校正规教育中支出比例最少的类型。

新疆农村教育投资总量保持大幅度增长态势。新疆尤其加大了农村学前教育、义务教育、高中教育和汉语教育的投入，各级政府在农村教育投入上做了积极的努力。农村中小学不仅基本普及九年义务教育，至 2017 年年底基本实现农村从幼儿园至高中的 15 年免费教育。

3.5.2 新疆学校正规教育经费渠道存在单一性，教育投资效果有待进一步提高

从教育投资承担主体来看，新疆教育经费高度依赖政府财政，私人成本分担的比例较低，社会资本对于教育的投资微乎其微。民办学校中举办者投入、社会捐赠经费等民间社会力量对教育投入的贡献很小。新疆教育经费渠道存在单一性。

教育投资的效果可以从全社会就业人员的受教育程度来衡量。随着新疆教育投资力度增大，新疆就业人员的受教育程度总体在提高。未上过学的就业劳动力在减少；小学文化程度的就业人员所占的比例在减少；初中文化程度的劳动力在增加且比重越来越高；高学历的就业人员比重在快速增加。新疆全社会人力资本存量显著提升。

但是新疆劳动力文化结构重心依然偏低，初中文化程度的劳动力为主要学历群体，接受过高中及中等职业教育的比重较低，农村劳动力的受教育程度偏低，人力资本质量依然有待提高。如果不提升全社会从业人员的人力资本，即使新兴技术推广，整个社会的经济发展还

是会受到低素质劳动力的阻碍。加大高中及以上教育的投资，为经济发展提供较高文化素质、基本职业技能的劳动力，对于新疆的经济可持续发展和社会长治久安意义重大。

3.5.3 新疆非学校正规教育投入依赖政府，人均低水平投资制约培训效果

新疆实施职业培训补贴支持重点待业劳动力参加职业培训。新疆职业培训资金来源结构相对简单，主要依靠政府购买公共就业服务的就业补助，职业培训补贴支出占政府购买就业服务项目的 90% 以上。新疆重点支持农村转移就业劳动者、城乡未继续升学的应届初高中毕业生、城镇登记失业人员、贫困家庭劳动力，毕业年度高校毕业生开展免费职业培训，通过职业培训补贴和职业技能鉴定补贴政策鼓励待就业劳动力提高就业和创业能力，促进其尽快实现就业和再就业。城镇登记失业人员、农业富余劳动力、农村新成长劳动力每年可以选择参加和申请 1 次职业技能培训补贴，或者申请 1 次创业补贴，或者申请 3 次专项职业能力培训补贴。

新疆职业培训主要基于政府主导型的培训模式，依托技工院校、职业院校、企业培训机构、就业训练中心、民办职业培训机构等教育培训机构开展技能提升培训。政府购买投入是培训承担主体的收入重要来源。新疆在职业培训方面的经费投入总额较大，但是 6 年来职业培训承担主体的经费投入没有显著增加。将培训人数考虑在内，新疆职业培训投资水平仍低于全国平均水平，存在符合政策的人没有获得职业培训补贴的情况。新疆人均培训投入与开展高水平职业培训的实际需要相去甚远，民办职业培训机构和就业训练中心往往开展的是低层次培训周期较短的简单培训，在一定程度上影响了职业培训的实施效果。

3.5.4 非农产业正成为吸纳劳动力的主力，劳动力聚集在劳动密集型行业

新疆整体就业向好发展，就业人数总体呈上升趋势，乡村就业人口规模明显增加；城镇登记失业率下降，农村隐性失业人口减少。从新疆就业产业结构来看，第一产业劳动力比重逐年下降，非农产业正成为吸纳劳动力的主力产业。就业人员主要从第一产业向非农部门的第三产业转移，第三产业正成为吸纳劳动力的主力产业。第二产业吸纳劳动力的能力较弱，第二产业的就业比重与第三产业差距越来越大。

新疆常住非农就业人员在私营单位和个体就业的比重远远高于非私营单位。新疆劳动力人力资本质量偏低，劳动密集型行业往往对劳

动力受教育程度要求的门槛较低，因此这类行业聚集数量庞大的劳动力。第二产业中的制造业、建筑业吸纳劳动力比例较高；第三产业在批发和零售业、住宿和餐饮业集聚劳动力比重较高。但是这些行业中很多工作岗位就业稳定性较弱，工资收入与劳动力期望有较大差异，这些行业的非农就业流动性很强。

新疆农村劳动力区域间转移就业比重较低，大多数劳动力滞留在乡村，农村常住居民非农就业比重非常低。乡村非农部门第二产业和第三产业的就业人口比重均与全国农村平均水平有较大差距，其中第二产业就业劳动力比重尤其偏低。乡村劳动力多在劳动密集型行业就业，受经济和产业发展的限制，可选择的就业行业较少。乡村劳动力因为受教育程度制约，更倾向于在私营企业和个体就业；受家庭经济投资能力和区域经济的影响，较少集中于资本密集型行业从业；受本地产业发展的限制，乡村劳动力可选择的就业行业较少。

3.5.5 促进非农就业以优化就业结构，才能促进产业结构和就业结构协调发展

根据比较劳动生产率分析，第一产业比较劳动生产率一直偏低，农业部门长期存在大量剩余劳动力。新疆非农产业劳动生产率比较高，第二产业比较劳动生产率一直高于全国，第三产业比较劳动生产率和全国接近。第一产业部门的劳动力根据劳动生产率的变化向其他部门转移，这种产业间劳动力要素的流动更有利于整个经济与社会的协调发展。

基于产业结构偏离度分析，发现第一产业和第二产业就业结构与产值结构偏离度较大，第三产业就业结构与产值结构比较合理。第一产业承载的劳动力数量超出负荷，劳动生产率较低，劳动力收入较低，就业结构不合理。第二产业产值较高，却没有相应地创造更多的就业岗位，因此没有吸纳更多的劳动力进入该产业就业。第三产业吸纳非农劳动力就业方面贡献一直较大，但偏离度曾出现负值，该产业的劳动密集型行业吸纳劳动力的能力在降低。

总体来看，新疆三次产业就业结构的偏差系数偏高，产值结构与就业结构长期存在失衡的压力。经济发展的过程是产业结构和就业结构不断调整的过程。提高全社会人力资本存量的质量、促进非农产业内部行业协调发展，引导第一产业劳动力向二三产业流动，优化就业产业结构，提高劳动力的生产效率，才能促进产业结构和就业结构发展朝均衡方向演变，从而为新疆的社会稳定和长治久安提供坚实的经济基础。

第4章 新疆学校正规教育投资
对非农就业的贡献分析

人力资本投资对经济发展和就业增加的贡献在很大程度上是以教育投资的形式得以实现的，教育投资水平在一定程度上是人力资本投资水平的近似衡量标准（杨大楷和冯体一，2009）。根据内生经济增长理论，人力资本投资是经济内涵式发展的主要推动力。人力资本存量的增长能间接地创造更多的就业岗位，进而提高就业量，优化就业结构。西奥多·舒尔茨（2017）认为，学校教育则是对人力资本最大的投资。本章基于人力资本理论，根据教育投资产生就业替代效应、扩张效应、滞后效应和促进效应的作用机理，运用协整理论、向量误差修正模型、脉冲响应等工具分析学校正规教育投资总量、普通教育投资、职业教育投资与非农就业的关系，探索不同类型、不同层级教育投资促进非农就业的贡献。

4.1 学校正规教育投资对新疆非农就业的
促进作用分析

4.1.1 教育投资提升人力资本推动非农就业

通过教育投资提高全社会的人力资本存量，提高人口质量，从而扩大全社会的就业规模，是内涵式推动就业的重要因素。人们接受教育后可以产生"认知效应"，即获得了知识，提高了技能。这种"认知效应"的作用，使劳动力更加容易适应新的就业机会，也更有可能在工作中拥有专门才能而实现安身立命。人们接受教育后也可以产生"非认知效应"，即改变不正确的价值判断，提高纪律性，加强对工作和社会的责任感，从而促进受教育者参加经济活动并做好工作的积极性（叶忠，2004）。通过教育投资扩大人力资本存量来影响就业的方式被认为属于主动地增加就业量，更有利于就业目标的实现。基于教育投资促进非农就业的作用，国家对新疆教育投入的力度较大。近年来，新疆学校正规教育投资规模增加，2008 年、2011 年、2014 年教育投资总额分别突破 200 亿元、400 亿元、600 亿元；新疆国家财政性教育经费占 GDP 的比重高于全国平均水平约 1.5%。总体来看，新疆教育投资总量在我国处于较高水平。为了提高新疆农村人口整体素质，新疆尤其加大农村教育经费支出，在农村义务教育、学前教育、高中教育和汉语教育的投入保持大幅度增长态势。新疆以教育投资为主要途径，试图提高劳动力的文化素质和就业技能，改变劳动力的落后就业观念，以发挥人力资本的就业促进功能。按照人力资本理论和社会化理论，新疆以教育投资为主要途径，培养各种熟练劳动力，传播科学技术并加快其发展和应用，提高社会的劳动生产率，应该能促进区域经济发展，进而扩大就业规模。

4.1.2 教育投资优化劳动力供给结构推动非农就业

教育投资促进非农就业，实际是调整劳动力的供给结构，尤其改变的是全社会劳动力的人力资本结构。社会就业问题的发生，往往因为劳动力的人力资本结构与经济发展结构、市场需求结构不相适应导致的。教育投资对就业的影响也正是通过影响劳动力的供求从而对就业产生影响。新疆长久以来提供的劳动力教育水平偏低，整个社会的经济发展受到低素质劳动力的阻碍。从供给结构来看，新疆农业产业部门的劳动力供给基本属于无限供给，非农产业部门的劳动力供给数量有限，二三产业均存在招工困难的情况。从劳动力供给质量来看，劳动力的受教育程度重心偏低，第二产业和第三产业发展需要的高级中等教育及以上文化程度的人才缺乏。近年来，新疆依然以提高劳动力基本素质为目标，注重加大从幼儿园至初中的基础教育，基本普及了九年义务教育，基本扫除了青壮年文盲。在提高劳动力的能力素质方面，新疆也在高中教育和中等职业教育上着力，这两类教育的经费总量有一定幅度的提高。高等教育作为培养综合素质人才的基地，在高校扩招政策之后教育投资经费的比重提高，招生数和在校学生数有大幅度增长。高中及以上教育投资经费的增加优化了劳动力的供给，培养了更多数量较高人力资本存量的劳动力，能更好地满足不同就业岗位的需要，有利于缓解新疆的结构性就业问题。

4.2　实证分析的研究思路与模型选择

4.2.1　研究思路

按照层级划分，我国实行四等七级的教育层次结构，四等分别为：学前教育、初等教育、中等教育、高等教育；七级分别为：幼儿园、小学、初中、高中（中专）、高等专科教育、本科教育、研究生教育。按照教育类型，我国的学校教育分为普通教育与职业教育。普通教育主要是指以升学为目标，以基础科学知识为主要教学内容，在正规学校进行"全日制"学习的学历教育。严格意义上的普通教育包含学前教育、义务教育（小学和初中教育）、高中教育和高等教育。普通教育的发展对提高国民文化水平和科学素养有重要意义。职业教育是与普通教育形式相对而言的，与普通教育以基础科学知识为主要教学内容相区别，职业教育属于以生产劳动知识和技能为主要教学内容，以就业为主要目标的学校教育。

本部分分类别、分层次探索评估各级各类教育投资对总体劳动力非农就业的贡献，调查分析各级各类教育投资对农村劳动力非农就业的影响。教育投资的非农就业贡献存在长期效应和短期效应，且在实证分析中要考虑各级各类教育投资当期、短期和长期对就业的贡献。本部分首先总体分析教育投资与非农就业的关系，其次分析各级各类教育投资当期、短期和长期对就业的贡献，探讨教育投资的就业促进效应、就业时滞效应和就业替代效应（见图4-1）。

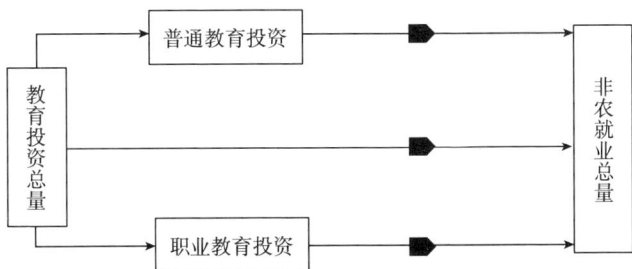

图 4-1　学校教育投资影响非农就业的分析框架

4.2.2 模型选择

目前探讨教育投资对就业影响的相关文献，一般运用柯布-道格拉斯（Cobb-Douglas）生产函数和时间序列模型进行分析。因为柯布-道格拉斯生产函数并不能为各变量间动态关系提供严格的定义，加之滞后影响因素会导致内生变量在方程两边同时出现，使估计和推论变得很复杂。目前有学者采用向量自回归模型（VAR）或向量误差修正模型（VECM）等非结构化的研究方法分析教育投资与就业的关系。使用向量自回归模型的学者如王威和潘若龙（2009）、徐旭川（2006），前者用这一方法分析公共教育投资对就业的影响，后者分析公共投资对第三产业就业量的影响。他们发现公共教育投资可以促进二三产业的就业，但教育投资的就业效应存在滞后期。杨大楷和冯体一（2009）利用向量误差修正模型分析公共教育投资对就业的影响，结果显示公共教育投资促进总体就业的扩张效应较弱，但是教育投资对第二产业劳动力就业数量的正向影响明显。

向量误差修正模型是基于协整的 VAR 模型，是在 VAR 模型基础上施加误差修正约束得到。VAR 模型在建立模型前，如果时间序列不平稳，要通过差分对序列数据进行处理，使其变得平稳后再建立模型，差分的过程可能会失去很多信息，数据处理后的模型只是反映变量之间的短期变动关系，而忽略长期的均衡关系，总体影响 VAR 模型的可决系数。向量误差修正模型可以不对变量进行差分，直接检验相同单整阶数的变量之间是否存在协整关系，如果通过检验存在协整关系，就可以建立向量自回归误差修正模型（VECM），弥补了 VAR 模型信息会缺失的缺陷（毕玉江，2008）。与 VAR 模型类似，VECM 不以严格的经济理论为依据，只要通过格兰杰因果检验确定选择的变量之间存在相关关系，变量就可以进入模型分析。因此，本部分建立 VECM 分析新疆教育投资对非农就业的影响。向量误差修正模型的理论形式如下：

$$\Delta Y_t = \alpha + \sum_{i=1}^{p} \beta_i \Delta Y_{t-p} + \lambda ECM_{t-1} + \varepsilon_t \qquad (4-1)$$

其中，ε_t 表示随机扰动项，ECM_{t-1} 表示误差修正项，λ 表示误差修正项系数，当 λ 显著为负时，表明存在反向误差修正机制。

如果变量之间存在协整关系，说明这些变量之间存在着长期稳定的均衡关系。某次冲击可能使它们的关系短时间内偏离均衡位置，但长期考察会发现其自动恢复到均衡位置，这种长期均衡关系的实现是因为误差修正这种调节机制在起作用。若拟研究变量是具有单位根的不平稳序列，但通过协整检验显示变量间具有长期协整关系，就可以采用误差修正模型进一步探讨变量在短期偏离长期均衡时，是否能够回到长期均衡状态，也就是验证模型是否存在反向误差修正机制。

4.2.3　分析步骤

本部分运用协整理论建立 VECM 分析新疆教育投资对非农就业的长期影响，将会使用平稳性检验、协整检验、向量误差修正模型及格兰杰因果检验。通过这四个步骤，可以从长期影响、纠偏机制、过去值和现在值对未来值的预测能力，更全面地分析学校正规教育投资与非农就业的长期关系。为了进一步刻画模型中教育投资与非农就业变量的短期关系，分析中引进脉冲响应和方差分解，描述变量间的冲击响应、相对贡献度，从而更清晰地阐释教育投资的非农就业效应（见图 4-2）。

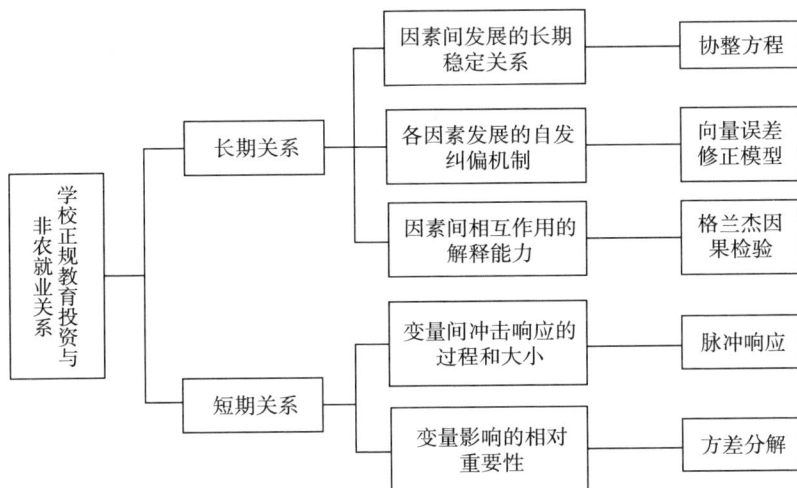

图 4-2　教育投资影响就业的分析工具

4.2.3.1　时间序列的平稳性检验

时间序列建模分析是建立在序列平稳性基础上的。对不同阶平稳的时间序列建模分析，很可能出现"虚假回归"现象，导致实际上并不存在线性关系的变量，相关的检验却很显著，实际上这种回归模型的结果不具有理论意义和实践意义。本部分判定时间序列的平稳性，采用的是广泛的序列平稳性检验方法，即 Augmented Dickey-Fuller（ADF）单位根检验[①]。当序列残差项非白噪声时，该检验模型为了消除残差项的自相关性，加入被解释变量本身的滞后项作为外生变量再进行检验，从而有效解决具有高阶自相关的时间序列问题（郭洪伟，2011）。ADF 检验的原假设 H_0 表示存在单位根，序列不平稳；备择假设 H_1 表明不存在单位根，序列平稳。当原序列不平稳时，需要对时间序列进行一阶差分，二阶差分等再检验是否平稳。有时为选择一个合适的时间序列模型还要对时间序列数据进行对数转换或平方根转换等，将非平稳时间序列转化成平稳时间序列。只有所有序列满足同阶平稳的条件时，才可以进一步进行协整检验。

4.2.3.2　协整相关理论与协整检验

协整概念及其方法的提出为经济分析和预测提供了一种强有力的工具，对于用非平稳变量建立经济计量模型非常重要。如果预建模变量的序列是非平稳序列，但随着时间的推移，长期走向大致相同，则可以通过协整检验判断它们之间是否存在一个长期稳定的均衡关系。当且仅当若干个非平稳变量具有协整关系时，由这些变量建立的回归模型才有意义，所以协整检验也是区别真实回归和虚假回归（Spurious Regression）的有效方法。Johansen 协整检验是基于无约束的向量自回归（VAR）模型用极大似然估计来检验多变量之间协整关系，Johansen 协整检验具有不必划分内生变量和外生变量、检验可给出全部协整关系、检验的功效更稳定的优点，因此本部分采用 Johansen 协整检验。具体步骤是：一方面，确定 VAR 模型的最优滞后阶数 p，选择滞后阶数要保证既完整反映 VAR 模型的动态性，又保持合理的自由度，使模型参数具有较强的解释能力。另一方面，进行特征根迹检验和最大特征值检验，通过迹统计量 Trace 和最大特征值 Maximum Eigenvalue 统计量判定存在几个协整向量。如果它们是协整的，则它们之间存在着一个长期稳定的均衡关系。比如新疆教育总支出与非农就业人数增长存在协整关系，则残差项应为平稳序列。相反，若新疆教育总支出与非农就业人数不存在协整关系，则残差项一定存在单位根。

4.2.3.3　格兰杰（Granger）因果关系检验

格兰杰因果关系检验的目的是探索不同经济变量之间是否存在格

[①]　时间序列的平稳性检验方法有：Dickey-Fuller（DF）检验、Augmented Dickey-Fuller（ADF）检验、Im-Pesarsan-Skin（IPS）检验和 Phillips-Perron（PP）检验等。

兰杰意义上的因果关系。格兰杰因果关系检验的思想可以表述为：设有两个时间序列 $\{X_t\}$ 和 $\{Y_t\}$，如果 X_t 这个序列的变化引起 Y_t 这个序列的变化，则 X_t 的变化应当发生在 Y_t 的变化之前，X 的过去值对 Y 的现在及未来产生影响。控制 Y 自身的过去值对 Y 的影响以后，X 的过去值仍能对 Y 的变化有显著的解释能力，则 X 的过去值和现在值有助于预测 Y，即认为 X 是 Y 的格兰杰原因。格兰杰因果关系是基于信息集，强调事件发生的时序性，而并不是通常意义的即期因果关系（曹永福，2006）。本章使用格兰杰因果关系的检验方法预测过去 22 年各级各类教育投资对现在非农就业现状的影响和作用。

4.2.3.4　脉冲响应函数

本章是在 VECM 基础上，建立的广义脉冲响应函数曲线。使用广义脉冲响应分析（Generalized Impulse Responses），其主要价值在于不要求冲击的正交性，而且与变量的顺序安排无关，因而可以提供更加稳健的结论。本章主要考察教育投资对非农就业产生的影响，因此响应模型都是反映非农就业对各级各类教育投资冲击的响应，即 Cholesky 顺序为 D（X）、D（Y）。与协整长期均衡关系相区别，基于 VECM 的脉冲响应分析反映的是增长量之间的关系，是一种短期的效应或者短期变动。

4.2.3.5　方差分解

脉冲响应模型的缺点是无法简单度量变量来自其他变量冲击的影响大小，只能反映各变量相互的冲击反应。方差分解方法（Variance Decomposition）的提出弥补了这一缺陷，方差分解能够计算每一个结构冲击导致内生变量发生变化的贡献情况。这个贡献度通常用方差来衡量。贡献度的计算能够从量化角度评价不同结构冲击的重要性，有利于研究者掌握或捕捉变量间定量的相互影响关系。

4.3　新疆教育总投资对非农就业贡献的实证分析

4.3.1　指标选择与数据说明

4.3.1.1　指标选择依据

影响非农就业的因素包括教育和经济等多方面。信号筛选理论和劳动力市场分割理论说明了教育投资对就业机会和劳动力市场决定的影响，奥肯定律阐释了加速经济增长能带动就业的机理。我国多个学者分析了不同因素对非农就业的影响。夏杰长（2000）通过对中国1985~1998年GDP增长率与就业人数增长率的数据进行直观的比较，得出两者之间呈正相关关系的结论。王庆丰（2009）认为一个国家（地区）的非农业产值与非农就业之间存着密切的关系。国内生产总值之中的非农业产值才是影响经济发展，进而影响就业结构的经济因素。田明和王玉安（2010）认为就业结构的转变与城镇化同为社会经济发展过程中的两大结构性变化过程。这两大结构性变化相互影响、相互联系，并在相互发展变化的过程中呈现某些规律性的特征。基于相关研究，教育投资、经济总量、非农业产值和城镇化率等对非农就业有重要影响，本部分以这四个指标为自变量，以非农就业为因变量，在VAR（向量自回归）模型的基础上，基于协整关系建立误差修正模型（VECM），探讨教育投资、经济总量、非农产值、城镇化率与非农就业的动态关系，比较不同因素促进非农就业的贡献，进而探究教育投资对非农就业的促进作用。

4.3.1.2 数据说明

非农就业用当年二三产业就业人口之和来衡量。非农就业人数越大，说明非农就业规模增长越快。教育投资主要指投资于学校正规教育发展的经费，不包括非学校正规教育的"培训费用"。本部分学校正规教育投入强调以货币作为人力、物力和财力的最终投入体现形式。教育经费支出总额是学校正规教育人力、物力和财力投资水平的近似衡量标准，本部分教育投资用1996~2016年新疆幼儿园至研究生教育阶段的经费总支出来测量教育投资状况。经济发展指标用地区国民生产总值表示。国民生产总值是一个国家在一定时期内（通常为一年）生产的以货币表现的全部最终产品和劳务的总和，因此国民生产总值是衡量经济发展的重要指标之一。非农业产值是工业部门和服务业部门发展状况的表现，反映了吸纳劳动力的容量和经济能力。非农业产值等于第二产业和第三产业产值的总和。人口城镇化率是指一个地区城镇常住人口占该地区常住总人口的比例，是衡量各地区城镇化质量的指标之一。城镇人口包括设区市的城市人口、镇区及镇政府所在地村委会（居委会）的人口、通过道路建筑物与镇区连接的村委会的人口。本部分用人口城镇化率表示城镇化情况。

本节教育投资的数据来自1996~2017年的《中国教育经费统计年

鉴》，非农就业人数、区内生产总值、非农产业产值、人口城镇化率相关数据来自 1996~2017 年的《新疆统计年鉴》。为了消除通货膨胀的影响，本章对教育经费支出、区内生产总值、非农业产值采用以 1994 年为基期的 CPI 进行平减。为了使数据更易趋于平稳并消除模型中可能存在的异方差，本章对所有研究变量取自然对数处理。取自然对数后因变量非农就业人数记为 Y，自变量教育投资总额、区内生产总值、非农业产值、人口城镇化率分别记为 EI、GDP、NAOR、UR。变量描述性分析结果反映了研究变量均值、中位数、最大值、最小值等描述性统计信息结果。从 JB 统计量检验可以发现，研究变量数据分布与正态分布并无显著性差异，JB 统计量对应的 P 值大于 0.1（见表 4-1）。

表 4-1　变量描述性统计

变量	均值	中位数	最大值	最小值	标准	偏度	峰度	Jarque-Bera	P 值
Y	5.963	5.915	6.571	5.651	0.302	0.700	2.212	2.366	0.306
EI	4.744	4.595	6.146	3.455	0.964	0.063	1.520	2.021	0.364
GDP	7.593	7.622	8.559	6.545	0.708	-0.021	1.599	1.802	0.406
NAOR	7.366	7.417	8.375	6.195	0.754	-0.085	1.643	1.714	0.424
UR	0.387	0.375	0.484	0.327	0.051	0.514	1.840	2.202	0.333

4.3.2　教育投资总量与非农就业的长期关系探析

4.3.2.1　平稳性检验

探讨变量间的协整关系，前提是参与讨论的各序列都是平稳的。在序列不平稳的情况下揭示模型变量间结构依存关系，其结论可能是非客观、不可靠的。为了消除时间序列数据计量分析过程中的"伪回归"现象，首先对非农就业（Y）、教育投资（EI）、区内生产总值（GDP）、非农业产值（NAOR）、人口城镇化率（UR）这 5 个序列做 ADF 单位根检验，表 4-2 给出了时间序列 Y、EI、GDP、NAOR、UR 的平稳性检验结果。可以看出，原序列 Y、EI、GDP、NAOR、UR 的 ADF 检验统计量均显著大于 5% 水平下的临界值，说明均为不平稳序列。对原序列进行一阶差分得到 ΔY、ΔEI、ΔGDP、ΔNAOR、ΔUR，再对一阶差分序列进行单位根检验，其 ADF 检验统计量均显著小于 5% 水平下的临界值，说明 Y、EI、GDP、NAOR、UR 为一阶单整序列

I（1），满足同阶单整的要求，因此可以进一步进行协整分析。

表 4-2　ADF 单位根检验结果

变量	ADF 值	检验类型 （C，T，K）	临界值（5%）	结论
Y	−1.108417	（C，T，0）	−3.644963	不平稳
ΔY	−3.444997	（C，0，0）	−3.020686	平稳
EI	−0.798902	（C，T，3）	−3.690814	不平稳
ΔEI	−4.508100	（C，0，2）	−3.040391	平稳
GDP	−1.130718	（C，T，0）	−3.644963	不平稳
ΔGDP	−3.567638	（C，0，0）	−3.020686	平稳
NAOR	−0.318429	（C，T，0）	−3.644963	不平稳
ΔNAOR	−3.099379	（C，0，0）	−3.020686	平稳
UR	−1.233666	（C，T，0）	−3.644963	不平稳
ΔUR	−3.698200	（C，0，0）	−3.020686	平稳

注：表中 Δ 表示一阶差分，C、T、K 分别表示 ADF 检验中是否包含常数项、线性趋势项和检验的滞后阶数；检验的滞后阶数由 AIC 准则确定。

4.3.2.2　Johansen 协整检验

分别建立 Y 与 EI、Y 与 GDP、Y 与 NAOR、Y 与 UR 的无约束（Unrestricted）VAR 模型，4 个模型中的内生变量分别是 Y 与 EI、Y 与 GDP、Y 与 NAOR、Y 与 UR，将常数项 C 作为外生变量，进行最大滞后期为 2 的最优滞后期检验，确定最佳的滞后阶数。根据 LR、FPE、AIC、SC 和 HQ 值的 5 类准则，选取标 * 的统计量个数最多的一阶为最优滞后阶数。由表 4-3 可知，多个检验准则均选择 1 为最优滞后期，故这 4 个 VAR 模型最优滞后阶数选择 1。根据变量间协整关系检验最优滞后阶数为 P−1 的基本原则，确定 Johansen 协整检验的滞后期区间为 [0，0]。

表 4-3　最优滞后期检验

项目	Lag	LogL	LR	FPE	AIC	SC	HQ
Y 与 EI	0	−7.507593	NA	0.008872	0.950759	1.050333	0.970197
	1	58.19950	11.7021*	1.86e−05*	5.219950*	4.921230*	5.161636*
	2	59.52709	1.991384	2.47e−05	−4.952709	−4.454842	−4.855520

续表

项目	Lag	LogL	LR	FPE	AIC	SC	HQ
Y 与 GDP	0	0.457739	NA	0.004000	0.154226	0.253799	0.17364
	1	73.92532	24.8949*	0.86e-06*	-6.792532*	-6.493812*	-6.734219*
	2	77.57929	5.480953	4.07e-06	-6.757929	-6.260063	-6.660740
Y 与 NAOR	0	-1.467982	NA	0.004850	0.346798	0.446371	0.366236
	1	73.26709	127.0496*	0.13e-06*	6.726709*	6.427989*	6.668396*
	2	74.33456	1.601209	5.63e-06	-6.433456	-5.935590	-6.336268
Y 与 UR	0	58.66400	NA	1.19e-05	-5.666400	-5.566827	-5.646962
	1	107.0523	2.26004*	1.41e-07*	-10.10523*	-9.806506*	10.04691*
	2	108.1021	1.574690	1.92e-07	-9.810205	-9.312339	-9.713016

注：*表示对应标准下的最优滞后阶数。

在确定了 VAR 模型的结构尤其是滞后阶数之后，可以对序列进行协整检验以验证它们之间是否存在协整关系。如果残差序列平稳，则进一步说明协整关系存在，进而可以建立协整方程。Johansen 检验结果如表 4-4 所示：EI 与 Y、GDP 与 Y、NAOR 与 Y、UR 与 Y 这 4 对变量协整检验的原假设"不存在协整关系"，迹检验统计量大于 5% 显著性水平下的临界值，说明在 95% 的置信水平拒绝这 4 对变量不存在协整方程的原假设，认为至少存在一个协整关系。进一步对原假设"至多只有一个协整关系"进行 Johansen 检验，迹检验统计量均小于 5% 显著性水平下的临界值，即表明非农就业总量（Y）分别与教育投资总量（EI）、区内生产总值（GDP）、非农业产值（NAOR）、人口城镇化率（UR）均存在一个协整关系。

表 4-4　Johansen 协整检验结果

项目	协整向量数目的原假定	特征值	迹统计量	显著水平为 5% 的临界值	P 值**
EI 与 Y	None*	0.829595	41.66596	20.26184	0.0000
	At most 1	0.193067	4.504801	9.164546	0.3421
GDP 与 Y	None*	0.881934	53.87658	20.26184	0.0000
	At most 1	0.348868	9.009894	9.164546	0.0535
NAOR 与 Y	None*	0.875054	55.04565	20.26184	0.0000
	At most 1	0.418037	11.36832	9.164546	0.0188

项目	协整向量数目的原假定	特征值	迹统计量	显著水平为5%的临界值	P 值[**]
UR 与 Y	None[*]	0.738593	34.59786	20.26184	0.0003
	At most 1	0.263496	6.422658	9.164546	0.1605

注：0[*] 或者 None[*] 表示原假设变量间不存在 Johansen 协整关系。Prob.[**] 表示在给定的显著性水平 α=0.05 时，将伴随概率 P 与给定显著性水平 a=0.05 进行比较：若 P≤α，则拒绝原假设，接受备择假设；若 P>α，则接受原假设。

以上检验结果说明，非农就业人数与教育投资总量、非农就业人数与区域生产总值、非农就业人数与非农业产值、非农就业人数与人口城镇化率均存在长期均衡关系。根据标准化的协整系数，列出能够准确反映变量间协整关系的协整方程：

教育经费支出：$Y=0.378149EI+4.488514$

（0.03839）（0.18293）

Log likelihood = 59.52144

区内生产总值：$Y=0.396011GDP+3.209275$

（0.03358）（0.25441）

Log likelihood = 72.37496

非农业产值：$Y=0.321041NAOR+3.886055$

（0.03701）（0.27212）

Log likelihood = 70.61922

人口城镇化率：$Y=0.077960UR+5.321366$

（1.83670）（0.70669）

Log likelihood = 110.1006

括号内数字为标准误差。标准误差越小，表明样本统计量与总体参数的值越接近，样本对总体越有代表性，用样本统计量推断总体参数的可靠度越大。以上协整方程的标准误差较小，推断总体的可靠性较大。结果表明，新疆教育经费投资总量与非农就业 Y 存在正相关的长期均衡关系。从长期来看，教育经费投资总量增加对非农就业具有明显的促进效应，教育投资总量每增加 1%，非农就业人数约增加 0.38%。反映经济发展状况的区内生产总值、反映产业结构的非农业产值、反映城镇化水平的人口城镇化率均与非农就业数量具有正向作用的长期均衡关系。这三个指标与非农就业对应的弹性系数分别为

0.3960、0.3210、0.0779，且在1%的显著性水平下显著，表明GDP每增加1%，会引起非农就业人数0.40%的扩张；非农业产值每上升1个单位，非农就业人数相应增加0.3210个单位；人口城镇化率每增加1个单位，非农就业人口增加0.0779个单位。对比这4个协整方程中自变量的系数发现，非农就业总量关于教育投资总量的长期弹性略低于区内生产总值的弹性，但是分别高出非农业产值、人口城镇化率0.0571个和0.3001个百分点。说明从长期来看，促进新疆劳动力非农就业，第一驱动力是发展地区经济，提高地区GDP水平；第二驱动力是大力发展教育，加强教育投资总量，促进劳动力文化程度和综合素质提升。在做大经济体量的同时，一定要在增加劳动力内功上着力，使劳动力的素质结构与经济发展相匹配，才能更好促进地区劳动力就业，进而更好地改善民生。

4.3.2.3　向量误差修正模型分析

误差修正模型（VECM）可以将变量的短期波动状态和长期均衡关系有机结合起来，全面反映变量间的动态关系。在误差修正模型中，Δ表示一阶差分，可以反映变量的短期偏离动态；ECM为误差修正项，其系数可以反映长期均衡关系对短期偏离的调整力度。VECM的最优滞后阶数是无约束VAR模型一阶差分变量的最优滞后阶数1。误差修正模型中的ECM（-1）的系数为负，对应的T值小于5%显著性水平的临界值-1.96时，符合反向误差修正机制。

教育投资对非农就业的促进作用通过分析VECM估计中的ECM（-1）的系数可以看出长期正向影响。根据误差修正项ECM（-1）可以发现仅在教育投资总额和人口城镇化率的VECM中存在反向误差修正机制，短期内非农就业人数Y与教育投资总额和人口城镇化率的关系偏离长期均衡时，误差修正项将偏离拉回长期均衡状态。但是短期内区内生产总值和非农业产值对非农就业的影响偏离均衡时，不能在短期恢复到长期均衡状态。进一步分析，教育经费总支出短期内每变动1个单位，非农就业总量将反方向变动0.1219个单位。这一数值较长期协整回归方程系数要小0.2562个单位，且方向相反，说明教育投资总额对非农就业的长期的正向影响更为显著。ECM（-1）的系数为-0.233420，说明该模型中长期均衡趋势误差修正项对非农就业的调整幅度为-0.233420，当教育投资出现对非农就业的抑制作用时，误差修正项较强的调节作用会让教育投资对非农就业的影响转向长期均衡的正向影响方向（见表4-5）。

表 4-5　向量误差修正模型结果

项目	ΔEI	ΔGDP	ΔNAOR	ΔUR
ECM（-1）	-0.233420	0.203058	0.142814	-0.139966
	（0.06971）	（0.12055）	（0.06245）	（0.19372）
	[-3.34824]	[1.68440]	[2.28699]	[-0.72250]
ΔY（-1）	-0.076185	-0.156853	-0.273584	0.267566
	（0.20388）	（0.28985）	（0.29455）	（0.25753）
	[-0.37368]	[-0.54116]	[-0.92881]	[1.03896]
ΔX（-1）	-0.121977	0.515599	0.349496	2.463697
	（0.11252）	（0.25475）	（0.23157）	（1.28826）
	[-1.08403]	[2.02393]	[1.50922]	[1.91243]
C	0.063765	-0.000345	0.018237	0.015182
	（0.02046）	（0.02493）	（0.02465）	（0.01642）
	[3.11675]	[-0.01383]	[0.73984]	[0.92468]
R-squared	0.446060	0.252388	0.283922	0.276514
F-statistic	4.294664	1.800488	2.114645	2.038385

注：（）为标准误差、[] 为 T 值；ECM 为反映短期对长期均衡调整的误差纠正项。ΔX（-1）在不同列分别指 ΔEI、ΔGDP、ΔNAOV、ΔUR。

4.3.2.4　格兰杰因果关系分析

在教育投资与非农就业的长期均衡关系中，教育投资的过去值和现在值是否有助于预测非农就业，可以通过格兰杰因果关系检验来验证。进一步采用格兰杰因果关系检验分析教育经费支出、区内生产总值、非农业产值、人口城镇化率与非农就业之间是否存在格兰杰因果关系，检验结果如表 4-6 所示。在 95% 的置信水平下，教育投资、区内生产总值是非农就业总量变动的格兰杰原因；在 90% 的置信水平下，非农业产值变动是非农就业变动的格兰杰原因；人口城镇化率不是非农就业总量变动的格兰杰原因。从检验结果还反映出，非农就业的变动是人口城镇化率、区内生产总值和非农产值波动的格兰杰原因。综合检验结果可以得出，教育投资的过去值对非农就业人数的变化有显著的解释能力，教育投资经费、区内生产总值的增长为非农就业的变化有积极贡献，同时非农业产值在较小的程度上有助于解释非农就业的将来变化。

表 4-6　格兰杰因果关系检验

原假设	F 统计量	P 值
EI 不是 Y 的格兰杰原因	5.55493	0.0300
Y 不是 EI 的格兰杰原因	2.43250	0.1363
GDP 不是 Y 的格兰杰原因	4.69473	0.0439
Y 不是 GDP 的格兰杰原因	11.0748	0.0037
NAOR 不是 Y 的格兰杰原因	3.83129	0.0660
Y 不是 NAOR 的格兰杰原因	10.1753	0.0051
UR 不是 Y 的格兰杰原因	2.86035	0.1080
Y 不是 UR 的格兰杰原因	4.83876	0.0411

4.3.3　教育投资总量与非农就业的短期动态关系分析

协整方程和误差修正模型反映了教育经费支出、经济发展状况、产业发展结构、城镇化水平分别与非农就业之间的长期关系和趋势。为了进一步从动态角度考察教育经费支出、区内生产总值、非农业产值和人口城镇化率的变动与非农就业总量变动之间的跨期影响关系，在上述 VECM 分析的基础上，用脉冲响应函数和方差分解进一步分析它们的作用和影响。脉冲响应和方差分解实际上是一个问题的两个方面。脉冲响应反映了模型随机扰动项一个标准差的冲击对各内生变量未来取值的影响，描述的是变量间关系的短期行为传递的过程和速度。方差分解则是通过将变量影响的均方误差分解为系统中每个变量的随机影响，反映每个变量影响的相对重要性，从而计算每个变量对总贡献的占比。脉冲响应和方差分解的分析都是基于模型的一阶差分变量，即对变量取自然对数之后，又做了一阶差分，反映的是增长量之间的关系。

4.3.3.1　脉冲响应

本部分采用正交法（Cholesky）进行脉冲响应分析，并且认为教育投资、区内生产总值、非农业产值、人口城镇化率对非农就业产生影响，故 Cholesky 顺序为 D（X）、D（Y）。图 4-3 的脉冲响应结果描述了教育投资总量、区内生产总值、非农业产值和人口城镇化率的冲击对非农就业总量当前值和未来值所带来的影响。

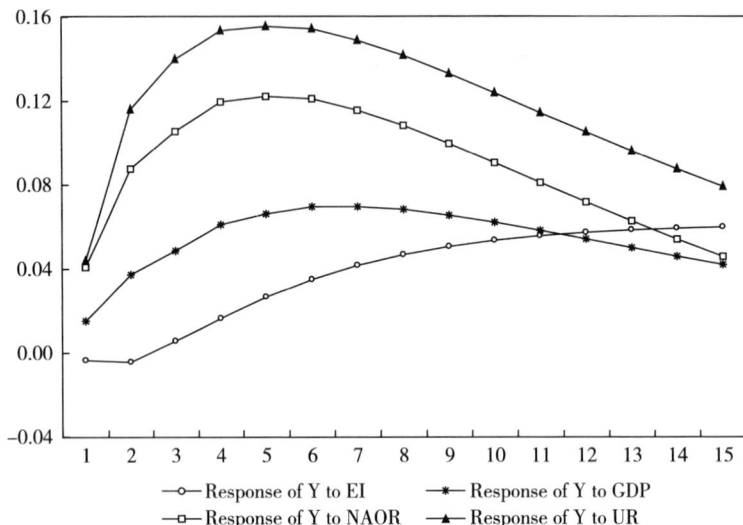

图4-3 脉冲响应结果

首先，教育投资总量对非农就业的影响。来自教育投资总量1个单位标准差的正向冲击，非农就业在第1滞后期和第2滞后期为负；从第3滞后期开始为正，在第3滞后期至第9滞后期处于正向影响快速增加时期，在第10滞后期以后处于正向影响平稳增加时期。这一结果说明，在短期内，教育投资总量给予非农就业一个正冲击，不能很快看到它的扩张效应，反而出现短期内的替代效应。但是这种替代效应持续时间短暂，从第3滞后期开始教育投资对非农就业的正向影响出现并快速增大。从长期来看，教育投资给非农就业带来持续的、稳定的正向影响。以上结果的启示是：教育投资属于长线投资。一个地区的教育投资在短期内不能明显看到促进非农就业的社会收益，可能原因有教育投资对非农就业有滞后效应、教育投资结构与经济结构、劳动力需求结构的协调问题，但从长远来看，教育投资对非农就业的影响是正向的，并且有较长的持续效应。因此长期加大教育投资对非农就业有促进作用。

其次，其他解释变量对非农就业的影响。区内生产总值、非农业产值、人口城镇化率分别产生一个正向冲击后，非农就业人数均呈正向响应。非农就业对来自区内生产总值、非农业产值和人口城镇化率冲击的响应在滞后1~4期都呈现快速上升，在滞后5~6期响应最大，滞后6期开始响应快速下降的趋势。其中非农就业对人口城镇化率的反应最敏锐，当期响应和累计响应都高于区内生产总值和非农业产值。非农就业人数对非农业产值变动的冲击响应低于人口城镇化率，但是在滞后 10 期前远远高于区内生产总值。区内生产总值对非农就业的正向影响较为持久、稳定。这一结果说明，区域经济发展对非农就业产生重要影响，反映经济发展水平的城镇化率、非农业产值和地区生产总值的变动在短期就会对非农就业产生较大的影响，经济向好发展对非农就业的正向影响较大，新疆非农产业和城镇化的发展尤其对扩大非农就业产生较大作用。从长期来看，通过发展经济的系列措施促进非农就业的作用呈现由强渐弱的过程。

最后，对比教育投资与其他解释变量对非农就业的影响。在解释变量冲击当期，非农就业的正向响应强度由大到小依次为人口城镇化率、非农业产值、区内生产总值，对教育投资正向冲击的响应为负。教育投资对非农就业的影响在滞后 11 期内均低于其他 3 个解释变量，且在滞后 2 期内出现替代效应（负向效应）。从第 12 滞后期开始，非农就业对教育投资冲击的响应超过了对地区生产总值的响应；至第 14 滞后期开始非农就业对教育投资冲击的响应超过了对非农业产值和地区生产总值的响应。根据非农就业人数对教育投资冲击响应的曲线呈现上升趋势、对其他变量的响应从第 6 滞后期开始呈下降的趋势预测，教育投资的长期效应会高于地区生产总值、非农业产值和城镇化率。这一结果反映出教育投资对非农就业的影响具有短期替代效应、时滞效应和长期扩张效应。

4.3.3.2 方差分析

根据方差分解理论，测量教育投资、经济总量、非农业产值、城镇化率对非农就业的预测方差贡献率，进一步通过各个影响因素贡献对比来分析教育投资对非农就业的影响。时间为 15 期，结果如表 4-7 所示。根据方差分解结果可以看出，教育投资对非农就业的贡献在滞后 1~4 期与其他影响因素相比很小，贡献率低于 10%。但是从第 5 滞后期开始，教育投资对非农就业的贡献增加到 24.46%，超过人口城镇化率的贡献。从该阶段开始新疆教育投资对非农就业的贡献度呈大幅度增加态势，至第 7 滞后期开始是四个影响因素中贡献最大的。至第 15 滞后期，教育投资对非农就业的预测方差贡献率达 89.45%，高于区内生产总值 55.79 个百分点、非农业产值 36.94 个百分点、城镇化率 72.02 个百分点。综合方差分解的结果，教育投资对非农就业的贡献与其他三个影响因素相比，在滞后 4 期内对非农就业的影响较弱，但是综合长期的影响和累计贡献，教育投资对非农就业的正向促进作用排名首位。方差分解的结果再次证明教育投资的增加对新疆非农就业人数增长量有正向影响和较大贡献。

表4-7　变量方差分解

滞后期	教育经费支出	区内生产总值	非农业产值	人口城镇化率
1	0.785380	14.86954	24.59751	0.436580
2	1.326165	30.08709	39.28058	14.84725
3	2.164212	32.22934	43.38767	20.35835
4	9.751497	34.96017	45.95511	21.35930
5	24.45678	36.47796	47.58579	21.09646
6	40.97492	37.90906	48.79183	20.56905
7	54.96856	39.00812	49.73317	20.02519
8	65.36646	39.87588	50.50070	19.52519
9	72.74868	40.39597	51.13538	19.08334
10	77.97400	40.48326	51.65582	18.69942
11	81.73127	40.04597	52.06685	18.36794
12	84.49517	39.04976	52.36560	18.08195
13	86.57844	37.55043	52.54514	17.83465
14	88.18603	35.68996	52.59742	17.62003
15	89.45375	33.66223	52.51569	17.43293

4.3.4　教育投资总量影响非农就业的结果分析

新疆教育投资、区内生产总值、非农业产值、人口城镇化率和非农就业规模之间存在长期的、稳定的均衡关系。从短期来看，反映经济发展水平的地区生产总值、非农业产值和人口城镇化率因素对非农就业的促进效应非常明显；从长期影响来看，这四个重要因素中教育投资对非农就业的贡献最大。教育投资对非农就业的影响具有短期替代效应、滞后效应和长期扩张效应。教育投资对非农就业的影响显示出强劲的后发优势。教育投资的增加对非农就业的影响具有正向性、持久性，长期性，加大教育投资对非农就业有促进作用。与加快经济发展、优化经济结构、促进城镇化建设等因素相比，教育投资是促进新疆非农就业的长远之策。因此加快经济发展、优化经济结构、促进城乡一体化对于促进新疆非农就业有较快的成效；大力发展教育事业，提高教育投资水平，对于新疆非农就业长远的社会效应有非常重要的意义，是解决新疆人力资本水平低下导致的就业困境的更优策略选择。

4.4　新疆普通教育投资对非农就业贡献的实证分析

4.4.1　数据说明

普通教育主要是指以升学为目标，以基础科学知识为主要教学内容，在正规学校进行"全日制"学习的学历教育。普通教育的发展对提高国民文化水平和科学素养有重要意义。根据市场上劳动力文化程度的分布情况，本节选取普通教育中的普通高等教育、普通高级中学、普通初级中学和小学，论述这四种普通教育的投资状况对非农就业的影响。

普通教育投资的各变量定义为：普通高等学校教育经费支出（包括普通本科学校、普通专科和普通高职）用 He 表示，普通高级中学教育经费支出用 Se 表示，普通初级中学教育经费支出用 Je 表示，小学教育经费支出用 Pe 表示。数据来自《中国教育经费统计年鉴》。为了消除通货膨胀的影响，对教育经费支出的数据采用以 1994 年为基期的 CPI 进行平减。因变量非农就业包括第二产业和第三产业就业人数，用字母 Y 表示。为了使数据更趋于平稳并消除模型中可能存在的异方差，本节对所有研究变量取自然对数处理。因变量和自变量的描述性统计结果如表 4-8 所示，从表 4-8 中可以得到研究变量均值、中位数、最大值、最小值等描述统计信息结果。从 JB 统计量检验可以发现，研究变量数据分布与正态分布并无显著性差异，JB 统计量对应的 P 值大于 0.1。

表 4-8　描述性统计分析

变量	均值	中位数	最大值	最小值	标准差	偏度	峰度	Jarque-Bera	P 值
Y	5.963	5.915	6.571	5.651	0.302	0.700	2.212	2.366	0.306
He	2.683	2.610	4.047	1.042	1.000	-0.239	1.748	1.645	0.439

变量	均值	中位数	最大值	最小值	标准差	偏度	峰度	Jarque-Bera	P 值
Se	2.405	2.464	3.931	0.760	1.084	-0.100	1.528	2.023	0.364
Je	3.221	3.190	4.606	1.769	1.025	-0.040	1.484	2.113	0.348
Pe	3.696	3.523	5.094	2.443	0.922	0.102	1.577	1.894	0.388

4.4.2　普通教育投资与非农就业的协整关系分析

4.4.2.1　单位根检验

为了避免"虚假回归"问题存在，对非农就业人数 Y、普通高等学校教育经费支出 He、普通高级中学教育经费支出 Se、普通初级中学教育经费支出 Je 和小学教育经费支出 Pe 进行平稳性检验，检验结果如表 4-9 所示，原序列在 5% 显著性水平下是非平稳序列；这 5 个序列的一阶差分序列为平稳序列，说明非农就业人数 Y、普通高等学校教育经费支出 He、普通高级中学教育经费支出 Se、普通初级中学教育经费支出 Je 和小学教育经费支出 Pe 为一阶单整序列 I（0），满足同阶单整要求，可进一步进行协整检验。

表 4-9　ADF 检验结果

变量	ADF 值	检验类型（C，T，K）	临界值（5%）	结论
Y	-1.108417	(C, T, 0)	-3.644963	不平稳
ΔY	-3.444997	(C, 0, 0)	-3.020686	平稳
He	-2.208399	(C, T, 0)	-3.644963	不平稳
ΔHe	-5.153775	(C, 0, 0)	-3.020686	平稳
Se	-3.000968	(C, T, 0)	-3.644963	不平稳
ΔSe	-5.632182	(C, 0, 0)	-3.040391	平稳
Je	-1.650315	(C, T, 0)	-3.644963	不平稳
ΔJe	-3.146067	(C, 0, 0)	-3.020686	平稳
Pe	-3.023444	(C, T, 1)	-3.658446	不平稳
ΔPe	-3.379892	(C, 0, 0)	-3.020686	平稳

注：C、T、K 分别表示截距项、趋势项和最大滞后期，滞后期的标准参考 AIS 和 SC 准则。Δ 表示一阶差分。

4.4.2.2　协整检验

Johansen 协整检验是基于 VAR 模型进行检验，对不同时期的 VAR 模型进行最大滞后期为 2 的最优滞后期检验，进而确定最佳的滞后阶数。本部分需要分别建立非农就业人数 Y 与普通高等学校教育经费支出 He、普通高级中学教育经费支出 Se、普通初级中学教育经费支出 Je、小学教育经费支出 Pe 的 VAR 模型，故内生变量分别是普通高等学校教育经费支出 He、普通高级中学教育经费支出 Se、普通初级中学教育经费支出 Je、小学教育经费支出 Pe，常数项作为外生变量。滞后阶数的选择则要通过 AIC 准则和 SC 准则来确定，最佳滞后阶数标准运行结果如表 4-10 所示。结果显示最优滞后阶数为 1，故确定 Johansen 检验的滞后期区间为 [0，0]。

表 4-10　最优滞后期检验

项目	Lag	LogL	LR	FPE	AIC	SC	HQ
He	1	45.12354	NA	5.62e-05*	-4.112354*	-3.913208*	-4.073479*
	2	46.62378	2.400386	7.28e-05	-3.862378	-3.464085	-3.784627
Se	1	47.65114	NA	4.36e-05*	-4.365114*	-4.165968*	-4.326239*
	2	48.53357	1.411891	6.02e-05	-4.053357	-3.655064	-3.975606
Je	1	49.37374	NA	3.67e-05*	-4.537374*	-4.338227*	-4.498498*
	2	51.19922	2.920783	4.61e-05	-4.319922	-3.921630	-4.242172
Pe	1	56.89093	NA	1.73e-05*	-5.289093*	-5.089947*	-5.250218*
	2	57.86540	1.559153	2.37e-05	-4.986540	-4.588247	-4.908789

注：*表示对应标准下的最优滞后阶数。

在确定了 VAR 模型的滞后阶数之后，就可以进行协整检验。根据协整检验理论，要判断协整关系是否存在，如果被解释变量和解释变量间的协整关系存在，说明变量间存在长期稳定的均衡关系，被解释变量中不能被解释变量所解释的部分形成一个残差序列，残差序列应该是平稳的。如果残差序列不平稳，说明被解释变量与解释变量之间的协整关系不存在；如果残差序列平稳，则进一步说明协整关系存在，进而可以建立协整方程。

从表 4-11 可以看出，非农就业人数 Y 与普通高等学校教育经费支出 He、普通高级中学教育经费支出 Se、普通初级中学教育经费支出 Je、小学教育经费支出 Pe 的 4 个 VAR 模型，"没有协整向量"的原假设对应的检验统计量均大于 5% 显著性水平下的临界值，即在 95% 的置信水平下拒绝无协整关系假设，说明变量之间存在协整关系。"至多存在一个协整关系"的原假设对应的4个迹检验统计量均小于5%显著性水平下的临界值，即在95%的置信水平接受最多存在一个协整关系的原假设。故非农就业人数Y与普通高等学校教育经费支出He、普通高级中学教育经费支出Se、普通初级中学教育经费支出Je、小学教育经费支出Pe的4个VAR模型均存在一个协整关系。

表4-11　Johansen 检验

项目	协整向量数目的原假定	特征值	迹统计量	显著水平为5%的临界值	P值**
He	None*	0.766845	36.20242	20.26184	0.0002
	At most 1	0.234996	5.625353	9.164546	0.2217
Se	None*	0.670806	25.76195	20.26184	0.0079
	At most 1	0.109214	2.428682	9.164546	0.6918
Je	None*	0.699483	31.66138	20.26184	0.0009
	At most 1	0.263197	6.414123	9.164546	0.1611
Pe	None*	0.828084	41.36850	20.26184	0.0000
	At most 1	0.188748	4.392718	9.164546	0.3568

注：0*或者None*表示原假设变量间不存在Johansen协整关系。Prob.**表示在给定的显著性水平α=0.05时，将伴随概率P与给定显著性水平a=0.05进行比较：若P≤α，则拒绝原假设，接受备择假设；若P>α，则接受原假设。

由上述协整结果可知，非农就业人数Y与普通高等学校教育经费支出He、普通高级中学教育经费支出Se、普通初级中学教育经费支出Je、小学教育经费支出Pe存在显著的协整关系，采用标准化协整向量表示方法，可以列出以下4个协整关系估计方程：

高等学校教育经费支出：$Y=0.596332He+5.402504$
$$(0.14027)\ (0.39137)$$
$$\text{Log likelihood}=45.62077$$

普通高级中学教育经费支出：$Y=0.460587Se+5.329455$
$$(0.08036)\ (0.20489)$$
$$\text{Log likelihood}=47.04228$$

普通初级中学教育经费支出：$Y=0.380342Je+5.111077$
$$(0.06079)\ (0.20076)$$
$$\text{Log likelihood}=50.91970$$

小学教育经费支出：$Y = 0.411819Pe + 4.790699$

　　　　　　　　　（0.04390）　（0.16380）

Log likelihood = 60.35617

以上 4 个协整方程的标准误差较小，推断总体的可靠性较大。从协整方程可以看出，普通高等学校教育经费支出 He、普通高级中学教育经费支出 Se、普通初级中学教育经费支出 Je、小学教育经费支出 Pe 与新疆非农就业人数呈同方向变化，即从长期均衡关系来看，普通教育投资对非农就业具有一定的带动作用且显著。这表明新疆普通教育投资对非农就业总体上表现为促进效应。在其他因素不变的条件下，高等学校教育经费支出、普通高级中学教育经费支出、普通初级中学教育经费支出和小学教育经费支出每增加 1%，非农就业人数平均增加大约分别为 0.5963%、0.4606%、0.3803% 和 0.4118%。对比发现高等学校教育经费支出对非农就业的促进效应最大，其次是普通高级中学教育经费支出和小学教育经费支出，带动效应最小的是普通初级中学教育经费支出。

4.4.3　普通教育投资与非农就业的误差修正关系分析

下面对四组数据分别建立 VECM，进一步分析非农就业与普通教育投资的长期协整关系在短期偏离长期均衡时，是否能自动回到均衡状态。滞后阶数根据 AIC、HQ 和 SC 值选定为滞后 1 期，具体模型如表 4-12 所示。

表 4-12　非农就业与普通教育投资的向量误差修正模型结果

项目	D（He）	D（Se）	D（Je）	D（Pe）
ECM（-1）	-0.096424	-0.073600	-0.113855	-0.265509
	(0.02999)	(0.02752)	(0.04022)	(0.07400)
	[-3.21491]	[-2.67471]	[-2.83090]	[-3.58809]
D（Y（-1））	-0.127453	-0.130303	-0.104237	-0.065148
	(0.23555)	(0.23916)	(0.23102)	(0.19630)
	[-0.54110]	[-0.54483]	[-0.45121]	[-0.33188]
D（X（-1））	-0.027706	-0.012390	-0.025279	-0.155919
	(0.06146)	(0.06305)	(0.07775)	(0.11654)
	[-0.45077]	[-0.19651]	[-0.32515]	[-1.33788]

续表

项目	D (He)	D (Se)	D (Je)	D (Pe)
	0.054103	0.051663	0.052416	0.067438
C	(0.01883)	(0.01577)	(0.01666)	(0.02022)
	[2.87360]	[3.27601]	[3.14616]	[3.33598]
R^2	0.426984	0.344106	0.361841	0.473523
F 值	3.974139	2.798062	3.024047	4.796891

注：( ) 为标准误差、[ ] 为 T 值；ECM 为反映短期对长期均衡调整的误差纠正项。D (X (-1)) 在不同列分别指 D (He (-1))、D (Se (-1))、D (Je (-1))、D (Pe (-1))。

通过 VECM 估计结果可以发现，ECM（-1）的系数在非农就业与普通教育投资的 4 个误差修正模型中均为负，对应的 T 值小于 5%显著性水平的临界值为-1.96，符合反向误差修正机制。从短期来看，高等学校教育经费支出 He、普通高级中学教育经费支出 Se、普通初级中学教育经费支出 Je 和小学教育经费支出 Pe 对非农就业的影响会偏离长期均衡关系出现负向影响，但是误差修正项 ECM（-1）将会把偏离拉回到均衡状态。具体分析，上一期高等学校教育经费支出 He、普通高级中学教育经费支出 Se、普通初级中学教育经费支出 Je 和小学教育经费支出 Pe 与非农就业人数的非均衡误差分别以 9.6%、7.3%、11.4%和 26.5%的比率对本期的非农就业人数做出反向修正。以上数据说明，短期内高等教育投资和高级中学投资对非农就业的影响偏离长期均衡状态的幅度较小，反向修正系数也较小；短期初中和小学教育投资（义务教育投资）对非农就业的影响偏离均衡状态的幅度较大，反向修正系数较高。总体来看，普通教育投资对非农就业的促进作用在短期内可能不明显，尤其小学教育经费支出和普通初级中学教育经费支出等义务教育投资的增加对非农就业的促进作用不容易看到，但从长期来看，各级普通教育投资对非农就业的促进作用是十分显著的。在新疆加大普通教育的投资力度对促进非农就业意义重大。

4.4.4 普通教育投资与非农就业的格兰杰因果关系分析

变量之间的长期均衡关系是否具有因果性，可以通过格兰杰因果关系检验来验证。根据前面最优滞后期检验，模型的滞后阶数选择为 1。格兰杰因果关系检验结果如表 4-13 所示。可以看出，在 95%的置信水平下，高等教育和小学教育经费支出是非农就业人数变化的格兰杰原因，在 90%的置信水平下，高级中学和初级中学教育经费支出是非农就业人数变化的格兰杰原因。这一结果再次说明，新疆各级普通教育投资的过去值对非农就业人数的现在状态及未来产生影响。普通教育投资的过去值对非农就业人数的变化有显著的解释能力，通过控制各级普通教育投资的数量可以影响非农就业人数。加强各级普通教育投资可以促进新疆非农就业，有利于富余劳动力从第一产业向二三产业转移。

表 4-13 格兰杰因果关系检验结果

原假设	F 统计量	P 值
He 不是 Y 的格兰杰原因	5.06496 **	0.0372
Y 不是 He 的格兰杰原因	0.03226	0.8595
Se 不是 Y 的格兰杰原因	3.50067 *	0.0777
Y 不是 Se 的格兰杰原因	0.70990	0.4105
Je 不是 Y 的格兰杰原因	3.57995 *	0.0747
Y 不是 Je 的格兰杰原因	2.01935	0.1724
Pe 不是 Y 的格兰杰原因	5.72596 **	0.0278
Y 不是 Pe 的格兰杰原因	1.32054	0.2655

注：*和**分别表示在 10%和 5%的水平上显著。

4.4.5 普通教育投资与非农就业的脉冲响应和方差分解分析

4.4.5.1 脉冲响应分析

VECM 实际是在误差修正项约束机制基础上，使用变量的一阶差分序列建立的 VAR 模型。VECM 也可以通过冲击的 Cholesky（正交法）分解识别特定的"结构化"冲击对系统变量的影响（毕玉江，2008）。本部分将在 VECM 的基础上，通过脉冲响应函数分析新疆非农就业总量对各级普通教育投资冲击的动态响应路径。本部分主要考察教育投资对非农业就业产生影响，故 Cholesky 顺序为 D（X）、D（Y）；考虑到样本容量，将冲击响应期设定为 15 期。脉冲响应结果如图 4-4 所示，横轴代表滞后阶数，纵轴代表变量之间的相互冲击响应程度，曲线部分为计算值。

从图 4-4 可以看出，非农就业总量对普通高等教育投资正向冲击的响应在滞后 15 期内既有替代效应，也有扩张效应。具体来看，普通高等教育投资对非农就业的替代效应出现在滞后 2 期内。这反映了高等

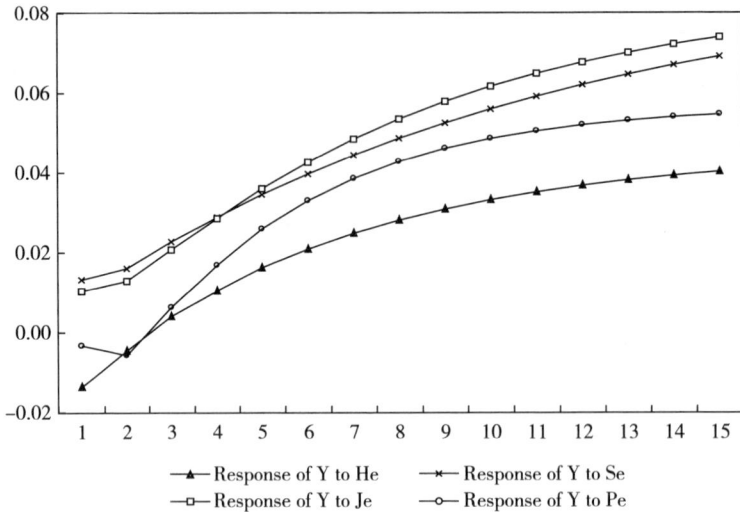

图 4-4 基于 VECM 做出的脉冲响应图

教育投资的增加提高了劳动力的人力资本，较高人力资本的劳动代替了简单劳动，从而减少了经济活动中简单劳动力的数量。另外，全社会对普通高等教育投资的积极性较高，会导致普通教育之前进入劳动力市场的人口减少。在短期内，普通高等教育发挥一定程度的就业蓄水池作用，从而减少了劳动力市场的就业压力。从滞后 3 期开始，普通高等教育投资对新疆非农就业的替代效应转向扩张效应，且扩张效应不断增加，在第 10 滞后期开始呈现平稳趋势。

非农就业总量对普通高级中学和普通初级中学经费支出的脉冲响应均为正，说明普通高级中学和普通初级中学对非农就业的促进效应非常明显，其中普通高级中学在前两个滞后期对非农就业的促进效应大于其他层级普通教育，第 3 滞后期开始促进效应进一步扩大且影响持久。以上结果说明，相对于普通高等教育和小学教育投资，普通中等教育投资对非农就业的短期促进效应较大，尤其加大高中教育投资对非农就业会产生比较迅速的传递效应，促进非农就业会有立竿见影的效果。这一结果与新疆劳动力市场对劳动力人力资本水平的要求相一致，在当下新疆城镇化水平和工业化进程的实际情况下，相适应的普遍劳动力受教育水平应该是接受中等教育。非农就业总量对普通中等教育投资的当期效应和累积效应均最高，说明非农就业总量对中等教育投资波动的敏感度最高，在新疆非农就业市场对初中文化程度和高中文化程度的劳动力有较高需求的情况下，增加中等教育投资对非农就业的促进效应最明显。

非农就业总量对小学教育投资的冲击既有负响应，又有正响应。在前两个滞后期负响应明显，尤其在第 2 滞后期负响应达到 0.005%，从第 3 滞后期开始小学教育投资对非农就业产生较明显正响应，说明小学教育投资对非农就业在多个滞后期以后产生促进效应。时滞效应进一步说明普通教育投资对非农就业的促进效应是循序渐进和积累的过程。小学教育投资对非农就业产生扩张效应，可以解释为：一是受教育对象接受初等教育投资后，进一步接受高一级教育，从而实现就业，即通过其他教育的中介作用促进了非农就业；二是新疆劳动力市场在样本期内存在一部分接受了初等教育的劳动力没有接受进一步教育，在劳动力市场从事简单劳动，促进了非农就业。

4.4.5.2　方差分解

脉冲响应函数是衡量系统对一个变量的冲击效果，方差分解则是将系统的均方误差分解成各变量冲击所做的贡献（计算出每一个变量冲击的贡献占总贡献的比），从而评价每一个变量的随机冲击对系统影响的相对重要性。本部分对 VECM 采用 Cholesky 分解识别普通高等学校教育经费支出、普通高级中学教育经费支出、普通初级中学教育经费支出以及小学教育经费支出的“结构化”冲击对非农就业总量的影响，分析这 4 个变量对促进非农就业的贡献程度。因为本部分的方差分析刻画两个序列之间的定向影响关系，因此这 4 个自变量对因变量的贡献度之和不等于 100%，未体现的贡献度由其他未知的内生或者外生变量解释。

如表 4-14 所示，随着时期的推移，普通高等学校教育经费支出、普通高级中学教育经费支出、普通初级中学教育经费支出和小学教育经费支出预测方差的贡献度呈增大趋势，到第 15 滞后期的预测方差贡献率分别为 67.1%、82.5%、89.3% 和 88.6%。说明越到后期非农就业总量的变动由各级普通教育投资变动的解释力度越大，和脉冲结果一致。

表 4-14　变量方差分解

滞后期	普通高等学校教育经费支出	普通高级中学教育经费支出	普通初级中学教育经费支出	小学教育经费支出
1	11.23892	9.251302	5.793296	0.720416
2	8.088309	13.33170	8.889331	1.985593

续表

滞后期	普通高等学校 教育经费支出	普通高级中学 教育经费支出	普通初级中学 教育经费支出	小学教育经费支出
3	6.763530	20.12934	16.28304	3.110664
4	8.415125	28.17658	26.82987	11.59067
5	12.79449	36.51005	38.64251	26.47879
6	18.99629	44.46190	49.88042	42.25808
7	26.08964	51.67137	59.51339	55.38168
8	33.29029	58.00073	67.27570	65.17086
9	40.10363	63.44927	73.32842	72.20866
10	46.27718	68.08721	77.98090	77.25924
11	51.72845	72.01340	81.54616	80.93428
12	56.47207	75.33143	84.28802	83.66237
13	60.56995	78.13790	86.41203	85.73174
14	64.10107	80.51770	88.07268	87.33498
15	67.14547	82.54297	89.38432	88.60194

从方差分解的结果也可以看出，在第1滞后期，普通高等教育投资对非农就业变动的解释力最大，在第2滞后期至第4滞后期，高级中学的投资对非农就业变动的解释力最大，在第5滞后期至第15滞后期，初级中学投资对非农就业的解释力度最大。小学教育投资对非农就业波动的解释力度从第4滞后期超过了高等教育的解释力度，从第7滞后期开始超过了高级中学投资。总体来看，普通高级中学和普通初级中学的解释力度最大。

4.4.6　普通教育投资影响非农就业的结果分析

协整结果取的是自然对数，属于水平值之间的关系，反映变量之间长期的变化关系。方差分解是对变量取自然对数之后，又做了一阶差分，反映的是增长量之间的关系，是一种短期的效应或者短期变动。结合上文关于协整、误差修正和脉冲响应的结果分析，得出以下基本结论：

4.4.6.1　普通教育投资对非农就业产生促进效应

普通高等学校教育经费支出、普通高级中学教育经费支出、普通初级中学教育经费支出、小学教育经费支出对非农就业总量的变化有显著的解释力。普通教育投资总体上对非农就业产生明显的促进效应。越到后期非农就业总量的变动由各级普通教育投资变动的解释力度越大。通过控制各级普通教育投资的数量可以影响非农就业人数。加强各级普通教育投资可以促进新疆非农就业，有利于富余劳动力从第一产业向二三产业转移。

4.4.6.2　普通高等教育促进非农就业的长期效应最大

结合协整、误差修正和脉冲响应结果，普通高等教育促进非农就业的长期效应最大。在其他因素不变的条件下，同比例增加各级教育的经费支出，比较对非农就业的促进作用，高等教育投资的促进效应最大，比排列第二的普通高级中学多出 0.13%。高等教育对非农就业的促进作用相对稳定，短期内偏离长期均衡关系的幅度较小，误差修正机制能把偏离拉回到均衡状态。

4.4.6.3　普通中等教育促进非农就业的短期效应最大

普通中等教育投资包括普通高级中学和普通初级中学的教育经费支出。非农就业总量对普通高级中学和普通初级中学投资的当期效应和累积效应均高于普通高等教育和初等教育投资，且非农就业总量对普通中等教育投资脉冲的响应均为正，说明普通中等教育促进非农就业的短期效应最大。短期波动中普通初级中学教育经费支出和普通高级中学经费支出对非农就业的贡献度相互交替呈首位，对于非农就业总量变动的解释力最大。普通高级中学教育投资的当期就业效应高于其他层级教育投资，非农就业总量对高级中学教育投资波动的敏感度最高。以当下新疆城镇化和工业化进程为背景的劳动力市场，市场对高中及以上文化程度的劳动力需求较高，增加高中教育投资对非农就业的促进作用会有立竿见影的效果。

4.4.6.4　小学教育投资促进非农就业的时滞效应最明显

小学教育投资在短期内对促进非农就业产生滞后效应，在多个滞后期以后产生扩张效应。小学教育形成的人力资本不足以在劳动力市场产生促进劳动生产率的内生效应。完成义务教育是新疆劳动力市场对劳动力人力资本水平的基本要求。小学教育投资对非农就业的影响是间接性、长期性、累积性的，劳动力接受小学及以上的教育，至少达到初中文化程度，参与非农就业的初步能力才促使他们有转移就业的意愿。义务教育投资对非农就业的促进作用是基础性的，其对国民素质的提升要求投资主体对其促进就业的社会效应给予耐心。确保义务教育投资力度只增不减，对新疆就业这一民生工程建设具有长远意义。

4.4.6.5 高级中学的教育投资促进非农就业的长期和短期效应均突出

从长期均衡关系来看，普通高级中学对非农就业的带动作用排序第二，在支出每增加 1% 这一相同比例的教育经费情况下，非农就业总量增加 0.46%。在偏离均衡状态时，普通高级中学教育经费支出与非农就业人数的非均衡误差以 7.3% 的比率做出反向修正，将这种影响偏离拉回到均衡状态，这一修正幅度最小。从短期的冲击响应来看，高级中学教育经费支出对非农就业的当期效应和累积效应一直保持在非常高的水平，短期的促进作用非常明显。方差分解的结果进一步证明高级中学的经费支出对于非农就业总量变动的贡献很高。在新疆劳动力市场，高中教育投资对非农就业当下和长远的促进作用非常显著，完成高中教育的劳动力在新疆经济发展中发挥重要作用，进一步通过合理的投资支持高中教育，提升劳动力人力资本提升，对于扩大全社会教育的就业效应最重要。免费 12 年教育不仅提升了劳动力的人力资本水平，从社会效应来讲更是促进了非农就业，在潜移默化改变新疆就业的二元结构形态。

4.4.6.6 高等教育短期的就业替代效应有重要社会意义

高等教育在短期内对非农就业产生替代效应，对社会发展有重要社会意义。替代效应的产生，是因为具有人力资本的劳动代替了简单劳动，从而提高了劳动要素的生产率。较短时间内，如果要维持既定经济产出，则劳动力就业质量替代就业劳动力数量。高等教育的替代效应，说明对劳动力加大高等教育投资可以产生更高水平的人力资本，从而代替更多的较低人力资本的劳动力或者简单劳动力。高等教育投资产生就业替代效应，是劳动生产率提高的重要因素，也是经济增长的源泉。同时，高等教育投资结构的增加促进了全社会人力资本水平的提升，减少了次要劳动力市场的人数，在一定程度上改善了人才结构和产业发展结构不协调的情况。另外，高等教育扩招减少了劳动力市场的就业人数，在国际金融危机等特殊时期缓解了社会就业压力，在维护社会就业秩序稳定上发挥了重要作用。需要关注的是，高等教育的过度投资也会导致全社会的过度教育，会促进高学历失业现象，因此需要审视劳动力市场需求，确保教育投资结构与产业结构和人才需求结构相协调发展。

4.5　新疆职业教育投资对非农就业贡献的实证分析

4.5.1　数据说明

职业教育是指对受教育者实施的为从事某种职业或生产劳动做准备所需要的职业知识、技能和职业道德的教育。职业教育与普通教育是两种不同教育类型，具有同等重要地位，与普通教育相比，职业教育侧重于实践技能和实际工作能力的培养，肩负技能型人才培养重任。职业教育是时代发展的产物，是现代教育的重要组成部分。各国普遍达成共识，认为职业教育是工业化和生产社会化、现代化的重要支柱，对推动社会经济发展及促进就业增长的重要作用。自改革开放以来，职业教育为我国经济社会发展提供了有力的人才和智力支撑。随着我国进入新的发展阶段，产业升级和经济结构调整不断加快，各行各业对技术技能人才的需求越来越紧迫，职业教育的重要地位和作用越来越凸显。职业教育包括职业学校教育和职业培训。职业学校教育是学历性的教育，主要分为中等和高等职业学校教育。

中等职业教育与高等职业教育是同类型不同层次的教育，高等职业教育建立在中等职业教育基础之上，两者都以技能型人才培养为目标。中等职业教育注重培养"经验层面"技能型人才，旨在让教育对象掌握初级技能；高等职业教育注重培养"策略层面"技能型人才，旨在促进培养对象掌握高级技能。国家职业教育发展的大政方针是"以就业为导向、以服务为宗旨"，无论是中等职业教育还是高等职业教育，都强调要为"满足人民群众接受职业教育的需求，满足经济社会对高素质劳动者和技能型人才的需要"而实施就业导向的教育（姜大源，2011）。职业教育在提升城乡新增劳动力人力资本水平方面发挥重要作用。本节从职业中等教育和职业高等教育两个层次分析职业学校教育对非农就业的贡献。

职业教育投资数据来自 1996~2017 年的《中国教育经费统计年鉴》。高等职业教育投资包括普通高职高专学校教育经费支出，其中 2005~2016 年来自年鉴实数，1995~2004 年高等职业教育经费支出没有单列，根据平均增长比率 13.92% 的比例估算得出。中等教育经费包括中等专业学校、技工学校、成人中等专业学校和职业高中的经费支出，全部为该统计年鉴的实数。非农就业人数包括第二产业和第三产业就业人数，数据来自 1996~2017 年的《新疆统计年鉴》。本节延用上节的误差修正模型进行分析，步骤包括单位根检验、Johansen 协整检验、建立 VECM、格兰杰因果关系检验、脉冲响应和方差分析，方法介绍不再赘述。分析中用 HVE 表示高等职业教育投资，用 SVE 表示中等职业教育投资，用 Y 表示非农就业。为了消除通货膨胀的影响，对教育经费支出的数据采用以 1994 年为基期的 CPI 进行平减；为了使数据更易趋于平稳并消除模型中可能存在的异方差，本节对所有研究变量取自然对数处理。因变量和自变量的描述性统计结果如表 4-15 所示，从 JB 统计量检验可以发现，研究变量数据分布与正态分布并无显著性差异，JB 统计量对应的 P 值大于 0.1。

表 4-15　变量描述性统计

变量	均值	中位数	最大值	最小值	标准差	偏度	峰度	Jarque-Bera	P 值
Y	5.963	5.915	6.571	5.651	0.302	0.700	2.212	2.366	0.306
HVE	1.096	1.045	2.860	-1.029	1.304	-0.179	1.627	1.845	0.398
SVE	2.174	1.790	3.298	1.358	0.676	0.492	1.617	2.640	0.267

4.5.2　职业教育投资与非农就业的协整关系分析

4.5.2.1　序列平稳性检验

首先通过单位根检验判断非农就业人数、高等职业教育经费支出和中等职业教育经费支出是不是同阶单整序列，从而确定这三个变量是否满足进一步协整检验的条件，ADF 检验结果如表 4-16 所示。结果显示原序列都接受存在单位根的原假设，即非农就业人数、高等职业教育经费支出和中等职业教育经费支出 3 个原序列是非平稳序列。对非农就业人数、高等职业教育经费支出和中等职业教育经费支出三个原序列进行一阶差分处理，ADF 检验结果显示这 3 个变量的一阶差分序列至少在 5% 显著性水平下拒绝存在单位根的原假设，即非农就业人数、高等职业教育经费支出和中等职业教育经费支出为一阶单整序列 I（0），满足同阶单整要求，进一步进行协整检验。

表 4-16　ADF 检验结果

变量	ADF 值	检验类型（C, T, K）	临界值（5%）	结论
Y	−1.108417	(C, T, 0)	−3.644963	不平稳
ΔY	−3.444997	(C, 0, 0)	−3.020686	平稳
HVE	−1.307790	(C, T, 0)	−3.644963	不平稳
ΔHVE	−4.188769	(C, 0, 0)	−3.020686	平稳
SVE	−1.860230	(C, T, 0)	−3.644963	不平稳
ΔSVE	−3.554982	(C, 0, 0)	−3.020686	平稳

4.5.2.2　协整检验

Johansen 协整检验是基于 VAR 模型进行检验，VAR 模型除了满足序列的平稳性要求外，还要根据 AIC 准则和 SC 准则来确定 VAR 模型的最优滞后期。本部分需要分别建立非农就业人数 Y 与高等职业教育经费支出 HVE、中等职业教育经费支出 SVE 的 VAR 模型，非农就业人数为因变量，高等职业教育经费支出 HVE 和中等职业教育经费支出 SVE 为自变量。建立 VAR 模型并进行最优滞后期检验，表 4-17 的结果显示滞后 1 期时这两个 VAR 模型的 AIC 值和 SC 值同时达到最小，故最优滞后期分别为 1。

表 4-17　最优滞后期检验

项目	Lag	LogL	LR	FPE	AIC	SC	HQ
HVE	1	47.35688	NA	4.49e−05*	−4.335688*	−4.136541*	−4.296812*
	2	48.29410	1.499567	6.16e−05	−4.029410	−3.631118	−3.951660
SVE	1	48.80554	NA	3.89e−05*	−4.480554*	−4.281407*	−4.441678*
	2	49.34980	0.870813	5.55e−05	−4.134980	−3.736687	−4.057229

注：*表示在 10% 的水平上显著。

分别分析高等职业教育投资和非农就业总量、中等职业教育投资与非农就业总量之间是否存在长期均衡关系。

表 4-18 的 Johanson 协整检验结果表明，在 5% 的显著水平下，变量 HVE 与 Y 具有一个协整关系，协整方程揭示了高等职业教育经费总

支出对非农就业总量增长的影响，并且表明两者之间存在长期均衡关系。长期来看，高等职业教育经费支出对非农就业增长具有正向影响，非农就业总量关于高等职业教育投资的长期弹性为 0.4，高等职业教育投资每上升 1%，非农就业总量大约增加 0.4%，说明高等职业教育投资对非农就业的促进作用明显。不过和各级普通教育投资对非农就业的长期促进效应相比，高于初级中学投资、低于小学教育投资、高级中学教育投资和普通高等教育投资。

表 4-18　Johansen 协整检验结果

项目	协整向量数目的原假定	特征值	迹统计量	显著水平为 5% 的临界值	P 值 **
HVE 与 Y	None *	0.847416	45.33364	20.26184	0.0000
	至多 1 个	0.243236	5.852773	9.164546	0.2024
SVE 与 Y	None *	0.652606	24.56656	20.26184	0.0120
	至多 1 个	0.106438	2.363322	9.164546	0.7048

注：0 * 或者 None * 表示原假设变量间不存在 Johansen 协整关系。Prob. ** 表示在给定的显著性水平 $\alpha = 0.05$ 时，将伴随概率 P 与给定显著性水平 a = 0.05 进行比较：若 P≤α，则拒绝原假设，接受备择假设；若 P>α，则接受原假设。

$$Y = 0.400384 HVE + 6.810243$$
$$(0.09982)　(0.16058)$$
$$Log\ likelihood = 48.04447$$

在关于 Y 与 SVE 的 VAR 模型中，Johanson 协整检验结果在 95% 的置信水平下拒绝无协整关系假设，说明 2 个变量之间存在协整关系；"至多存在 1 个协整关系"的原假设对应的迹检验统计量小于 5% 显著性水平下的临界值，说明在 95% 的置信水平接受最多存在一个协整关系的原假设。这一结果证明中等职业教育投资与非农就业存在长期均衡关系。长期来看，中等职业教育投资促进非农就业的作用非常显著，非农就业总量关于中等职业教育投资的长期弹性是 0.79。当中等职业教育投资每增加 1% 时，非农就业总量大约增加 0.79%。通过对比发现，非农就业总量关于中等职业教育投资的长期弹性不仅高于高等职业教育投资的长期弹性，而且高于各级普通教育投资的长期弹性，说明中等职业教育投资对新疆非农就业总量的长期促进效应最大。

$$Y = 0.787462SVE + 4.710042$$
$$(0.13243)\quad(0.29281)$$
$$\text{Log likelihood} = 52.15406$$

4.5.3　职业教育投资与非农就业的误差修正关系分析

前述协整方程反映了高等职业教育投资与非农就业、中等职业教育投资与非农就业的长期均衡关系。1987年恩格尔和格兰杰提出的格兰杰定理认定，一组具有协整关系的变量总能构建一个误差修正模型来表述它们之间的短期非均衡关系。很多研究者认为，误差修正模型既能反映不同时间序列的长期均衡关系，又能反映短期偏离对长期均衡的修正机制，是对长期静态模型的有益补充。下面引入向量误差修正模型（VECM）进一步分析 HVE 和 Y、SVE 和 Y 长期均衡与短期波动之间的相互关系。

表 4-19 的误差修正模型描述了高等职业教育投资、中等职业教育投资的均衡误差对非农就业短期的动态影响。高等职业教育投资的误差修正系数为-0.0888，中等职业教育投资的误差修正系数为-0.2469；ECM（-1）的系数在不同误差修正模型中均为负且对应的 T 值小于5%显著性水平的临界值为-1.96，符合反向误差修正机制。高等职业教育投资与非农就业的短期动态关系是，高等职业教育经费支出短期内每变动 1 个单位，非农就业总量将反方向变动 0.0458 个单位。这一数值较长期协整回归方程的要小 0.3546 个单位，且为反方向变动，说明高等职业教育投资对非农就业的长期影响更为显著。ECM（-1）的系数为-0.0888，说明长期均衡趋势误差校正项对非农就业的调整幅度为-0.0888，具有一定的调节作用。当高等职业教育投资对非农就业的影响偏离长期协整关系时，误差修正项 ECM（-1）将会把偏离拉回到均衡状态。中等职业教育投资与非农就业的短期动态均衡关系是，中等职业教育经费支出短期内每变动 1 个单位，非农就业总量将反方向变动 0.0992 个单位。这一数值较长期协整回归方程的系数要小 0.6882 个单位，且为反方向变动，说明中等职业教育投资对非农就业的长期影响更为显著。ECM（-1）的系数为-0.2469，说明当中等职业教育经费支出与非农就业总量的关系出现短期波动时，通过-0.2469 的调整力度向长期均衡状态靠拢。

表 4-19 职业教育投资影响非农就业的向量误差修正模型结果

项目	D（HVE）	D（SVE）
ECM（-1）	-0.088774	-0.246966
	（0.02936）	（0.08755）
	［-3.02320］	［-2.82081］
D（Y（-1））	-0.141807	0.036436
	（0.26706）	（0.21431）
	［-0.53100］	［0.17002］
D（X（-1））	-0.045757	-0.099206
	（0.07517）	（0.08666）
	［-0.60874］	［-1.14481］
C	0.059449	0.051034
	（0.02516）	（0.01459）
	［2.36296］	［3.49834］
R^2	0.395229	0.360652
F 值	3.485438	3.008493

注：（）为标准误差、［］为 T 值；ECM 为反映短期对长期均衡调整的误差纠正项。D（X（-1））在不同列分别指 D（HVE（-1））、D（SVE（-1））。

4.5.4 职业教育投资与非农就业格兰杰因果关系分析

通过 Johanson 协整检验和误差修正模型分别确定了高等职业教育投资、中等职业教育投资分别与非农就业总量的长期均衡关系和短期波动关系。变量之间的长期均衡关系是否具有因果性，可以通过格兰杰因果关系检验来验证。根据前面最优滞后期检验，格兰杰因果检验的滞后期数选择 1。结果如表 4-20 所示，在 10% 的显著性水平下，HVE 是 Y 的格兰杰原因，但 Y 不是 HVE 的格兰杰原因；SVE 是 Y 的格兰杰原因，但 Y 不是 SVE 的格兰杰原因。说明高等职业教育投资、中等职业教育投资分别与非农就业总量存在单向的格兰杰因果关系，滞后期数为 1 的高等职业教育投资变动是引起非农就业总量变动的原因，滞后期数为 1 的中等职业教育投资变动也是引起非农就业总量变动的原因。综合来看，职业教育投资的过去值对非农就业人数的变化有显著的解释能力，提升高等职业教育和中等职业教育的投资水平可以促进新疆劳动力向非农产业进一步转移，从而有利于就业结构的优化。

表 4-20 格兰杰因果关系检验

原假设	F 统计量	P 值
HVE 不是 Y 的格兰杰原因	4.03429*	0.0598
Y 不是 HVE 的格兰杰原因	0.00076	0.9783
SVE 不是 Y 的格兰杰原因	3.43334*	0.0804
Y 不是 SVE 的格兰杰原因	0.40622	0.5319

注：*表示在 10%的水平上显著。

4.5.5 职业教育投资与非农就业的脉冲响应和方差分解分析

4.5.5.1 非农就业对高等职业教育投资冲击的反应分析

从图 4-5 的脉冲响应来看，高等职业教育投资对非农就业既有替代效应，又有扩张效应。在滞后 4 期内，非农就业对高等职业教育投资冲击的响应为负，说明在这 4 期高等职业教育投资增加对非农就业的影响表现为替代效应。这可以理解为高等职业教育投资增加、规模扩张减少了简单劳动力数量和次要劳动力市场的就业量。在滞后 5~15 期，高等职业教育投资对非农就业总量的扩张效应显现，其中在滞后 5~8 期扩张效应增加最迅速，第 9 滞后期开始呈现平稳趋势。

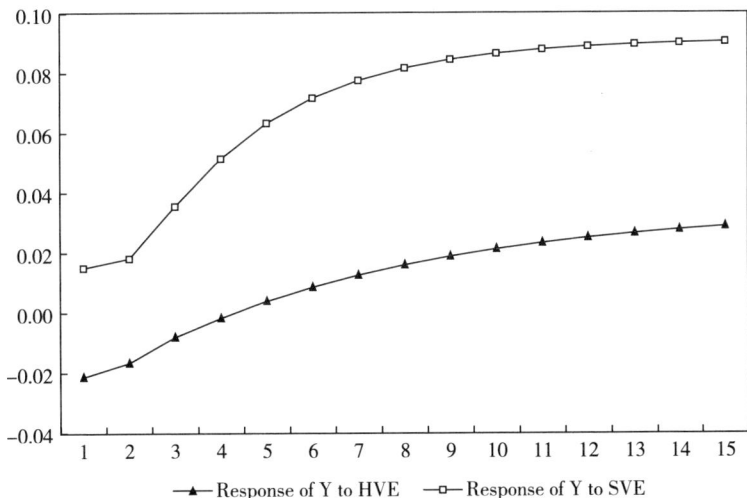

图 4-5 脉冲响应分析

由方差分解分析可知，非农就业变动的方差被高等职业教育解释的部分平均达28.83%。高等职业教育对非农就业波动的影响可以分成两个时期，滞后1~4期是第一个周期，滞后5~15期是第二个周期。第一个周期的解释力由强渐弱，滞后1期的值为26.16%；第二个周期的解释力日趋增强，第15滞后期达到最大为48.67%。这一结果与脉冲结果一致，第一周期高等职业教育投资对非农就业产生替代效应，且替代效应由大渐小。第二周期高等职业教育对非农就业发挥扩张效应，作用逐年增强。

4.5.5.2 非农就业对于中等职业教育投资冲击的反应分析

利用脉冲响应和方差分解分析来进一步对中等职业教育投资与非农就业总量之间的动态关系特征进行刻画。图4-5中上方红色曲线描述了中等职业教育投资与非农就业总量这2个变量间短期行为传递的过程和速度。非农就业对中等职业教育的脉冲响应均为正，说明中等职业教育对非农就业的扩张效应非常明显。其中在滞后1~2期中等职业教育投资对非农就业的正效应较弱，第3滞后期至第6滞后期传递速度加快，到滞后7~15期，中等职业教育投资对非农就业的正向响应均比较强，并具有较为稳定的持续性。在平稳期中等职业教育投资给予1个单位的冲击，非农就业的正响应达0.08630。这一结果说明，中等职业教育投资变动对非农就业会产生比较迅速的传递效应和较持久的扩张效应，增加中等教育投资对非农就业的促进作用非常明显。

中等职业教育投资对非农就业的方差分析可以看出，中等职业教育投资对非农就业的预测方差贡献率呈增大趋势，滞后1期和滞后2期的预测方差贡献率分别为12.28%和17.52%，滞后3~6期预测方差贡献率以增速13.81%增长，滞后10期开始预测方差贡献率达90%以上，在中等职业教育经费支出产生一个冲击后的第15滞后期，中等职业教育经费支出能够解释非农就业94%以上的变动。这一结果说明，中等职业教育投资对非农就业总量波动的贡献非常大（见表4-21）。

表4-21 变量方差分解

滞后期	高等职业教育经费支出	中等职业教育经费支出
1	26.16130	12.27888
2	26.38257	17.51546
3	22.55694	36.28086

滞后期	高等职业教育经费支出	中等职业教育经费支出
4	19.64096	55.84519
5	17.97673	69.31806
6	17.86344	77.71604
7	19.23501	83.01356
8	21.82579	86.49680
9	25.27810	88.89204
10	29.23346	90.60768
11	33.39166	91.88075
12	37.53146	92.85434
13	41.50759	93.61826
14	45.23601	94.23096
15	48.67693	94.73172

综合脉冲响应与方差分解分析结果，不难看出，短期内新疆职业教育投资对非农就业造成较大冲击影响，尤其中等职业教育投资对非农就业的促进作用为最大且迅速。同类型教育相比，中等职业教育投资对非农就业的冲击影响远远大于高等职业教育投资；同水平教育投资相比，中等职业教育投资对非农就业的作用大于普通高级中学投资的影响，高等职业教育投资对非农就业的作用小于普通高等教育投资的影响。甚至进一步对比发现，在各级各类教育投资中，中等职业教育投资对非农就业短期变动的冲击影响最大。这充分说明在新疆的非农就业规模变动中，中等职业教育的投资和发展起了很重要的推动作用。

4.5.6　职业教育投资影响非农就业的结果分析

结合前文协整方程所反映的长期均衡关系、VECM 反映的短期非均衡关系、变量间的格兰杰因果关系以及建立在 VECM 基础上的脉冲响应和方差分解分析，得出以下结论：

4.5.6.1　职业教育投资对非农就业产生促进效应

职业教育投资对非农就业显示出较高的长期扩张效应和短期促进效应，加大职业教育投资可以促进新疆劳动力非农就业。高等职业教育投资、中等职业教育投资和非农就业总量存在长期均衡关系，高等职业教育经费支出、中等职业教育经费支出的增加均对非农就业增长具有正向影响，高等职业教育投资、中等职业教育投资分别与非农就业总量存在单向的格兰杰因果关系，增加职业教育投资对非农就业的长期扩张效应显著。高等职业教育、中等职业教育投资对非农就业未来取值造成较大冲击影响，中等职业教育在滞后 1 期就显现出正向的扩张效应，高等职业教育在第 5 期显现扩张效应。综合来看，职业教育投资的过去值对非农就业人数的变化有显著的解释能力，提升高等职业教育和中等职业教育的投资水平可以促进新疆劳动力向非农产业进一步转移，从而有利于就业结构的优化。

4.5.6.2　中等职业教育投资对非农就业的长期扩张效应和短期促进效应最大

与其他各级各类教育相比，中等职业教育投资促进新疆非农就业总量的长期效应最大。非农就业总量关于中等职业教育投资的长期弹性系数为 0.79，不仅高于关于高等职业教育投资的长期弹性，而且高于各级普通教育投资的长期弹性。中等职业教育投资的短期非均衡关系的系数远远小于长期均衡关系的系数，说明中等职业教育投资长期拉动非农就业的作用非常显著。

中等职业教育投资对非农就业的短期促进效应最大。中等职业教育投资变动对非农就业会产生比较迅速的促进效应，对非农就业的正向冲击影响远远大于同类型的高等职业教育投资教育相比，大于同层次的普通高级中学投资的影响，大于其他各级各类教育投资对非农就业短期变动的冲击影响。中等职业教育投资对非农就业冲击的预测方差贡献率非常大，高于其他各级各类教育的贡献率。增加中等职业教育投资对非农就业的短期扩张效应非常突出。综合来看，新疆非农就业规模变动中，中等职业教育的投资和发展起了很重要的推动作用，控制中等职业教育投资对非农就业会产生迅速、持久的效果。

4.5.6.3　高等职业教育对非农就业的促进效应较低

高等职业教育投资对非农就业显示出长期拉动效应和短期扩张效应。高等职业教育经费支出对非农就业增长具有长期正向影响；高等职业教育投资的长期弹性系数为 0.4，其长期均衡关系系数大于短期非均衡关系系数。但高等职业教育投资对非农就业总量的长期拉动效应低于同类型的中等职业教育，低于普通教育投资中的小学教育投资、高级中学教育投资和普通高等教育投资，仅高于初级中学教育投资。高等职业教育对非农就业的短期促进效应具有滞后性，但在第 5 期出现后促进效应既持久也稳定。说明增加高等职业教育投资，从短期和长期来看，都对促进非农就业有积极作用。高等职业教育投资对非农就业的短期扩张效应仅在滞后 4~5 期高于普通高等教育投资，其他时期促进效应低于普通高等教育投资的影响也低于同时期其他类型和层次的教育投资。综合来看，高等职业教育投资对非农就业的促进效应较低。

4.5.6.4　高等职业教育对非农就业产生短期替代效应

高等职业教育投资在滞后 4 期内对非农就业表现出替代效应。随着时间推移高等职业教育投资对非农就业的替代效应呈现由大到小的趋势，到滞后 4 期趋近于 0。说明高等职业教育投资增加、规模扩张同样减少了新疆劳动力市场的就业量，高等职业教育培养的劳动力形成高水平的人力资本，能显著替代经济活动中的简单劳动。自我国实行社会主义市场经济以来，高等职业教育强调其"职业特性"，办学目标以就业为导向，培养目标瞄准市场需求，接受高等职业教育对于受教育者拓宽就业渠道、提高就业能力发挥显著的作用。投资高等职业教育，培养具有高等职业教育相应人力资本的劳动力，可以提高全社会的劳动要素生产率，同时促进区域经济增长。长期来看，高等职业教育促进经济发展的辐射效应较弱，高等职业教育促进非农就业的长期效应弱于普通高等教育。

4.6　小结

4.6.1　完成义务教育是新疆就业市场对劳动力人力资本水平的基本要求

小学教育形成的人力资本不足以在劳动力市场产生促进劳动生产率的内生效应。小学教育投资对非农就业的影响是间接性、长期性、累积性的，劳动力至少达到初中文化程度，获得参与非农就业的社会化能力和初级就业能力，才有可能在新疆非农就业市场就业。义务教育投资对非农就业的促进作用是基础性的，其对国民素质的提升要求投资主体对其促进就业的社会效应给予耐心。完成义务教育是新疆劳动力市场对劳动力人力资本水平的基本要求。确保义务教育投资力度只增不减，对新疆就业这一民生工程建设具有长远意义。

4.6.2　加大高级中等教育是新疆短期内促进非农就业的有效途径

高级中学教育和中等职业教育都属于高级中等教育。在新疆劳动力市场，高级中学教育投资和中等职业教育投资的变动对非农就业会产生比较迅速的促进效应。新疆第二产业以重化工业和资源能源密集型产业为主，第三产业主要以传统服务业为主，接受过高级中等教育的劳动力与当下产业结构需求契合度较高。劳动力接受高级中等教育，形成的文化素质和劳动技能有助于获得工作岗位而促进就业。新疆在较短时间内缓解就业问题，需要提高劳动者的一般文化素质和劳动技能，通过大力发展高级中等教育，尤其中等职业教育，从而促进全社会劳动力非农就业。中等教育投资没有产生就业替代效应说明劳动力接受中等教育产生的人力资本不能明显替代一定数量的简单劳动。高级中等教育投资的长期促进效应较强，说明控制中等职业教育投资对非农就业会产生迅速、持久的效果。进一步通过合理的投资支持高级中学教育和中等职业教育，推动劳动力人力资本提升，对于扩大全社会教育的就业效应非常重要。免费12年教育不仅可以提升劳动力的人力资本水平，从社会效应来看能够促进非农就业，潜移默化改变新疆就业的二元结构形态。

4.6.3　加大高等教育投资是促进新疆经济发展和非农就业的长远之计

新疆普通高等教育和高等职业教育对非农就业产生短期替代效应，说明高等教育产生的人力资本水平远远高于低层级的教育。接受高等教育使劳动力产生的高水平人力资本劳动，可以代替一定数量的低水平人力资本劳动力，在短期内经济发展水平一定的情况下，高水平人力资本的劳动力提高了劳动生产率，替换了一定数量的简单劳动力，就业质量替代就业数量导致全社会的非农就业小幅度减少。从长期来看，高学历的劳动力数量增加，高人力资本的聚集效应和辐射效应，使物质资本追加，人力资本与物质资本共同推动新疆的经济规模扩张，促进了全社会的经济发展。新疆经济规模的扩张既增加对人力资本劳动力的需求，同时人力资本聚集型产业往往与劳动密集型产业同步和配合发展，使劳动密集型产业同步发展，因此，也扩大了就业市场对简单劳动力的就业需求，从而产生更多的就业岗位。从长远看，高等教育投资不仅促进了经济发展，成为经济发展、全社会劳动生产率提高的源泉，也是全社会长远提高非农就业规模的重要路径。另外，高等教育的"蓄水池"作用，在较短的时间内缓解全社会供给低人力资本劳动力数量过多、全社会就业压力大的问题；长期来看，适龄劳动力通过高等教育的学习深造，提高了文化素质和劳动技能。高等教育输出的高水平人力资本劳动力提高了全社会的劳动力人力资本，优化的劳动力人力资本结构与新疆快速发展的产业需求结构更适切，有利于全社会的经济健康发展。

第5章　新疆非学校正规教育投资对非农就业的贡献分析

非学校正规教育指的是教育对象在非学校的正规教育机构中接受短期的、专门技术的训练，往往是非学历教育（郭熙保和周军，2007）。非学校正规教育是对新成长劳动力、待就业劳动力、已就业劳动力等现存劳动力资源进行有计划的教育培训，从而提高劳动力人力资本的重要途径。这种教育形式多种多样，如培训中心、教育中心、扫盲班等，受培劳动力在这些机构通常接受短期的、专门技术的训练（胡代光和高鸿业，2000）。人力资本和就业能力之间有着紧密关联和辩证关系，妥善地追加人力资本投资，使从业人员获得在职培训和技能学习机会，可以改善劳动力供给的结构，有助于适应不同工种和岗位的要求。在农业剩余劳动力集中的地区，教育培训有助于劳动力的合理流动，从而促使劳动力资源得到优化配置；通过教育宣传，有助于劳动者转变陈旧的劳动就业观念，促进就业问题的解决（范先佐，2008）。另外，随着科学技术的发展，知识和技能更新换代很快，就业者除了接受一定程度的教育或职业培训，具备从事一定的职业劳动所要求的知识体系与技能之外，还要做好接受继续教育或职业培训的准备，以更新知识结构、获取新的劳动技能。因此，以培训为主的非学校正规教育对于劳动力本人和区域人力资源开发都非常重要。

5.1　新疆职业培训促进非农就业的作用分析

5.1.1　职业培训是国民教育

职业培训作为职业教育的重要组成部分，是培养多样化人才、传承技术技能、促进就业创业的重要途径。《中华人民共和国职业教育法》第十四条规定，国家建立健全适应经济社会发展需要，产教深度融合，职业学校教育和职业培训并重，职业教育与普通教育相互融通，不同层次职业教育有效贯通，服务全民终身学习的现代职业教育体系。新疆职业培训以政府购买公共就业服务的形式投资。政府购买服务的补助支出包括职业培训补贴、职业介绍补贴、职业技能鉴定补贴等项目，其中职业培训补贴支出占政府购买就业补贴项目的90%以上。这些就业补贴资金主要以现金拨付、税收减免等形式投入到就业服务承接机构。重点支持农村转移就业劳动者、城乡未继续升学的应届初高中毕业生、城镇登记失业人员、贫困家庭劳动力。

新疆职业培训主要基于政府主导型的培训模式，依托技工院校、职业院校、企业培训机构、就业训练中心、民办职业培训机构等教育培训机构。2011～2013 年政府对民办职业培训机构、就业训练中心的投资保持在较高水平。2015～2017 年，政府购买民办职业培训机构和就业训练中心的投入有较大幅度的下降，虽然新疆在职业培训方面的经费投入总额比较庞大，但是将培训人数考虑在内，这一投资水平仍低于全国平均水平。

5.1.2　职业培训提升个体就业能力

职业培训是提高劳动者技能水平和就业创业能力的主要途径。国际劳工组织大会于 1964 年通过的《就业政策公约》认为职业培训是一项积极的就业政策，通过提升劳动力的劳动技能，促进劳动力就业，从而提高人们生活水平。温春继（2010）认为提高劳动力就业素质的方式有很多。就业培训是最为直接的一种，也是极为重要甚至不可或缺的一种方式。对失业再就业人员进行培训，帮助他们转换观念，提高他们的职业技能和创业能力，对促进实现就业和再就业具有积极的、重要的作用。张朝霞（2015）认为职业培训是劳动就业工作的基础，其目的是增强劳动者的就业能力与工作能力，促进社会经济发展与劳动就业。

职业培训通过提高受培劳动力的职业技能、提高语言表达能力、开辟就业渠道、更新劳动力的就业观念等进而影响就业结果。职业培训的主旨是加强受培对象实际操作技能训练，掌握生计所长，增加就业竞争的技能筹码。职业培训针对汉语运用能力不高的劳动力开展汉语培训专项，帮助语言能力较弱的劳动力过语言关，从而提高汉语表达能力和人际交往能力。职业培训通过对劳动者权益保护、法律知识、城市生活常识、求职技巧等方面的知识培训，提高了劳动力就业后的适应能力。职业培训机构通过引导劳动力树立正确的就业观念，提升就业意愿，激发劳动致富内生动力，调动待业劳动力就业积极性。

5.1.3 职业培训调节就业结构

我国已转向高质量发展阶段，经济发展方式正从规模速度型粗放增长转向质量效率型集约增长，经济增长从要素驱动、投资驱动转向创新驱动，对提高劳动者素质提出了更高的要求。我国经济在向形态更高级、分工更复杂、结构更合理的阶段演化过程中，市场用工需求与劳动力供给存在结构性失衡，企业"招工难"与劳动者"就业难"并存，就业总量矛盾和结构性矛盾亟待解决。职业培训是较短时间内缓解就业总量矛盾、缓解就业结构性矛盾最有效的举措。蔡昉（2005）认为，通过教育和培训提高劳动力素质和技能，改善人力资本存量偏低的现状，可以减轻劳动力市场上结构性短缺的压力。学术界基本达成共识，认为大力加强劳动力职业培训是实现经济转型升级的重要基础，可以提高人力资本在经济增长中的贡献份额，推动我国由人力资源大国向人力资源强国迈进，从而促进经济的稳定发展。依靠教育和职业培训加快新疆本土人力资源开发，是促进劳动力结构和产业结构适应，提高劳动力就业能力和市场竞争力的必然要求。培训可以增强劳动力转移就业的能力，改变劳动能力的性质和形态，通过教育和培训手段使劳动力进一步社会化，使劳动力转移就业后能够系统地融入社会经济结构。

2020年，我国全面实现了脱贫攻坚目标。巩固拓展脱贫攻坚成果，拓宽重点群体稳岗就业渠道，多措并举增加群众收入、助力乡村振兴是"十四五"新疆经济高质量发展的重要任务。富余劳动力为新疆高质量发展提供持续的人力资源，富余劳动力向非农产业转移就业，融入现代化经济发展的大潮中，为促进各民族交流交往交融、铸牢中华民族共同体意识、巩固脱贫攻坚成果起到重要作用。新疆有规模庞大的农村富余劳动力，因为文化程度低、缺乏技能傍身而容易成为隐性失业人群。职业培训作为提高劳动力人力资本，改变就业者劳动形态的重要教育形式，在促进劳动力非农就业、推动劳动力就业产业转移中具有基础性、先导性和持续性作用。针对有劳动能力、有就业意愿的农村富余劳动力，通过培训提供适应劳动力市场的知识、技能和能力，来拓展就业渠道、提升就业能力，促进其就业和稳定就业，实现增收致富，提高劳动获得感和生活幸福感，关系国家改革发展大局，关系民族团结和国家安定，关系中华民族的伟大复兴。

5.2　新疆职业培训运行主体与实施特点分析

5.2.1　新疆职业培训承接主体

自 2009 年以来，新疆统筹利用培训资源，广泛发动各级各类职业培训机构、职业院校和企业面向待培劳动力开展职业技能培训，形成了以政府补贴培训、社会资源培训、企业自主培训为主要供给，以民办职业培训机构、就业训练中心、企业培训中心、职业院校为主要载体的培训体系。除机关和企事业单位培训之外，新疆正规的各类中短期培训主要由民办职业培训机构、就业训练中心和各类技工学校承担。从表 5-1 可以看出，民办职业培训机构是新疆职业培训的主要社会力量。2011 年民办职业培训机构 307 所，是技工学校的 4.15 倍，是就业训练中心的 2.74 倍。2017 年民办职业培训机构 626 所，是技工学校的 6.14 倍，是就业训练中心的 4.38 倍。新疆各类职业培训机构数量近年均显著增加，民办职业培训机构数量增长最快，2017 年民办职业培训机构个数约是 2011 年的 2 倍；就业训练中心和技工学校的数量 7 年来小幅度增加，两者在 2017 年的数量分别是 2011 年的 1.28 倍和 1.38 倍。这些培训机构根据办学能力，开展面向社会的、多种形式的职业培训，使新疆的劳动力职业培训形成了政府推动与社会支持相结合的技能人才培养体系。

表 5-1　新疆职业培训机构个数　　　　　　　　　单位：所

年份	民办职业培训机构	就业训练中心	技工学校
2011	307	112	74
2012	390	80	83
2013	409	80	108
2014	467	54	108

年份	民办职业培训机构	就业训练中心	技工学校
2015	570	43	108
2016	512	35	108
2017	626	143	102

资料来源:《中国劳动统计年鉴》(2012~2018年)。下同。

5.2.2 新疆职业培训受培主体

新疆职业培训聚焦农业富余劳动力、初次就业劳动力、下岗失业人员、高校毕业生等重点群体,根据培训对象不同就业状态和培训需求实施就业技能培训、岗位技能提升培训和创业培训。新疆职业培训兼顾短期、中期和长期培训,畅通了从初级工、中级工、高级工到技师、高级技师等多层次培训的职业发展通道,基本可以满足就业困难群体精准化、个性化培训需求。

针对农业富余劳动力开展的转移就业培训和城乡失业人员开展的再就业培训是职业培训促进就业的最主要培训类型。这类培训一般是中短期培训,主要依托就业培训中心和民办职业培训机构,根据新疆经济与社会发展的需要和劳动力市场需求,开展就业知识和技能学习,通过从业前培训和再就业培训,使这两类劳动力具备初级职业技能水平,实现就业和再就业。2011~2017年,民办职业培训机构、就业训练中心和技工学校三类就业训练实体培训农村劳动者281.95万人次、培训下岗失业人员52.19万人次,分别占三类就业训练实体职业培训人数的52.19%和9.66%。

劳动预备制培训是针对初中毕业后和高中毕业后未继续升学的城乡新成长劳动力开展的储备性专业技能培训,对于提高新疆青年劳动力素质、培养劳动后备军起到重要作用。劳动预备制培训往往针对青年开展1~3年的职业培训和职业教育,提高预备劳动力的文化知识水平和汉语能力,引导其掌握一定职业需要的知识技能。在很多情况下,劳动预备制培训会通过考核发放特定职业资格证书。2011~2017年,民办职业培训机构、就业训练中心和技工学校三类就业训练实体开展劳动预备制学员培训13.49万人次,占三类就业训练实体职业培训人数的2.5%。

近年来,新疆努力扩大农村劳动力技能培训规模,实施职业技能提升行动，尤其针对乡村不同状态的就业群体开展差异化培训，初步建立农民工终身职业培训体系。对有外出转移就业意愿的劳动力开展引导性培训、专项技能培训、初级技能培训，帮助其掌握就业的一技之长。引导农村未升学初高中毕业生参加劳动预备制培训，开展储备性专业技能学习，力图消除农村新成长劳动力无技能从业现象。对已经就业的在岗农民工开展岗位技能提升培训，对具备中级以上职业技能的农民工开展高技能人才培训，确保已经就业的劳动力不至于因为缺乏技能而再次失业。

5.2.3　新疆各类机构培训实施特点

尽管各类就业训练实体的培训对象均包括农村劳动者、下岗失业人员、劳动预备制学员、在岗职工和其他群体，但根据培训机构的性质和资源优势，各类培训机构在职业培训人员类别上有倾斜和侧重。民办职业培训机构主要承担农村劳动者培训、下岗失业人员培训，2011~2017 年该类型机构针对这 2 个群体开展培训分别累计 148.5 万人次和 29.2 万人次；其中，培训的农村劳动者数量是就业训练中心的 1.9 倍，是技工学校的 2.6 倍；培训的下岗失业人员数量是就业训练中心的 1.9 倍，是技工学校的 3.8 倍。民办职业培训机构以短期培训和季节性培训为主。2011~2017 年，民办职业培训机构 6 个月以下的培训人员数量是 243.33 万，占培训总人数的 95.84%；6~12 个月的培训人员数量是 7.44 万，占培训总人数的 2.93%；1 年以上的培训人数是 3.11 万，占培训总人数的 1.23%。

就业训练中心承担了大部分公共投入性质的、与失业保障以及社会救助相捆绑的培训群体。就新疆而言，就业训练中心是下岗失业人员和农村转移劳动力培训的重要基地，7 年共培训农村劳动者 76.5 万人，培训下岗失业人员 15.3 万人，这两类培训人员的培训规模显著大于技工学校。就业训练中心以短期培训和季节性培训为主，7 年来开展 6 个月以下的培训 112.17 万人次，占培训总人数的 97.49%；6~12 个月的培训 2.34 万人次，占培训总人数的 2.03%；1 年以上的培训 0.55 万人次，占培训总人数的 0.48%（见表 5-2）。

技工学校的职业教育包括全日制职业教育与职业培训两部分。职业培训主要开展针对社会人员促进就业的中短期职业培训，包括劳动预备制学员、在职职工、下岗失业人员和农村劳动者。从受培群体的规模来看，技工学校是劳动预备制学员培训和在职职工培训的重要基地。2011~2017 年，劳动预备制学员培训人数达 7.10 万人次，是民办职业培训机构的 1.6 倍，是就业训练中心的 3.6 倍；在职职工培训达到 100.79 万人次，是民办职业培训机构的 2.2 倍，是就业训练中心的 9.5 倍。从这一数字和重点群体可以看出，技工学校开展的培训更倾向于针对具有组织性、培训内容要求更高、培训周期相对较长的群体（见表5-3）。

表5-2　各类培训机构不同时长培训的人员分布　　　　单位：万人

年份	民办职业培训机构			就业训练中心		
	6个月以下	6个月至1年	1年以上	6个月以下	6个月至1年	1年以上
2011	33.76	0.32	—	24.19	0.64	0.10
2012	33.18	0.40	0.12	25.15	0.57	0.07
2013	35.03	1.32	1.81	20.17	0.10	0.20
2014	36.40	1.10	0.73	16.97	—	0.12
2015	38.21	2.44	0.07	9.57	0.39	—
2016	36.78	1.04	0.12	3.85	0.11	—
2017	29.97	0.82	0.26	12.27	0.53	0.06
总计	243.33	7.44	3.11	112.17	2.34	0.55

表5-3　各类承培主体培训对象分布　　　　单位：万人

年份	民办职业培训机构				就业训练中心				技工学校			
	农村劳动者	下岗失业人员	劳动预备制学员	在职职工	农村劳动者	下岗失业人员	劳动预备制学员	在职职工	农村劳动者	下岗失业人员	劳动预备制学员	在职职工
2011	20.65	4.37	0.32	3.39	15.13	3.43	0.74	1.09	7.92	2.14	1.15	15.87
2012	22.13	4.77	0.40	3.36	19.48	3.12	0.57	1.19	10.87	0.95	1.20	20.41
2013	21.99	3.91	0.74	9.51	13.09	2.38	0.25	2.98	8.48	0.85	1.31	16.43
2014	23.10	4.11	0.91	5.29	12.40	2.72	0.07	0.65	8.82	1.08	1.27	14.22
2015	24.75	5.57	0.76	6.92	7.00	1.82	0.07	0.42	8.19	0.84	1.22	14.14
2016	19.80	4.04	0.27	9.10	2.49	0.73	0.04	0.35	6.47	0.89	0.95	9.88
2017	16.09	2.44	1.05	7.84	6.92	1.15	0.23	3.93	6.19	0.88	0.70	9.84
总计	148.51	29.21	4.43	45.41	76.51	15.35	1.96	10.61	56.94	7.63	7.10	100.79

5.3　新疆职业培训促进非农就业的效能分析

是否实现了政策目标是判断一项政策执行效果好坏的根本标准。职业技能鉴定和职业资格证书反映了受培劳动力的技能增进情况，促进就业是开展职业培训的出发点和落脚点。因此职业资格证书增持情况和培训后就业率可以衡量职业培训的效果。

5.3.1　职业培训增进受培劳动力技能的成效分析

众多专家学者通过研究证实，资格证书（Qualifications）和教育系统颁发的各类证书（Credentials），与劳动者获取劳动力市场就业机会之间的关系非常密切。在信息不对称的劳动力市场，通过职业技能鉴定获得的职业资格证书，为劳动者择业和用人单位雇佣劳动力提供客观公正的职业技能凭证，有利于促进劳动力资源的合理配置。

5.3.1.1　培训后获得职业资格证书的人员比例较低

新疆农业富余劳动力、城乡新成长劳动力的基数相对较大，职业技能有待提高。通过开展职业技能鉴定，推广职业资格证书制度，可以有效地鼓励城乡待业劳动力积极参加职业教育和培训，提高自身能力素质和市场竞争力。自治区要求受培对象参加职业技能培训，按规定程序和要求考核合格后，颁发培训合格证书、职业能力证书和职业资格证书。2011~2015年总计新增持职业资格证书人数221.30万人，占培训总人数的38.97%。其中2011年该地区新增持职业资格证书46.50万人，占培训总人数的36.76%,；2012年新增持职业资格证书47.30万人，占培训总人数的43.84%；2013年新增持职业资格证书50.00万人，占培训总人数的45.58%；2014年新增持职业资格证书40.60万人，占培训总人数的36.81%，2015年新增持职业资格证书的比例最少，只占到培训总人数的32.51%。从这些数据可以看出，经培训后鉴定合格并获得职业资格证书的培训人员比例较低（见表5-4）。

5.3.1.2　培训后新增持初级职业资格证书比重较高

国家技术性职业（工种）和职业资格证书分五个技术工人职称等级：初级技能、中级技能、高级技能、技师和高级技师。2011~2017年总计新增持职业资格证书人数243.83万人，其中，新增初级职业资格证书占各级各类证书总数的 83.31%，新增中级职业资格证书占各级各类证书总数的 12.31%，高级职业资格证书占 2.95%，技师和高级技师占 1.43%。从这一数据可以看出，新疆通过职业培训增加了全社会有技能的劳动者，但政府补贴培训绝大部分为初级工培训，培训层次和水平都较低，因此增加的有技能劳动力多为初级技能劳动力，全社会高技能的劳动力比重较少（见图 5-1）。

表5-4 职业培训获得资格证书情况　　单位：万人，万个，%

年份	新增持职业资格证书		专项能力证书	培养高技能人才
	人数	占培训总人数的比例		
2011	46.50	36.76	6.20	2.40
2012	47.30	43.84	6.50	2.30
2013	50.00	45.58	5.10	3.20
2014	40.60	36.81	—	2.30
2015	36.90	32.51	—	2.30

资料来源：《新疆统计年鉴》、新疆人力资源和社会保障厅网站的职业培训通报。

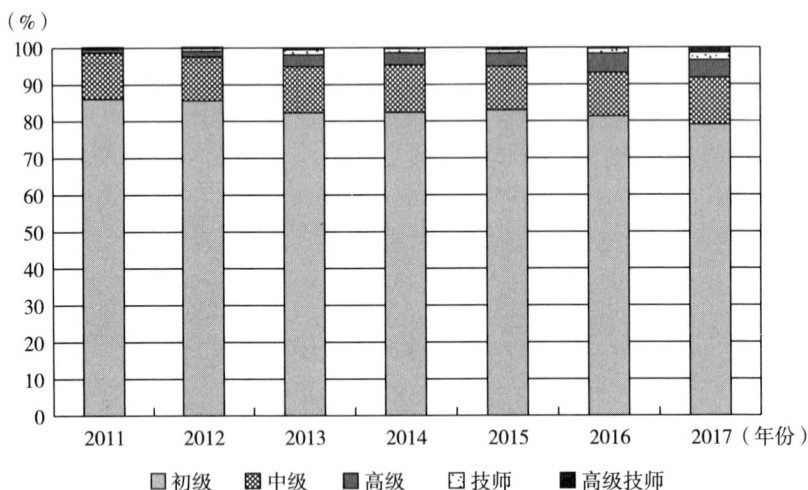

图5-1　2011~2017年新疆颁发职业技能证书数量

资料来源：《中国劳动统计年鉴》（2012~2018年）。

民办职业培训机构、就业训练中心和技工学校作为职业培训的主要承担主体，在技能培训层次上分别有所侧重。民办职业培训机构、就业训练中心培训劳动力并颁发初级职业资格证书的比例非常高。民办职业培训机构 7 年来培训并发放初级资格证书 161.76 万个，占该类培训机构各级各类证书总数的 94.55%，占三类培训机构总数的 57.68%。就业训练中心的职业培训主要以初级培训为主，7 年来培训并发放初级资格证书 68.72 万个，占该类培训机构各级各类证书总数的 93.78%，占三类培训机构发放初级资格证书总数的 24.5%（见表5-5）。

表5-5 各类培训机构培训人员获取职业资格证书情况　　　　单位：个

年份	民办职业培训机构				就业训练中心				技工学校			
	初级	中级	高级	技师和高级技师	初级	中级	高级	技师和高级技师	初级	中级	高级	技师和高级技师
2011	191669	17198	234	—	108269	5536	1339	240	115221	25374	10314	2116
2012	149965	11013	499	—	146131	2709	296	45	91042	34090	10052	3062
2013	241905	9568	1459	—	157226	437	176	—	68737	32559	12331	1814
2014	310120	9528	1501	3895	151165	2553	53	—	69135	25035	10909	2324
2015	294036	6821	5256	945	72855	1104	76	6	54218	27168	7998	1980
2016	183676	6761	512	—	19263	—	145	2	65406	19838	9092	3330
2017	246253	14751	2830	390	32323	27047	3733	78	36040	7617	5945	1964
总计	1617624	75640	12291	5230	687232	39386	5818	371	499799	171681	66641	16590

资料来源：《中国劳动统计年鉴》（2012~2018 年）。下同。

中级技术工人职称等级对社会人员的要求是取得初级技能证书并连续工作 5 年以上，高级职称要求取得中级技能证书 5 年以上，连续在本职业工作 10 年及以上；其他更高的职称等级都要相应的下一级证书和工作时长要求。根据调研，新疆主动参加培训的劳动力或者被动员参加培训的劳动力，大多数是没有参与过职业技能培训、没有获得过职业资格证书的人群，因此参加高一级职业技能培训并申请资格证书的比例较低。将三类主要培训机构资格证书发放情况比较发现，技工学校培训人员获得中级及以上职业资格证书的比例相对较高。其中，发放中级资格证书数量占到三类学校发放中级资格证书总数的 59.88%；发放高级资格证书数量占到三类学校发放高级资格证书总数的 78.63%，培养技师和高级技师的数量是三类培训机构总数的 74.76%（见表5-6）。

表 5-6　职业培训机构各级职业资格证书发放比重　　　　　单位:%

项目	民办职业培训机构	就业训练中心	技工学校
初级	57.68	24.50	17.82
中级	26.38	13.74	59.88
高级	14.50	6.86	78.63
技师和高级技师	23.57	1.67	74.76

5.3.1.3　承培主体促进劳动力职业技能提升的投资效率有差异

探讨职业培训投资促进劳动力职业技能的效率,可以用每增持 1 个职业资格证书的经费投入以及每万元促进职业资格证书增持数量来进一步分析。其中每增持 1 个职业资格证书的经费投入即当年职业培训经费/增持职业资格证书人数;每万元促进职业资格证书增持数量即当年获得职业资格证书的人次/当年职业培训经费支出(万元)。2011~2014 年,民办职业培训机构促进职业技能的效率相对较低,每增持 1 个职业资格证书的培训经费投入平均是 554 元,每万元促进职业资格证书增持数量约为 18 人次。2015~2017 年,民办职业培训机构促进职业技能的效率显著提高,每增持 1 个职业资格证书的培训经费投入平均是 180 元,每万元促进职业资格证书增持数量约为 56 人次。就业训练中心通过培训促进劳动力职业技能的效率要低于民办职业培训机构,2011 年、2012 年、2014 年和 2017 年就业训练中心通过培训促进职业技能提升的效率非常低,每增持 1 个职业资格证书的培训经费投入平均是 614 元,每万元促进职业资格证书增持数量约为 17 人次。2013 年、2015 年、2016 年就业训练中心通过培训增进职业技能提升的效率相比较高,每增持 1 个职业资格证书的培训经费投入平均是 247 元,每万元促进职业资格证书增持数量约为 45 人次。总体来看,用新增持职业资格证书的经费投入来看,民办职业培训机构促进劳动力职业技能提升的投资效率高于就业训练中心。

5.3.2　职业培训促进受培劳动力就业的成效分析

就业培训政策实施的主要政策目标是有效提升政策对象的劳动技能和工作能力,帮助其实现就业。可以说解决待就业劳动力的就业问题,是开展就业培训的最终目的,因此就业情况是衡量就业培训效果的最好指标。

表 5-7　职业培训经费促进职业技能的效率

年份	民办职业培训机构				就业训练中心			
	总经费（亿元）	增持职业资格证书人数（人）	每增持1个职业资格证书的投入（元）	每万元促进职业资格证书增持数量（个）	总经费（亿元）	增持职业资格证书人数（人）	每增持1个职业资格证书的投入（元）	每万元促进职业资格证书增持数量（个）
2011	1.1	209101	526	19	0.90	115384	780	13
2012	1.1	161477	681	15	0.80	149181	536	19
2013	1.3	252932	514	19	0.50	157839	317	32
2014	1.8	325044	554	18	1.00	153771	650	15
2015	0.6	307058	195	51	0.20	74041	270	37
2016	0.3	190949	157	64	0.03	19410	155	65
2017	0.5	264224	189	53	0.31	63181	491	20

资料来源：根据《中国劳动统计年鉴》（2012~2018 年）计算得出。

5.3.2.1　职业培训提高全社会就业规模

新疆坚持以就业为导向，组织农村新成长劳动力和拟转移到非农产业务工经商的农村劳动者参加职业培训，期望这些劳动力掌握专项技能或者初级技能，培训后能提高非农就业概率。对订单、定向、定岗就业人员，开展岗位技能培训，帮助其培训后直接上岗。对在乡镇特色产业部门、村社加工厂等就业人员和手工艺制作等居家就业人员，开展就地就近技能培训，强化实际操作技能训练和职业素质培养，促进就业增收。将短期内未就业的援助对象及时组织到职业培训中，并落实职业培训补贴政策。通过系列举措，职业培训成为促进就业较为快速的教育途径。

从城乡未就业人员、农业富余劳动力、城镇失业人员就业培训后就业结果可以看出，通过培训后实现就业的比例较高。仅 2011 年对城乡未就业劳动者开展就业技能培训，培训后就业达 59.6 万人次，培训后就业率达 61.80%。随后几年，培训后就业率呈每年上升趋势，2012年、2013 年、2014 年培训后就业率达 66.20%、75.40%、80.60%，这三年就业率相较前一年分别增加 4.4%、9.2%、5.2%。2015 年培训后就业率也比较高，为 71.93%。农业富余劳动力转移就业培训占到城乡未就业劳动力培训人数的半数以上，农业富余劳动力培训后转移就业的结果在很大程度上反映了职业培训的效果。2011~2015 年，农业富余劳动力培训后转移就业率分别是 61.8%、61.7%、80.0%、80.0%、71.5%，可以看出农业富余劳动力在 2011 年、2014 年和 2015 年的培训后就业率几乎和城乡未就业劳动者就业技能培训后就业率持平，2012 年略低于城乡未就业劳动力培训后就业率，2013 年略高于城乡未就业劳动力培训后就业率。针对城镇失业人员开展培训后就业率总体高于农业富余劳动力转移培训，较低时如 2011 年和 2015 年城镇失业人员培训后再就业比率为 74.9% 和 75.3%；较高时如 2012 年和 2014 年培训后再就业比率分别为 85.4% 和 80.8%（见表 5-8）。

表 5-8　主要年份职业培训后就业情况　　　　　　单位：万人，%

年份	职业培训总人数	城乡未就业劳动者就业技能培训			农业富余劳动力转移就业			城镇失业人员培训后再就业		
		培训人数	培训后实现就业	培训后就业率	培训人数	实现转移就业	培训后就业率	培训人数	实现就业	培训后就业率
2011	126.5	96.44	59.6	61.80	65.9	40.7	61.8	19.5	14.6	74.9
2012	107.9	83.53	55.3	66.20	64.7	39.9	61.7	10.3	8.8	85.4
2013	109.7	70.95	53.5	75.40	33.3	26.5	80.0	—	—	—
2014	110.3	65.88	53.1	80.60	47.2	37.7	80.0	7.8	6.3	80.8
2015	113.5	59.50	42.8	71.93	50.2	35.9	71.5	9.3	6.9	75.3

资料来源：《新疆统计年鉴》、新疆人力资源和社会保障厅网站的职业培训通报。城乡未就业劳动者培训后就业率不含在岗职工培训，2013 年农业富余劳动力培训人数特指季节性就业培训人数。

5.3.2.2　就业训练中心培训后就业率高于民办职业培训机构

民办职业培训机构和就业训练中心是城乡未就业劳动力职业培训最重要的承载主体。2011~2017 年，民办职业培训机构培训城乡未就业劳动力的比重为 81.06%，就业训练中心培训城乡未就业劳动力的比重为 90.19%。在城乡未就业劳动力培训构成中，民办职业培训机构的农村劳动者占 58.02%，就业训练中心的农村劳动者占 66.19%。这两类职业培训机构作为城乡未就业劳动力的最主要培训基地，培训后就业率最能反映职业培训的效果。从 2011~2017 年的数据来看，就业训练中心培训后就业率高于民办职业培训机构。民办职业培训机构 7 年来的培训后就业人数达 1597298 人，培训后就业率达 62.40%；就业训练中心 7 年来累计培训后就业人数达 781494 人次，培训后就业率达 67.62%，且 2013 年及以后这类培训机构的就业率均在 70% 左右（见表 5-9）。

表 5-9　主要职业培训承接主体培训后就业情况　　　单位：人,%

年份	民办职业培训机构					就业训练中心				
	培训人数	结业人数	就业人数	就业率	全国就业率	培训人数	结业人数	就业人数	就业率	全国就业率
2011	340801	306721	220839	64.80	83.93	249257	234302	168697	67.68	71.35
2012	336936	286390	234830	69.70	65.45	257901	209893	152973	59.31	81.43
2013	381615	324373	213302	55.89	62.39	204623	184161	141450	69.13	70.30
2014	382405	325044	260035	68.00	60.90	170857	153771	124554	72.90	66.15
2015	420320	352119	261024	62.10	61.87	103434	93068	70464	68.12	66.76
2016	379493	340950	216821	57.13	61.48	39620	35294	28326	71.49	63.34
2017	318091	264224	190447	59.87	61.63	130011	105785	95030	73.09	60.64
总计	2559661	2199821	1597298	62.40	65.45	1155703	1016274	781494	67.62	70.21

资料来源：《中国劳动统计年鉴》（2012~2018 年）。

5.3.2.3　"三定"培训促进就业取得良好效果

新疆各类职业培训承载主体关于有企业用工需求的"订单、定向、定岗"技能培训，以其较强的针对性而在促进就业方面取得明显成效。2018 年新疆岗前订单培训 9.6 万人次，实现就业 8.5 万人次，就业率达 88.5%。2013 年新疆 14 个地州市开展"三定"培训 37.7 万人次，培训后实现就业 29.56 万人次，就业率约为 78.4%。其中博州、克拉玛依、乌鲁木齐开展"三定"培训就业率达 90% 以上；阿克苏、和田、塔城和伊犁州直属这 4 个地区培训后就业率在 80% 以上；阿勒泰、巴州、吐鲁番市、哈密市的就业率在 70% 以上；只有喀什、克州和昌吉州三地区的该类型培训的就业率在 70% 以下。总体来看，"三定"培训后就业率高于其他类型培训的就业率（见表 5-10）。

表 5-10　新疆各地州 2013 年"三定"培训
促进就业情况　　　　　单位：人次,%

地区	培训数	就业数	就业率
阿克苏地区	46223	40663	88.00
阿勒泰地区	15429	11911	77.20
巴音郭楞蒙古自治州	23399	16667	71.20
博尔塔拉蒙古自治州	11435	11115	97.20

续表

地区	培训数	就业数	就业率
昌吉回族自治州	16120	11136	69.10
哈密市	8466	6690	79.00
和田地区	12127	10499	86.60
喀什地区	103260	65360	63.30
克孜勒苏柯尔克孜自治州	4605	2800	60.80
克拉玛依市	1100	1100	100.00
塔城地区	22222	18625	83.80
吐鲁番市	21919	16266	74.20
乌鲁木齐市	24530	22936	93.50
伊犁哈萨克自治州直属	40387	34054	84.30
自治区及中央单位	25769	25769	100.00
总计	376991	295591	78.40

资料来源：新疆维吾尔自治区人力资源与社会保障厅官方网站。

5.3.2.4 职业培训投资的就业率回报相对较高

新疆职业培训机构坚持以就业为导向，实施城乡劳动者职业技能培训计划，实施南疆农村劳动力技能培训工程，实施汉语培训等专项培训，试图提高劳动者就业能力和职业转换能力，全力帮扶培训人员实现就业，促进就业增收。为了提升培训机构的培训质量和培训人员的学习质量，新疆的培训补贴与培训合格率和就业状况紧密挂钩。所有机构的职业培训补贴实行"先垫后补"的办法，凡是参加职业技能培训或者专项职业能力培训的学员，在参加培训并获得相应的职业技能培训结业证书、职业资格证书和专项职业能力证书后，要尽力在6个月内争取就业。对于受培个体而言，在6个月内实现就业的学员，才能申请并获批100%的职业培训补贴；没有实现就业的劳动力，会按照培训补贴标准的60%或者以下给予补贴。所有培训机构的政府投入，都与培训后实现就业情况挂钩，如2018年规定培训机构组织培训并代为申请培训补贴的，培训后一年内就业率应达60%以上、一年内创业成功率应达30%以上才可以给予100%职业培训补贴。在这种约束机制下，各类职业培训机构均利用资源开辟就业渠道，为受培劳动力搭建就业平台，能更有效促进就业。

职业培训资金的投资效率可以用人均就业劳动力培训经费投入和每万元职业培训专项资金支出促进就业人数来衡量。从职业培训经费的人均投入来看，民办职业培训机构 7 年来培训经费共计 6.7 亿元，人均促进就业的投入为 419 元；就业训练中心 7 年来培训经费共计 3.74 亿元，人均促进就业的投入为 478.57 元。考虑到就业后给劳动力个人和家庭带来的经济收益以及给社会带来的社会收益，职业培训后促进就业的人均投入相对较低，投资效率较高。很多研究用每万元职业培训专项资金支出促进就业人数来衡量这一就业政策目标的实现情况。每万元职业培训专项资金支出促进就业人数即当年享受职业培训后实现就业的人数/当年职业培训资金支出（万元）。2011~2017 年民办职业培训机构的职业培训总经费为 6.7 亿元，就业人数总计 159.73 万人，每增加一个就业人数的经费投入平均约为 419 元，每万元促进就业人数平均为 24 人。其中 2015~2017 年的培训促进就业的效果要明显优于 2011~2014 年，后三年每万元促进就业人数是前四年的 2 倍（2016 年的经费投入异常）。就业训练中心 2011~2017 年的职业培训总经费为 4.0 亿元，就业人数为 78.15 万人，每增加 1 个就业人数的平均投入为 479 元，每万元促进就业人数平均为 21 人次，2015~2017 年该类机构每万元促进就业人数要明显高于前四年。综合这两类职业培训机构的就业促进效果可以看出，通过职业培训促进就业是投入相对较低，而就业率回报相对较高的有效途径。不追踪就业稳定性等就业质量的话，从短期看职业培训投资相对较低，确实提高了就业率（见表 5-11）。

表 5-11　职业培训资金的投资效率　　　单位：亿元，元，人

年份	民办职业培训机构					就业训练中心				
	总经费	就业人数	培训后就业人员平均投入	每万元促进就业人数	全国培训后就业人员平均投入	全国每万元促进就业人数	总经费	就业人数	每增加1个就业人数的平均投入	每万元促进就业人数	全国培训后就业人员平均投入	全国每万元促进就业人数
2011	1.1	220839	498	20	687	15	0.90	168697	534	19	384	26
2012	1.1	234830	468	21	923	11	0.80	152973	523	19	387	26
2013	1.3	213302	609	16	1117	9	0.50	141450	353	28	642	16

续表

年份	民办职业培训机构						就业训练中心					
	总经费	就业人数	培训后就业人员平均投入	每万元促进就业人数	全国培训后就业人员平均投入	全国每万元促进就业人数	总经费	就业人数	每增加1个就业人数的平均投入	每万元促进就业人数	全国培训后就业人员平均投入	全国每万元促进就业人数
2014	1.8	260035	692	14	1664	6	1.00	124554	803	12	482	21
2015	0.6	261024	230	44	2000	5	0.20	70464	284	35	503	20
2016	0.3	216821	138	72	1284	8	0.03	28326	106	94	602	17
2017	0.5	190447	263	38	1160	9	0.31	95030	326	31	737	14
总计	6.7	1597298	419	24	1220	8	4.00	781494	479	21	498	20

资料来源：根据《中国劳动统计年鉴》（2012~2018 年）计算获得。

5.4 新疆职业培训促进农村劳动力非农就业的案例分析

5.4.1 J 县职业培训实效案例

J 县位于新疆西南部，有 13 个少数民族集聚该地，农业人口占总人口的 91.48%。促进农业富余劳动力转移是该县的重要民生工程。该县坚持就业第一，民生优先的原则，始终把就业、创业工作作为改善民生的重要任务。在职业技能培训促进非农就业方面，该县强化政策扶持，积极整合各类资源，全县基本能完成当年农村富余劳动力转移目标。

5.4.1.1 就业促进资金来源以财政补助为主

J 县财政支持资金为就业资金的主要来源。2011 年就业专项资金收入 2605.59 万元，均来自自治区财政补助收入。2013 年就业专项资金收入 3313.4 万元，中央财政就业补助资金占 35.99%，自治区财政补助收入占 59.99%，另外，各地失业保险金提取促进就业资金占

3.92%。2016 年就业专项资金收入 5636.721 万元，中央财政就业补助资金占 48.24%，自治区财政安排就业资金占 29.91%，各地失业保险金提取促进就业资金占 12.92%；县级配套资金占 8.5%；利息占 0.39%。

5.4.1.2　职业培训经费支出占就业专项资金的比例稳定

J 县职业培训经费支出占就业专项资金的比例基本稳定在 20% 以上。2011 年就业专项资金支出合计 2731.67 万元，其中职业培训补贴 512.20 万元，技能鉴定补贴 136.00 万元，职业培训补贴和技能鉴定补贴占总支出的 23.73%。2012 年再就业资金支出共计 3206.35 万元，其中支付职业培训补贴 577.00 万元，支付职业技能鉴定费 123.20 万元，这两项占就业专项资金支出的 21.84%。2013 年就业专项资金支出合计 3076.77 万元，其中职业培训补贴 1060.46 万元，职业技能鉴定补贴 97.07 万元；两项合计占就业专项资金支出的 37.62%。2014 年就业专项资金支出合计 3373 万元，其中职业培训补贴 863.43 万元，职业技能鉴定补贴 79.13 万元，这两项占专项资金的 27.94%。2016 年就业专项资金支出 5259.58 万元，其中职业培训补贴（不含纺织服装企业岗前培训补贴）758.672 万元，职业技能鉴定补贴 82.14 万元，职业培训补贴和技能鉴定补贴占专项资金支出的 15.99%。

5.4.1.3　强化"三定"培训促进农业剩余劳动力转移就业

J 县大力开展职业技能培训，重点强化"三定"培训，努力实现职业技能培训促进劳动力就业。一是强化"订单"培训实现转移就业。充分发挥职业技能培训及乡镇实训基地作用，紧抓冬春农闲时节，采取集中培训与各乡镇分散培训的方式，重点围绕汉语、政策法规、职业道德、民族团结、职业技能等方面组织开展转移就业"订单"培训。二是依托"定向"培训鼓励创业就业。围绕重大项目建设组织焊工、电工、砌筑工、钢筋工、装饰装修工等技能培训，围绕家禽养殖、种植、设施农业、农民经纪人等组织开展致富技能培训，依据旅游、餐饮业发展组织具有新疆特色的餐饮、糕点、面点等烹调技能培训，发挥妇联组织妇女创业就业计划，大力开展手工刺绣、十字绣、地毯编织、手工编织等专项技能培训，根据农民意愿组织特殊行业挖掘机、装载机驾驶员培训帮扶就业再就业。三是加大新成长劳动力"定岗"职业培训力促转移就业。结合企业用工需求，积极宣传引导县工业园区有条件的企业开展新成长劳动力职业技能培训。依托自治区、地区新成长劳动力职业培训政策，采取校企合作、企业自主培训的方式大力开展新成长劳动力职业技能培训，培训合格后，直接与企业签订劳动合同、缴纳社会保险，实现长期稳定就业。

5.4.1.4 培训后半数获得资格证书或实现就业

2011～2016年，J县累计开展各类职业技能培训76878人次，通过职业技能鉴定获得职业资格证书50301人。2011年获得职业资格证书的人数占当年职业技能培训人次的55.08%，2012年获得职业资格证书的人数占当年职业技能培训人次的70.20%，2013年获得职业资格证书的人数占当年职业技能培训人次的58.76%，2014年这一比例为61.68%，2015年这一比例为72.9%，2016年这一比例为89.6%。其中，2013年开展职业技能培训13379人次；享受职业培训补贴7861人，占培训总人数的58.75%；实现就业人数7074人，占培训人数的52.87%，占享受补贴人数的90%。2016年职业技能培训参与人数为10428人次，享受政策人数4214人，实现就业人数4214人，占培训总人数的40.41%。

5.4.1.5 农村富余劳动力转移就业质量较低

结合J县农村富余劳动力的规模，可以看出该县职业培训累计人次较高。2011年J县有农村富余劳动力9.50万人，至2014年依然有10.95万人（见表5-12）。在考察的这6年时间内，职业技能培训人次达7.69万人。该县农村富余劳动力以2014年为基准计算，则培训人数和农村富余劳动力的比例是1:1.42。每一年该县转移就业人数超过富余劳动力人数，但是因为劳动力转移就业时间较短，第二年该县依然有庞大的富余劳动力亟待转移。根据访谈了解到，通过培训转移的劳动力，也会很快返回流出地或者失业，第二次就业依然比较困难。富余劳动力转移到非农产业的比例较低。2016年，J县农业富余劳动力转移就业中有50.84%的转移劳动力在第一产业就业，主要从事农业生产和季节性拾花工作；在第二产业就业的占14.29%，主要从事建筑业，电力、热力、燃气及水生产和供应业，制造业等相关工作；第三产业就业的占34.87%，主要从事批发和零售、住宿和餐饮、居民服务、修理和其他服务等行业。劳动力转移后外出务工时间较短，其中在6个月以下的占64.37%；6个月至1年的占9.58%；1年以上的占26.03%。农业富余劳动力转移就业流动距离比较近，其中在县域内就业的占63.90%，在本县之外本地州区域内的占22.46%，在疆内其他地州就业的占11.14%，在疆外就业的只占2.50%，且疆外就业更多需要依赖政府多渠道牵线搭桥，劳动力自主赴疆外并应聘就业的比例相对较低。

表 5-12 J 县开展农村劳动力职业技能培训和
转移就业情况　　　　单位：人，万人，亿元

年份	职业培训情况		农村富余劳动力转移就业		
	培训人数	取得职业资格证书人数	农村富余劳动力	转移就业人数	创收
2011	14550	8014	9.50	8.46	4.68
2012	12186	8555	9.98	8.90	5.90
2013	13379	7861	9.98	10.19	6.30
2014	12606	7776	10.95	10.92	7.70
2015	13729	8752	—	11.34	10.22
2016	10428	9343	—	11.09	11.50
总计	76878	50301	—	60.8976	46.30

资料来源：J 县人力资源和社会保障局内部资料。

5.4.2 Q 县职业培训实效案例

北疆区域的 Q 县，当地从事农牧业的人口比重较高，劳动力向非农转移是提高居民收入的重要途径。Q 县坚持促进培训与就业相结合，以促进稳定就业为目标，根据企业用工，组织开展职业技能培训，使农业富余劳动力获得职业技能证书，提高就业能力和工作能力。

5.4.2.1 农业富余劳动力培训规模较大，培训后获得资格证书和就业比重高

农村劳动力是 Q 县职业技能培训的主体，2011～2016 年职业技能培训参与人数共计 25807 人次，培训农村劳动力 17940 人次，占到培训总人数的 67.42%，其中 2014 年和 2015 年的农村劳动力占总培训人数的比例超过 80%（见表 5-13）。在培训计划之前，该地区对劳动力资源状况进行调查，收集各类培训需求，依托民办职业培训机构、地区职业技校、自治区团校、职业中学作为培训基地，有针对性地开展各类培训。培训工种较多，针对非农行业的培训有汽车维修、摩托车修理、木工、电工、电焊工、烹调、手工艺编结、砌筑工、机绣、手绣工、服装缝纫、农机修理、汽车驾驶员、动物防疫、餐厅服务员、客房服务员等工种。针对一些待业劳动力汉语水平较低的情况，大力开展就业常用汉语培训。以提高就业语言交流能力为目标，采取以村为单位，利用农村小学、党员电教室、农牧民文化技术学校等多种形

式开展就业日常用语和就业岗位常用汉语培训。该县根据农牧民的要求和地域环境的实际情况，将培训班开到了乡村，增强了培训的实效性。

表 5-13　Q 县农业富余劳动力培训规模　　　　　　　单位：人，%

年份	职业技能培训规模		取得职业资格证书情况		就业技能培训后就业人数	
	总人数	农村劳动力	总人数	农村劳动力	总人数	农村劳动力
2011	4701	72.92	1950	80.15	1312	72.41
2012	7565	61.14	2378	70.61	6181	61.41
2013	5122	71.26	2623	65.42	4272	79.38
2014	3065	85.64	2459	89.87	2493	86.40
2015	2984	80.03	1967	87.04	3242	84.05
2016	2370	51.65	1416	—	1906	55.67

资料来源：Q 县人力资源和社会保障局内部资料。下同。

农村劳动力培训获得职业资格证书的比例较高，2011～2016 年颁发职业资格证书 12793 个，每年农村劳动力取得资格证书的人数约占职业资格证书总数的 78%，其中 2014 年和 2015 年农村劳动力获得资格证书的比例接近 90%。农村劳动力培训后就业比例与培训规模相匹配，2011～2016 年劳动力参加就业技能培训后就业共计 19406 人次，农村劳动力占到培训后就业总人数的 72.54%，其中 2014 年和 2015 年农村劳动力培训后就业比重较高。从以上数据可以看出，农村劳动力参加职业技能培训人数、取得职业资格证书人数与培训后就业人数成同方向变化，职业技能培训在一定程度上促进了农村劳动力获得职业技能，有助于劳动力转移就业。

5.4.2.2　职业技能培训人均投资不稳定，培训后就业率呈升高态势

各类培训机构的经费来源主要以培训补贴为主，根据实际获得职业培训的补贴人数来看，人均培训补贴金额比较可观，2012～2015 年实际获得培训补贴人均在 1000 元以上，2016 年略低于 1000 元，2011 年人均为 686 元。但是，这些经费支持当时实际的培训规模，则资金捉襟见肘，尤其 2011～2013 年人均培训经费为 294.92 元、154.36 元、129 元。2014～2016 年这一情况得以改善，按照实际培训人数来计算，人均培训经费大幅度上升，分别是 809 元、1170 元和 1035 元。Q 县获得培训补贴的参培农村劳动力规模远远低于实际培训人数，尤其 2012

年和 2013 年实际获得补贴的人数是参培人数的 9%~12%，这种现象的出现，与当年县财政就业培训资金短缺，导致职业培训补贴和职业技能鉴定补贴落实不到位有密切关系。不过，职业技能鉴定补贴相对比较稳定，2011 年人均职业技能鉴定补贴是 149 元，2016 年人均 144 元，5 年没有太大变化（见表 5-14）。

表 5-14　Q 县农村劳动力转移就业培训效率　　　单位：万元，人

年份	职业技能培训补贴	职业技能鉴定补贴	技能培训人数	获得培训补贴人数	获得鉴定补贴人数	获得资格证书数	培训后就业人数
2011	101.10	10.4	3428	1473	699	1563	950
2012	71.39	5.26	4625	412	463	1679	3796
2013	47.36	—	3650	451	—	1716	3391
2014	212.49	5.44	2625	1624	366	2210	2154
2015	279.40	31.37	2388	2291	2301	1712	2725
2016	126.69	18.39	1224	1383	1280	—	1061

职业技能培训成效的第一个衡量指标就是培训后获得资格证书的比例，2011~2013 年培训后获得资格证书的比例较低，分别是 45.6%、36.3% 和 47.01%。2014~2015 年培训后获得资格证书的比例相对提高，占 84.19% 和 71.69%。说明随着职业培训效果的提升，获得职业资格证书的比重提高。从资格证书的等级来看，农业劳动力参加的职业培训基本是初级职业技能培训，参加中级和高级的人数非常少。2011~2016 年 Q 县颁发的职业资格证书中，初级资格证书比重有 4 年均在 90% 以上，中级职业资格证书只有 2012 年、2013 年和 2015 年超过 10% 或者接近 10%（见表 5-15）。职业技能培训的目标是促进劳动力就业。Q 县职业培训与市场需求相结合，主动加强与企业的联系，根据市场需求设置培训专业，积极争取"订单"培训，努力提高受训农民的转移就业率。Q 县农业劳动力参加职业培训后，通过自谋职业、自主创业、灵活就业、季节性就业等形式实现就业和再就业的比率较高。除了 2011 年培训后就业率较低外，2012~2016 年农村劳动力培训后就业的比重均比较高，这 5 年中 2014 年最低为 82.06%，2015 年最高达到 93.17%。根据调研得知，参加培训后的农民，有的进入当地企业上班，有的选择到外地就业；培训后实现非农就业的劳动力主要集

中在水利、建筑、餐饮服务等行业。

表 5-15　Q 县职业技能培训发放各级职业资格证书比重　　单位:%

年份	初级	中级	高级
2011	91.49	7.49	1.03
2012	79.52	18.92	1.56
2013	89.34	9.69	0.97
2014	98.87	1.13	0.00
2015	90.95	9.05	0.00
2016	100.00	0.00	0.00

5.4.2.3　农业劳动力培训后就业质量有待提升

以上数据分析说明职业培训促进就业的短期效果较好。但是，通过培训实现就业的劳动力就业稳定性低，就业收入低。通过调研发现，每年转移就业的劳动力，多以季节性就业为主，转移就业后返乡，则再次陷入失业状态。培训后转移劳动力就业收入偏低，2009~2011 年培训后转移至疆外就业的劳动力平均工资水平是 2000 元，2012~2016 年培训后转移劳动力平均工资水平是 2500 元。将转移劳动力的外地生活成本计算在内，则转移就业后收入水平比较低。追溯培训后转移就业不稳定和就业收入低的原因，主要是职业技能培训质量低，获得的技能在市场上没有竞争力。职业培训内容针对性不够强。在培训科目上，传统的如计算机、电焊、美容美发、缝纫编织、家政服务等行业的培训，随着市场和社会的发展，已不能完全适应多样化的市场需求，无法满足农牧民的实际需要，而新兴的电子商务、汽车维修培训对学员自身素质要求较高，培训周期较长，针对农民工群体难以取得实效。同时，农牧民培训具有教育对象分散且流动性大，即使来参加培训的人员，在培训态度上不主动，造成个人培训获得水平低。

5.5　新疆职业培训投资促进非农就业困境分析

很多学者证实职业培训对就业的积极作用。但也有学者认为职业培训的作用不是绝对的积极、正面影响。James J. Heckman 等（1997）研究认为当职业培训计划实施有效时，可以使经济上处于劣势的人减少贫困，使失业者的就业概率适度提高。但是职业培训不足以使许多人脱离贫困，也不足以较大幅度地降低失业率。甚至是政府资助的培训服务较大幅度增加，也不可能使劳动力的技能大大提高。他认为出现这一结果的原因是大规模的培训计划，往往人均培训投入非常低，这些计划中大多数的成本仅每个参加者几千美元或更少。新疆坚持"以培训促就业、以就业促增收、以就业促稳定"为宗旨，每年有近半数的人员通过职业培训后实现就业。但是不可否认的是，第二年依然有同样规模的城乡劳动力处于待业状态，转移劳动力难以实现稳定就业。所以，从新疆职业培训促进就业的实施效能来看，职业培训投资确实促进了当年非农就业的数量，但是通过培训渠道转移的劳动力，大多数是短期就业，转移到企业实现稳定就业的比重较低。通过对南疆的 L 县、J 县、B 县及北疆的 Q 县、S 县 5 个县域 10 名职能部门工作人员和 5 名受培者的访谈调研，发现劳动力通过培训转移就业后又快速失业的情况非常普遍，这一问题的原因是职业培训质量较低，职业培训产生的就业促进效应持续时间很短。职业培训质量偏低与职业培训投资的长效机制缺失、职业培训缺乏针对性、职业培训质量缺乏有效监督关系密切。

5.5.1　培训资金投入不足，服务供给质量偏低

5.5.1.1　职业培训投资主体单一，培训质量受到制约

新疆各类职业培训的投入严重依赖政府财政，企事业单位和社会团体并没有把这项投入作为自己的责任或义务，培训对象亦在促进就业的职业培训中不用支付学费。这一投入机制致使投入主体单一，资金来源渠道少而窄。在政府投入资金捉襟见肘的情况下，一些培训组织为了保证自己的收支平衡，尽可能压缩培训。这样做的结果是，相当部分培训机构提供成本比较低的基础性培训，培训内容主要集中于理论的讲解，培训质量随之降低，难以满足市场培训需求。由于培训任务重，政府力量有限，培训工作进展比较缓慢。

5.5.1.2　职业技能培训师资数量短缺，教师专长结构亟待优化

新疆职业培训师资力量薄弱。各类职业培训机构的师资均由在职教师和兼职教师两种类型构成。民办职业培训机构和就业训练中心多数年份的在职教师数量略高于兼职教师数量。纳入兼职教师数量，民

办职业培训机构的培训学员人数与教师数的比例呈下降趋势，2011 年培训学员人数与教师数的比例是 67：1；2017 年培训学员人数与教师数的比例降至 31：1，说明民办职业培训机构的教师力量配备在不断增强。就业训练中心的生师比随着培训学员人数的下降而降低，2011年培训学员人数与教师数的比例是 160：1；2017 年培训学员人数与教师数的比例降至 52：1。通过生师比可以看出，虽然近年来新疆职业培训的师资配备水平在提高，但依然存在职业培训的师资较为缺乏，生师比明显较高的情况。通过两类培训机构的师资力量对比发现，民办职业培训机构作为新疆职业培训的主要社会力量，师资力量较强；就业训练中心作为职业培训的公办机构，师资力量更为薄弱（见表 5-16）。

表 5-16　新疆民办职业培训机构和就业训练中心师资队伍构成

年份	民办职业培训机构				就业训练中心			
	在职	兼职	教师总数	生师比	在职	兼职	教师总数	生师比
2011	2935	2159	5094	67：1	866	694	1560	160：1
2012	3127	2414	5541	61：1	722	602	1324	195：1
2013	3790	2839	6629	58：1	722	602	1324	155：1
2014	4459	4008	8467	45：1	487	514	1001	171：1
2015	5163	3534	8697	48：1	357	303	660	157：1
2016	5039	4584	9623	39：1	472	478	950	42：1
2017	5076	5199	10275	31：1	659	1834	2493	52：1

资料来源：《中国劳动统计年鉴》（2012~2018 年）。

除了教师数量的问题，教师的专长结构和授课水平亟待提高。培训高质量供给和需求矛盾十分突出，劳动者对必须持有职业资格证书才能上岗的工种有着较高的培训报名热情，比如电工、汽车驾驶等，但教授这些技能的培训教师力量不足，不能提供相应的课程。加快培养既能讲授专业知识又能传授操作技能的教师队伍对于培训机构的持续性发展非常重要。其他一些县域培训也存在培训授课者高水平、有经验的人极度缺乏，培训课程设置同质化严重的问题。教师数量和水平的现状，制约着培训机构的培训能力和质量。

5.5.1.3　基础培训资源缺乏，培训机构资源亟须整合

县域职业培训人力资源和基础设施建设相较地市一级严重缺乏。如 2016 年 L 县各类职业技能培训教师仅有 81 名，当年该县需要培训

和待转移农业富余劳动力约为 6.38 万人，教师资源严重缺乏。另外，由于综合性公共实训基地建设资金不足，一些县域职业技能培训中心缺乏实训基地、实训厂房或者培训设备，部分培训设备滞后或者尚未配备齐全，硬件设施的缺乏和陈旧不利于建立长效、高质量的培训机制。

5.5.2　培训内容适用性弱，培训后就业质量低

5.5.2.1　职业培训以传统项目为主，与市场需求存在脱节

新疆县域的职业培训工种集中于低层次、传统的项目，与当下市场对劳动力技能结构的需求存在脱节。2016 年，Q 县职业培训总数 2825 人，供选择的培训工种有家畜（禽）饲养、汽车维修、摩托车修理、木工、电工、电焊工、中式烹调、手工艺编结、砌筑工、机绣、缝纫、砌筑等十几个工种。培训工种主要由服装裁剪和缝纫工，手工地毯制作和工艺编结工，装饰装修工、砌筑工、钢筋、架子、管工，电工和电焊工，装载机和挖掘机、中式烹调师和中式面点师等。可以看出各县域培训机构虽多，培训规模可观，但主要以服装加工、民族传统工艺、建筑装修、传统机械、餐饮服务等传统行业培训为主。随着市场和社会的发展，传统工种已不能满足城镇经济发展规划的短缺实用人才需要。通过调研也发现，城镇经济发展需要新兴产业如电子商务、机械制造、人工智能、现代农业产业化等相关内容，这些培训对学员自身素质要求较高，培训周期较长，培训成本较高，针对重点转移群体培训难以有效开展。因此培训服务供给同产业升级、科技进步的需求存在较大差距。

5.5.2.2　职业培训层次低端，缺乏高技能培训

通过职业培训虽然有技能的劳动者每年在大规模增加，但政府补贴培训绝大部分为初级工、中级工培训，培训层次和水平都较低，因此增加的有技能劳动力多为初级技能劳动力，全社会高技能的劳动力比重较少。如 L 县 2016 年开办各类职业技能培训班 110 个，其中初级培训班 105 个，中级培训班 1 个，创业培训班 1 个。2011~2017 年新疆总计新增持职业资格证书人数 243.83 万人，新增中级职业资格证书占到各级各类证书总数的 12.31%，高级职业资格证书占 2.95%，技师和高级技师占 1.43%，高技能人才的培训总量显著不足。另外，高技能人才培训机构的资质认定权限目前尚未下放至地州一级，限制了地州高技能人才培训产业的供给，不能满足地州产业发展对高技能人才的需求，无法解决社会的"结构性失业"和"结构性用工难"的问题。

5.5.2.3　职业培训周期短，转移就业稳定性差

受培训能力、培训收益的影响，培训机构多选择低层次、低成本、培训时间短的职业开展培训。如民办职业培训机构和就业训练中心主要以短期培训和季节性培训为主，2011～2017 年民办职业培训机构 6 个月以下的培训人员数量是 243.3 万人次，占培训总人数的 95.84%；就业训练中心 7 年来开展 6 个月以下的培训 112.2 万人次，占培训总人数的 97.49%。培训时间短，资金投入少，不利于培训对象掌握一门技术。相当部分劳动力参加了就业技能培训班，但对培训内容的掌握程度很低，未达到培训的要求和目的。新疆每年组织参加职业培训的比例较高，但是每年都有数量庞大的待业劳动力需要转移，这与外出务工的劳动力返乡率较高有很大关系。近年来，农村富余劳动力向内地省市的劳务输出逐年增长，然而劳动力转移主要是典型的"候鸟型"转移，富余劳动力输出后"回流"情况较为突出。

5.5.3　受培者综合素质低，培训和就业效果差

5.5.3.1　劳动力被动参加职业培训，参与积极性不高

调研发现，劳动力的观念偏差和培训的"含金量"不足都会造成就业需求者培训积极性不高。一方面，劳动力自身参与职业培训的驱动力不足。一批劳动力传统观念较强，思想植根乡土，不愿离开家乡、离开土地外出务工。这些落后观念和传统思想在精神层面束缚了劳动力，导致一些城乡劳动力参加职业技能培训的意识淡薄，主动性不强。另一方面，职业培训过多依赖政府大包大揽使一些劳动力错误认为参加培训是完成任务。农业劳动力转移培训，基本上靠政府出面组织。一部分人没有认识到参与培训对个人能力素质提升的价值，学习没有毅力和恒心，这样的群体往往很难坚持培训到最后，成为培训后弃考或者不参与职业技能鉴定的人群。另外，低层次的培训降低了劳动力的培训需求。一些劳动力听说接受就业技能培训后，并没有学到实用性的就业技能，实际工作能力并没有大的提升，参与就业培训的意愿随之降低。低层次的就业出路也进一步让待培训劳动力觉得没有必要花更多的时间和精力去接受培训。

5.5.3.2　劳动力供给与市场需求存在差距，劳动力转移就业层次较低

由于劳动力的学历偏低，掌握技能普遍偏低，制约了转移就业的层次，造成了转移劳动力大多数从事技术含量较低的体力劳动，就业岗位集中在农畜产品的粗加工、服装鞋业加工、饮食业、建筑业等技

术含量不高的劳动密集型行业。现有劳动力供给与素质以及培训规模、培训质量与市场需求还存在很大差距。通过培训转移的劳动力，依然存在语言水平、技能素质与岗位要求不匹配的问题。如：有的企业要求劳动者须懂汉语或熟悉计算机操作；有的企业要求劳动者须具备一定的实践工作经验；有的招聘岗位要求劳动者一专多能。各类企业对具备一定技能水平和专业职称的劳动者需求幅度较大，低素质劳动力就业的难度增大。企业招工难与求职就业难同时存在，结构性矛盾较为突出。

5.6　小　结

职业培训作为国民教育的重要组成部分，通过影响个体就业能力、调节就业结构而对非农就业产生影响。新疆职业培训主要由民办职业培训机构、就业训练中心、技工学校作为承培载体。职业培训聚焦农业富余劳动力、初次就业劳动力、下岗失业人员、高校毕业生等重点群体，根据培训对象不同就业状态和培训需求实施就业技能培训、岗位技能提升培训和创业培训。民办职业培训机构主要承担农村劳动者培训、下岗失业人员培训，就业训练中心承担了大部分公共投入性质的、与失业保障以及社会救助相捆绑的培训群体。

职业技能培训对促进新疆非农就业有一定的贡献。新疆通过职业培训增加了全社会有技能的劳动者。根据证书发放比例可以看出政府补贴培训增加的有技能劳动力多为初级技能劳动力。民办职业培训机构促进劳动力职业技能提升的投资效率高于就业训练中心。职业培训提高了全社会短期就业规模，农业富余劳动力通过培训实现短期转移就业的人数均在培训规模的半数以上。"三定"培训后就业率高于其他类型培训的就业率。就业训练中心培训后就业率高于民办职业培训机构。从短期就业促进效果去衡量，通过职业培训促进就业的投入相对较低，而就业率回报相对较高。

以南疆的 J 县和北疆的 Q 县为例，进一步分析职业培训促进就业的效能发现，在农村富余劳动力较多县域地区，农村劳动力通过职业技能培训后半数获得资格证书或实现就业，短期内实现就业的效果明显。但是农村富余劳动力转移就业质量普遍较低，转移就业时间较短，通过培训转移的劳动力会很快返回流出地或者第一产业，很多农业劳动力过剩的县域每一年都有庞大的富余劳动力亟待转移。

基于访谈得知，从新疆职业培训促进就业的实施效能来看，职业培训投资确实促进了当年非农就业的数量，但是通过培训渠道转移的劳动力，大多数是短期就业，转移劳动力难以实现稳定就业。这一问题的原因是职业培训质量较低，职业培训产生的就业促进效应持续时间很短。职业培训质量偏低与职业培训投资的长效机制缺失、职业培训内容与市场需求脱节有密切关系。

第6章 新疆教育投资对非农就业质量的贡献分析

审视教育投资对非农就业的贡献，不仅要观察对就业数量的影响，更要关注对就业质量的影响。教育投资对非农就业数量的影响，着眼点在于全社会就业数量的问题，是从宏观角度审视教育投资对非农就业的贡献。教育投资对非农就业质量的影响，着眼点在于劳动力就业状况，是从微观角度探讨教育投资收益。就业质量问题是关系劳动力就业收入、就业稳定性的民生根本问题。根据教育投资影响就业质量的机理，教育投资以人力资本为中介，影响劳动力非农就业机会、非农就业决策、非农就业适应能力、非农就业收益能力，进而总体影响非农就业质量。第5章关于非学校正规教育投资的分析发现，培训投资确实使农业剩余劳动力从隐性失业状态转为就业状态，但是就业稳定性差、就业时间短，总体就业质量不高，职业培训存在现实困境。学校正规教育投资作为人力资本投资的最重要形式，是否比非学校正规教育更能促进劳动力非农就业的质量？本章以学校正规教育投资的就业质量效应为研究问题，使用微观调查数据，进一步分析新疆教育投资对非农就业的贡献。

6.1 新疆教育投资可以提升非农就业质量

6.1.1 劳动力质量影响就业质量

就业质量是就业结果的综合性评价指标，反映的是就业过程中劳动力与生产资料结合的优劣状况。人力资本理论认为，教育是人力资本投资的主要形式，可提高劳动生产率，进而提高劳动力质量。首先，教育投资通过提高劳动力的信息认知能力，进而影响劳动力把握非农就业机会的能力。劳动者的人力资本水平与个体的认知能力、理解能力成正比，教育投资越多，对信息的认识能力和理解能力越强。其次，教育投资水平影响劳动力非农就业决策能力。教育投资提高了劳动力对未来收益和风险评估的乐观估计，在信息不对称的情况下，会对个人选择就业产业、就业行业和就业区域的决策产生正向影响。再次，劳动力教育投资水平影响非农就业收益能力。凝结在劳动者身上的人力资本在就业后表现出的高劳动生产效率，也可以反馈到个人的收益中。贝克尔和明塞尔的研究证实了劳动力教育投资提高个人收入的事实。最后，教育投资水平影响劳动力非农就业的稳定性。教育投资提高劳动力在职业技能适应、文化适应和环境适应的能力，使劳动力在进入新的职业岗位、生活环境以及社会角色更容易实现角色转换，融入交互文化和生活环境。教育投资水平越高，劳动力在职业技能适应、文化适应和环境适应的能力更强，职业生涯更顺利，就业稳定性更高。

新疆教育投资总体规模增加，个人教育投资水平在近年整体提升。1996~2017 年新疆各级各类教育的生均经费在增加，普通高等学校、普通高中和中职中专、普通初中、普通小学生均教育经费分别增加了 2.34 倍、2.94 倍、11.10 倍、15.09 倍。家庭人均教育投资总体呈增加态势，近 23 年家庭人均教育文化娱乐消费性支出绝对数城镇增加了 8.16 倍，农村增加了 10.51 倍。随着新疆教育投资力度增大，新疆就业人员的受教育程度总体在提高。小学及以下文化程度的劳动力比重减少，初中教育程度就业人员成为所有从业人员中比重最大的学历人群，大专及以上的高学历就业人员比重增幅显著，比重从 1996 年的 6.7%增加到 2017 年的 25%。通过财政性教育投入和个人教育投资，劳动力的受教育水平普遍提升，因此提高了个人的人力资本，并提高了劳动力的质量，进一步对新疆劳动力就业质量产生影响。

6.1.2 教育信号影响就业质量

信号筛选理论认为，在信息不对称的劳动力市场，劳动力教育水平为雇主和社会提供信息以确定哪些劳动者具备更高的生产能力，帮助雇主识别能力不同的求职者，以便把他们安置到不同的工作岗位上。劳动力市场分割理论认为，教育水平是将劳动力划分到不同劳动力市场就业的重要依据。通过投资高等教育而获得凭证的劳动力，比接受过中等教育的劳动力传递给雇主的信号更强，进入主要劳动力市场的机会更大。雇主之所以选择雇佣高学历的劳动力，并许诺更多的工资报酬，是因为更多的经验事实证明劳动力在教育投资过程中提高了认知能力，有利于提高劳动生产率。

新疆劳动力市场同样存在分割的特点，并且在城乡分割、体制分割（所有制分割）、行业和职业分割均有体现。近年来非农产业正成为吸纳劳动力的主力产业，2011～2017 年，新疆非农就业比重约为 55%，全社会非农化程度达到较高水平。新疆从业劳动力在私营企业和个体就业的比重远远大于非私营单位就业的比重，其中在第二产业中的制造业、建筑业就业的劳动力比例较高，在第三产业的住宿和餐饮业、批发和零售业等劳动密集型行业集聚劳动力比重较高。从劳动力的就业特点可以看出劳动力集中在文化程度要求较低、工资待遇和就业稳定性不高的行业领域。这样的就业分布可能依然与新疆劳动力人力资本结构重心偏低，劳动力就业知识、技能、语言等制约劳动力整体就业能力有关。在劳动力就业市场信号筛选环节，新疆劳动力的教育投资水平发送的能力信号较弱，可能会影响就业质量。高等级教育投资的增加应该能改变新疆次要劳动力市场低人力资本劳动力的无限供给情况，使一部分劳动力转移至高质量的劳动力市场，从而改善更多劳动力的就业质量。

6.2　数据来源、变量设计与模型选择

6.2.1　数据来源

本部分使用原中国卫生计生委 2011～2017 年中国流动人口动态监测调查新疆维吾尔自治区流动人口问卷（A）的数据，样本涵盖新疆 4 个地级市、5 个地区、5 个自治州[①]。根据我国劳动力人口年龄的范围，去掉年龄在 16 岁以下以及 60 岁以上的调查样本。受到省份数据的限制，不包括从新疆跨省流动到其他省份的劳动力样本；注重探究新疆教育投资对劳动力就业质量的影响，因此去掉了跨省流动到新疆的劳动力样本。就业状况关注就业和失业（包括无业、待业）两种情况，

---

① 数据不包括新疆生产建设兵团。

去掉退休、料理家务、在学、学龄前/未上过学、带孩子等就业特殊状况的样本，共有 9471 个样本参与分析。样本中男性占 52.82%，女性占 47.18%，男女性别分布较为均衡。16~25 岁占 18.21%，26~35 岁占 39.42%，36~45 岁占 28.88%，45 岁以上占 13.49%，根据我国就业劳动力年龄分层的实际情况，该样本分布较为合理。被调查者中农业户口占 63.75%，非农业户口占 36.25%，农业劳动力向非农产业转移是本书关注的重点，因此农业户口占比较高体现了本书的价值。

6.2.2 变量设计

考虑到数据的权威性和取样范围的代表性，本部分使用原中国卫生计生委 2011~2017 年中国流动人口动态监测调查新疆维吾尔自治区流动人口问卷（A）的数据进行实证分析。根据该问卷关于教育和就业的相关问题设计，分析教育对非农就业质量影响的主要指标选取如下：

6.2.2.1 因变量：就业质量

就业质量是反映就业机会可得性、工作性质、工资报酬、工作稳定性、工作环境的尊严和安全、劳资关系及个人发展等有关方面满意程度的综合概念，需要通过多维指标综合测量总体就业质量的优劣（马庆发，2004；张昱和杨彩云，2011；王向东，2016）。联合国欧洲经济委员会（UNECE）于 2009 年提出《就业质量统计框架》，一些国外学者借鉴该组织的就业质量测度体系，从就业收入与福利、就业保障和社会保障、工作时间以及工作与生活平衡、就业安全和就业道德、社会对话、工作技能开发与培训、工作场所关系和工作动力等维度分析一个国家或地区的就业质量现状（Huneeus 等，2012；Brummumd 等，2018；Arranz 等，2018）。中国学者在就业质量评价方面做了重要探索，现有就业质量测度体系中高频出现的指标有工资报酬、工作时间、工作性质、工作环境、社会保障、工作稳定性、劳动关系、就业机会、专业对口性、发展前景等（刘素华，2005；秦建国，2011；赖德胜等，2011；苏丽锋，2013）。教育对劳动力就业质量的影响着眼于微观层面，分析教育对个体劳动者工作状况相关要素的作用，如就业机会、工作性质、工资报酬、工作稳定性、工作环境、社会保障等均包含其中。

根据中国就业统计的实际情况，综合国际、国内学者建立的就业质量指标体系，基于就业指标体系全面性、数据可得性两个原则，本章选取就业机会可得性（Y_1）、工作性质（Y_2）、工作收入（Y_3）、就业稳定性（Y_4）四个指标测算新疆劳动力就业质量。就业机会可得性反映寻找工作的结果，只有在获得工作的基础上谈高质量就业才有意义。工作性质决定劳动力在主要劳动力市场还是次要劳动力市场就业，进而影响就业岗位特征、工作场所、工作环境、学习和培训机会、向上发展的晋升空间。工作收入反映了劳动力对社会的贡献、自身价值的体现以及社会对劳动力的认可程度，提高就业收入是劳动力工作投入的根本动力，是衡量就业质量的核心指标。就业稳定性是就业质量的外在表现。就业稳定性决定劳动力在工作所在地的生活稳定情况，稳定性高有利于劳动力工作经验积累和职业长远发展。本章用 EQ 表示就业质量综合得分，借鉴梁海艳（2019）、刘素华（2005）衡量就业质量的方法，构建测算新疆劳动力就业质量的计算公式如下：

$$EQ = \sum Y_1 + Y_2 + Y_3 + Y_4 \tag{6-1}$$

衡量就业质量的二级指标基于专家综合评议意见，根据总样本中各指标维度的分布由低到高赋值。就业机会可得性用问题"就业状况"的"就业"和"未就业"来衡量，就业赋值为 1，未就业赋值为 0。工作性质参照梁海艳（2019）的研究，由问卷中的职业类型、单位性质和就业身份 3 个二级指标综合判断，分析认为在共有性质单位就业的劳动力，其工作场所、工作环境、学习和培训机会、向上发展的晋升空间多优于非共有性质的单位，因此在集体企业、国有及国有控股企业、机关事业单位就业的赋值为 2，在股份联营、个体工商户、私营企业、中外合资企业及其他单位性质就业的赋值为 1。工作收入以城镇私营单位人员平均工资为参照，根据总样本收入的实际分布情况赋值。7 年总样本中，没有收入的占 25.6%，有收入但在 2000 元及以下的占 26.33%，2001～3000 元的占 22.06%，3001～5000 元的占 19.4%，5000 元以上的占 6.61%。本指标按照这个区间依次从 0～4 赋值。本章基于问卷问题"本次流入该地的时间"，将流入地时长作为替代指标，来衡量就业稳定性①。7 年总样本中，在流入地工作 1 年以下的，占总样本的 24.96%，2～5 年的占 37.68%，6～10 年的占

---

① 该调查问卷在 2011 年和 2013 年设计了"从事现在工作的时间"这一问题，可以判断工作的稳定性；2012 年、2014 年、2015 年和 2016 年没有设计该问题。2011～2016 年该问卷都设计了"本次流入该地的时间"这一问题。选用 2013 年的调查样本，将"流入本地的时长"与"从事该工作的时长"进行 Pearson 相关性分析，结果显示两者在 0.01 水平下相关系数为 0.557。说明流动劳动力在流入地的时长与其所从事工作的稳定性有较高的相关性，劳动力在流入地工作时间越长，职业稳定性越高，也从侧面反映了就业质量高。

20.71，11年以上的占6.61%。本指标按照这个区间依次从0~3赋值。所有赋值如表6-1所示。

表6-1　被解释变量说明及描述性统计

变量名称	赋值和含义	平均值	标准差	最小值	最大值
就业机会可得性（Y_1）	未就业=0，就业=1	0.78	0.42	0	1
工作性质（Y_2）	未就业=0；非共有性质单位=1；共有性质单位=2	0.91	0.59	0	2
工作收入（Y_3）	2000元及以下（不包括0）=1，2001~3000元=2，3001~5000元=3，5000元以上=4	1.55	1.24	0	4
就业稳定性（Y_4）	0~1年=0，2~5年=1；6~10年=2；11年以上=3	1.29	1.02	0	3
就业质量（EQ）	$Y_1+Y_2+Y_3+Y_4$	4.53	2.25	0	10

6.2.2.2　自变量：教育投资

微观层面劳动力教育投资水平可以用劳动力受教育程度衡量。从个人教育投资来看，不考虑生活费用的情况下，不同个人接受同一类型同一层级教育的投资是近似的。受教育年限越长，经费支出和机会成本相应更高，投资数量相对较高；劳动力受教育程度亦是通过教育投资后实现知识获得水平、综合技能水平达到特定考核标准的目标实现，受教育层级越高，意味着知识水平和综合能力得到提升，个人教育投资的质量得到体现。因为微观层面教育投资涉及个人直接成本、机会成本、公共补贴等问题，经费投资难以获得和衡量，目前学术界从微观层面探讨教育投资与就业关系、与收入的关系时，使用受教育程度为教育投资替代变量的研究增多。明瑟尔的人力资本收益模型是最早用居民受教育年限来替代劳动力教育投资水平的案例。马晓强和丁小浩（2005）、王明进和岳昌君（2007）用学校教育年限、受教育程度、教育层级作为教育投资水平的衡量指标，论证个人受教育年限与教育投资收益风险的关系。王胜今和韩保庆（2018）将父亲、母亲的受教育水平转换为受教育年限，作为衡量教育投资的指标，分析父母教育投资水平对子女工资收入的影响程度。综合已有研究，可以认为劳动力受教育程度是衡量教育投资水平的最重要指标，也是衡量教育投资的最近似指标。本章以劳动力受教育程度为自变量，通过设置虚拟变量，分析不同层级的教育投资对就业质量的影响。根据描述性统计可以看出，样本劳动力文化程度偏低，初中及以下文化程度的劳动力比重较高，为 57.8%；高中及以上文化程度的劳动力比重为 42.2%。

6.2.2.3　控制变量：微观层面个体特征变量和宏观层面地区经济发展变量

在劳动力受教育程度与就业质量的关系分析中，为了尽可能全面地纳入影响因素作为控制变量，从而提高结果的说服力，本章的控制变量包括两个层次。一个是微观层次的变量，包括性别、年龄、户口性质和流动距离。根据已有研究，劳动力就业质量与劳动力的个体特征密切相关。苏丽锋（2013）、齐鹏和程晓丹（2019）分析个人就业质量时将年龄、性别、健康状况、民族、婚姻状况、政治面貌、户口性质、受教育程度等作为解释变量。另一个是宏观层面的地区变量。就业质量在很大程度上受到社会和经济发展状况的制约，就业质量的提升不只是个体奋斗的结果。秦建国（2011）认为，通过刺激经济增长提供更多的就业机会，可为劳动者就业质量的提升打下良好的基础。宏观层面的 GDP、第三产业就业比重是影响就业质量的重要指标。城镇是劳动力流动就业的富集地，城镇化率代表劳动力合理流动、自由竞争、机会均等的环境。苏丽锋（2013）认为，人均 GDP、产业结构、市场化程度、对外贸易等是就业质量的决定机制。国内研究发现经济发展总量和速度、产业结构对就业结构产生明显影响。新疆参与调查市区和县在经济发展水平、人口聚集、产业结构与就业结构的协调性方面存在差异，因而可以预期人均 GDP 水平、非农产值比、人口城镇化率对就业质量具有一定的解释作用。

自变量和控制变量的赋值及描述性统计如表 6-2 所示。

表 6-2　解释变量说明及描述性统计

变量类型	变量名称	赋值和含义	平均值	标准差
自变量	受教育程度	"初中"为基准组设置虚拟变量： E_1：未上过学 =1；其他学历组 =0 E_2：小学 =1；其他学历组 =0； E_3：高中/中专 =1；其他学历组 =0 E_4：大学专科 =1；其他学历组 =0 E_5：大学本科 =1；其他学历组 =0 E_6：研究生及以上 =1；其他学历组 =0	—	—

续表

变量类型	变量名称	赋值和含义	平均值	标准差
控制变量	性别	男=1；女=0	0.528	0.499
	年龄	实际年龄	34.36	9.205
	户口性质	农业=1；非农业=0	0.637	0.481
	流动距离	市内跨县=0；省内跨市=1	0.755	0.430
	人均GDP	各县区人均GDP的对数	6.670	3.125
	非农产值比	各县区生产总值与户籍人口的比值，再取对数	0.921	0.119
	人口城镇化率	各县区城镇人口比重	0.822	0.225

注：人均GDP和非农产值比根据2012~2018年《中国县域统计年鉴（县市卷）》公布数据统计和计算获得，人口城镇化率根据2012~2018年《新疆统计年鉴》公布数据计算获得。

6.2.3 模型选择

6.2.3.1 模型建立

有研究认为，在回归分析中，将微观层次的变量和宏观层次的变量作为单层次的回归模型分析，难以满足观测变量之间随机误差项相互独立和方差齐性的基本假设而往往会使参数估计出现较为严重的偏误，由此得出的研究结论也就难以令人信服。鉴于解释变量的层次性较为明显，本章借鉴一些研究使用多层模型进行分析，将自变量、控制变量中的个体微观层面变量置于第一层，控制变量中的地区发展特征变量置于第二层，建立多水平随机截距模型。在厘清多层嵌套结构数据的层次性基础上，提高模型的稳定性和结果的可靠性（刘云波和金鑫，2014），使劳动力受教育水平对就业质量的影响分析更具信服力。具体构建模型如下：

第一层：$Y_{ij} = \beta_{0j} + \beta_{1j}X_{ij} + \gamma_{ij}$ $\qquad$ $\gamma_{ij} \sim N(0, \sigma^2)$ $\qquad$ (6-2)

第二层：$\beta_{0j} = \gamma_{00} + \gamma_{01}R_j + \mu_{0j}$ $\qquad$ $\mu_{0j} \sim N(0, \tau_{00})$ $\qquad$ (6-3)

$\qquad$ $\beta_{1j} = \gamma_{10} + \gamma_{11}R_j + \mu_{1j}$ $\qquad$ (6-4)

$Y_{ij} = \gamma_{00} + \gamma_{10}X_{ij} + \gamma_{01}R_j + \gamma_{01}X_{ij}R_j + \mu_{0j} + \mu_{1j}X_{ij} + \gamma_{ij}$ $\qquad$ (6-5)

将第二层的两个公式代入第一层的公式，得到的公式（6-5）就是完整的两水平线性模型。Y_{ij}表示第j个地区的第i个流动劳动力的就业质量，第一层和公式（6-5）中的X_{ij}为微观层面的自变量、控制

· 180 ·

变量，第二层和公式（6-5）中的 R_j 是宏观层面的地区变量。β_{0j}、β_{1j}、γ_{ij} 分别是第一层的截距、斜率和随机误差项；γ_{00} 和 γ_{10} 分别是 β_{0j} 和 β_{1j} 的固定成分，描述的是第二层的截距项；γ_{01} 和 γ_{11} 是联结第一层和第二层的斜率，μ_{0j} 和 μ_{1j} 分别是 β_{0j} 和 β_{1j} 的随机成分，描述的是第二层的随机误差。随机误差项 γ_{ij} 和 μ_{0j} 均服从正态分布（陈纯槿和胡咏梅，2011）。

6.2.3.2 模型适用性分析

在多水平模型回归分析之前，须先建立零模型（Null Model），运用单因素方差分析计算多水平模型的组内相关性，进而论证使用多水平模型进行分析的必要性。如果零模型的参数估计结果拒绝了零假设（$H_0：\tau_{00}=0$），即第二层模型的随机误差项方差显著的话，则适合采用分层线性模型，否则采用传统的回归模型即可。运用 Stata15 对因变量和组变量进行零模型随机效应参数估计，结果如表 6-3 所示。P 值小于 0.01，零假设被拒绝，方差显著不为零，表明不同区域的劳动力就业质量存在显著差异。组内相关系数 ICC = 0.6760749／（0.6760749+4.688656）= 0.1260221，说明劳动力就业质量差异的 12.6% 可以用地区经济发展差异变量解释；ICC>0.1，即本章使用的变量和数据适合建立多水平模型。

表6-3 零模型参数估计结果

随机效应	标准误	方差成分	Z 值	P>Z
county：identity var（_cons）	0.1388914	0.6760749	42.50	0.000
var（Residual）	0.0683785	4.688656	—	—

当自变量、控制变量存在严重的共线性问题时，不适合采用多元线性回归模型进行研究，因此对自变量和控制变量进行分析诊断。采用方差膨胀因子诊断发现，自变量和控制变量方差膨胀因子均小于10，平均方差膨胀因子为 1.31，表明自变量、控制变量之间不存在严重的共线性问题（马雄威，2008）。本章选取的自变量和控制变量适合建立多元线性回归模型。

6.3 新疆教育投资影响非农就业质量的效应分析

6.3.1 劳动力受教育水平与就业质量关系的描述性分析

不同受教育程度的劳动力就业质量得分以初中受教育程度为分水岭，呈现出两个不同的走向。7 年总体样本中，劳动力平均就业质量为 4.53，未上过学的劳动力就业质量均值为 4.18，小学文化程度的劳动力就业质量均值为 3.97，初中文化程度的劳动力就业质量均值为 4.15。可以看出，未上过学、小学与初中文化程度的劳动力就业质量都低于总样本就业质量均值，这 3 个受教育程度的劳动力就业质量均值没有随着未上过学—小学—初中的文化程度的提高而呈现就业质量依次由低到高的趋势。在高中及以上受教育水平劳动力的分组中，高中/中专文化程度的劳动力就业质量均值为 4.78，大学专科学历的劳动力就业质量均值为 5.26，大学本科学历的劳动力就业质量均值为 5.82，研究生及以上学历的劳动力就业质量均值为 6.34。高中及以上文化程度劳动力的就业质量明显高于 7 年总样本的均值，且这 4 个受教育水平的劳动力就业质量随着受教育水平由低到高就业质量表现出明显的增幅。

观察 2011~2017 年分年度样本的劳动力就业质量也会发现，初中及以下的劳动力就业质量偏低，未上过学与小学、初中文化程度的劳动力在就业质量方面差别不大。7 年中 2011 年、2012 年、2015 年、2016 年和 2017 年的初中及以下文化程度劳动力就业质量明显低于当年样本劳动力就业质量的平均水平。7 个年份的高中/中专、大学专科、大学本科、研究生及以上这 4 个教育水平的劳动力就业质量都高于当年样本劳动力就业质量的平均水平。劳动力群体就业质量的均值按照初中、高中/中专、大专、本科、研究生的顺序依次递增，表现出学历越高就业质量平均水平越高的规律，且接受高等教育的劳动力就业质量与未接受高等教育的劳动力有较大差距。

基于总样本和分年度样本描述性统计结果，本章假设：教育是影响新疆劳动力就业质量的重要影响因素。劳动力就业质量偏低与劳动力受教育水平相关，受教育程度越高，劳动力就业质量越高。提高全社会劳动力受教育水平能促进新疆地区劳动力更高质量就业。投资完义务教育不能明显提高劳动力就业质量。投资高中及以上教育会对就业质量提升产生积极效应。劳动力投资教育的年限越长，就业质量越高（见表 6-4）。

表 6-4 按教育水平分组的劳动力就业质量测算结果

项目	7 年总样本	2011 年	2012 年	2013 年	2014 年	2015 年	2016 年	2017 年
就业质量均值	4.53	3.63	4.08	4.67	4.62	4.97	4.46	4.85
未上过学	4.18	3.60	3.45	4.85	4.94	3.82	3.67	4.78
小学	3.97	3.35	3.72	4.16	3.95	4.30	3.86	4.47
初中	4.15	3.19	3.94	4.42	4.20	4.66	3.86	4.47
高中/中专	4.78	3.84	4.19	4.88	4.74	5.31	5.14	4.89
大学专科	5.26	4.69	4.64	5.46	5.52	5.55	5.22	5.32
大学本科	5.82	5.00	5.23	5.54	5.89	5.81	5.81	6.14
研究生及以上	6.34	7.00	9.00	5.60	6.33	6.25	6.30	6.44

注：新疆的数据不包括新疆生产建设兵团的相关数据。

6.3.2 教育投资对就业质量影响的总体效应

本部分基于劳动力受教育水平与就业质量关系的描述性分析结果，考虑地区发展差异的因素，运用多水平回归模型实证分析教育对新疆劳动力就业质量的促进效应。表 6-5 是以劳动力就业质量为因变量，受教育程度为自变量，在分别控制"个体特征""个体和地区发展特征"的条件下，用受教育程度来解释地区内个体间就业质量差异的随机截距模型（郭凤鸣和张世伟，2013）。通过控制个体特征变量、地区发展特征变量多次估计，受教育水平与劳动力就业质量均存在显著的相关关系，劳动力受教育程度对地区内个体间的就业质量差异具有较强的解释作用。模型一是控制个体特征变量，教育影响劳动力就业质量的分层线性回归结果。以初中文化程度为基准变量，除了未上过学这一组外，其他 5 个层级受教育程度的就业质量回归结果均在 1% 的水平上显著，其中小学文化程度劳动力的系数为负，高中及以上文化程度劳动力的系数为正，估计系数随着劳动力受教育程度的提高显著增加。这一结果说明，劳动力受教育程度越高，就业质量越高。

表6-5　受教育程度对就业质量影响的总体效应（截距项的随机效应）

变量分类			变量名称	模型一	模型二
个体层面	受教育程度 （以初中为基准）		未上过学	−0.284 （−1.566）	−0.308 * （−1.710）
			小学	−0.303 *** （−4.990）	−0.288 *** （−4.763）
			高中及中专	0.482 *** （8.286）	0.472 *** （8.155）
			大学专科	1.025 *** （14.589）	0.992 *** （14.178）
			大学本科	1.608 *** （17.604）	1.553 *** （17.056）
			研究生及以上	2.119 *** （6.163）	2.004 *** （5.854）
	个体特征变量		性别	1.070 *** （25.559）	1.073 *** （25.759）
			年龄	0.042 *** （17.477）	0.041 *** （17.290）
			户口性质	−0.130 *** （−2.625）	−0.153 *** （−3.099）
			流动距离	0.100 （1.573）	0.088 （1.405）
地区层面	地区发展特征变量		人均 GDP	—	0.067 *** （4.242）
			非农产值比	—	1.931 *** （3.948）
			人口城镇化率	—	−1.228 *** （−8.265）
常数项				2.303 *** （16.755）	1.224 *** （3.377）
lns1_1_1 Constant				−0.500 *** （−4.456）	−0.670 *** （−5.104）

续表

变量分类	变量名称	模型一	模型二
lnsig_e Constant		0.696 *** (95.458)	0.692 *** (94.752)
Wald chi^2		1603.61	1745.09
Chibar^2 (01)		297.45	222.73
Log restricted-likelihood		-20115.596	-20061.352

注：*和***分别表示在10%和1%的水平上显著。样本量为9473，组群为75。括号内为t值。

模型二是将劳动力个体特征、地区发展特征作为控制变量的完整模型参数估计结果。受教育程度的6个虚拟变量回归结果均在1%的水平上显著，估计系数随着劳动力受教育程度的提高显著增加，说明劳动力受教育程度越高，就业质量越高。以初中文化程度的劳动力为参照，未上过学和小学文化程度的劳动力就业质量均低于初中文化程度的劳动力，未上过学的劳动力就业质量低0.308，小学文化程度的劳动力就业质量低0.288。高中及以上文化程度劳动力的就业质量均高于初中文化程度劳动力的就业质量，高中/中专受教育水平的劳动力就业质量高出0.472。接受了高等教育后，就业质量总体显著提升，大学专科的劳动力就业质量高出0.992，大学本科的劳动力就业质量高出1.553，研究生学历的劳动力就业质量高出2.004。

综合以上结果，受教育程度对新疆劳动力就业质量有非常显著的影响。根据影响方向和系数大小，提高劳动力受教育水平，劳动力的就业质量会得到提升，劳动力受教育程度影响就业质量的敏锐度较高。新疆就业劳动力接受了高中及以上学历教育后，就业质量会明显提升，接受了大学专科及以上教育后，劳动力就业质量得到显著改善，在就业质量方面处于优势群体。这一研究结果与肖小勇等（2019）、梁海艳（2019）对农民工就业质量、全国流动人口就业质量的研究结果契合。他们的研究显示，受教育程度是劳动力就业质量的影响因素。农民工受教育程度越高，其就业质量越高；受教育程度提高对流动人口就业质量的正向影响显著。本书发现，随着受教育程度不断提高，就业质量出现了明显的提升，这一规律适用于新疆劳动力就业现状，通过加强新疆地区全民教育投资和个人教育投资，有助于提升劳动力的就业质量。

6.3.3　教育投资对就业质量影响的时间效应

为了进一步论证教育投资对就业质量的影响，本部分将样本数据按照年份分组，运用零模型检验年度调查数据建立多层线性模型的适用性后，构建纳入所有控制变量的教育投资影响就业质量的线性模型，分析教育投资影响就业质量的时间效应。表 6-6 是分年度样本建立零模型后计算的组内相关系数（ICC）。根据 ICC 数值，2011 年劳动力就业质量差异的 12.61% 可以用地区发展差异变量解释，2012 年有 17.32% 可以用地区发展差异解释，2013 年有 19.61% 可以用地区发展差异变量解释，2014 年有 23.20% 可以用地区发展差异解释，2015 年有 22.62% 可以用地区发展差异解释，2016 年有 14.97% 可以用地区发展差异解释，2017 年有 7.15% 可以用地区发展差异变量解释，因此 7 年的分组数据均有必要采用分层线性回归模型进行分析。

表 6-6　年度样本建立零模型的组内相关系数

项目	2011 年	2012 年	2013 年	2014 年	2015 年	2016 年	2017 年
ICC	0.1261152	0.1731685	0.1961144	0.2320209	0.2262069	0.1497005	0.0715085

注：ICC 计算公式为：ICC=组间方差/（组间方差+组内方差）。

检验年度调查数据使用分层线性模型的必要性后，建立基于年度数据样本的受教育程度影响劳动力就业质量的回归模型。表 6-7 是分年度调查样本将劳动力个体特征、地区发展特征作为控制变量的完整模型参数估计结果。以初中文化程度为参照，未上过学的劳动力 2016 年就业质量影响系数在 5% 的显著性水平上为负，其他年份的影响均不具有显著性；小学文化程度的劳动力 2014 年和 2015 年就业质量影响系数在 1% 的显著性水平下为负值，2016 年在 10% 的显著性水平为负值，其他年份是否接受该文化程度教育影响就业质量的系数均不显著。这些结果说明，在一些年份，未上过学和小学文化程度的劳动力就业质量显著低于初中文化程度的劳动力，但是在另一些年份，这种差异不明显。这一结果可能说明，接受完初中教育进入劳动力市场就业后，就业质量没有明显高于小学文化程度和未上过学的就业劳动力的就业质量。可能的原因如下：从信号筛选理论来看，初中毕业后的劳动力，只是完成了全社会公民素质的文化基础教育，较少进行技能素质的训练，在劳动力市场发出的能力信号较弱，竞聘岗位不具备文凭信号优势，在就业获得、就业收入、就业环境等方面没有较大区别，与小学和未上过学的劳动力相比就业质量没有明显差异。从劳动力市场分割理论来看，初中及以下文化程度的劳动力，多进入教育准入门槛低的次要劳动力市场就业。次要劳动力市场的工作岗位在薪酬福利机制、雇佣关系稳定性、升迁机会多寡、工作环境优劣等方面同质性较高，不同文化程度的劳动力进入该类型市场在就业质量上没有明显差异。

表 6-7　2021~2017 年分年份样本教育对就业质量影响的回归结果

变量分类		变量名称	2011 年	2012 年	2013 年	2014 年	2015 年	2016 年	2017 年
个体层面	受教育程度（以初中为基准）	未上过学	0.560 (1.09)	-0.460 (-0.80)	0.005 (0.01)	-0.288 (-0.62)	-0.427 (-1.00)	-0.835 ** (-2.14)	0.155 (0.34)
		小学	0.153 (1.17)	-0.165 (-0.99)	-0.249 (-1.57)	-0.501 *** (-3.12)	-0.365 *** (-2.58)	-0.280 * (-1.85)	-0.148 (-0.85)
		高中/中专	0.441 *** (3.23)	0.074 (0.45)	0.204 (1.44)	0.332 ** (2.16)	0.529 *** (4.20)	0.926 *** (6.33)	0.289 * (1.75)
		大学专科	1.306 *** (7.71)	0.673 *** (3.34)	0.790 *** (4.05)	1.142 *** (6.67)	0.869 *** (5.87)	1.133 *** (6.53)	0.812 *** (4.03)
		大学本科	1.497 *** (4.82)	1.10^1 *** (3.27)	0.791 *** (3.04)	1.547 *** (6.72)	1.143 *** (5.74)	1.742 *** (8.47)	1.703 *** (7.61)
		研究生及以上	2.238 (1.39)	4.647 ** (2.56)	0.812 (0.15)	2.199 ** (2.05)	1.748 *** (2.58)	2.361 *** (3.55)	1.706 ** (2.19)
	个体特征变量	性别	0.764 *** (7.78)	1.043 *** (8.63)	1.217 *** (11.51)	1.416 *** (13.24)	0.567 *** (6.03)	1.262 *** (12.40)	1.277 *** (10.90)
		年龄	0.034 *** (6.08)	0.037 *** (5.42)	0.050 *** (7.95)	0.044 *** (7.14)	0.041 *** (7.86)	0.048 *** (8.34)	0.023 *** (3.33)
		户口性质	-0.193 (-1.64)	-0.289 ** (-2.10)	-0.119 (-0.95)	-0.038 (-0.30)	-0.108 (-0.99)	-0.224 * (-1.78)	-0.070 (-0.50)
		流动距离	0.300 * (1.91)	-0.475 *** (-2.76)	0.369 ** (2.25)	0.372 * (1.72)	0.012 (0.09)	0.197 (1.20)	0.212 (1.36)

续表

变量分类		变量名称	2011 年	2012 年	2013 年	2014 年	2015 年	2016 年	2017 年
地区层面	地区发展特征变量	人均 GDP	0.066* (1.91)	0.126* (1.86)	0.024 (0.48)	0.084 (1.37)	0.084* (1.93)	0.066** (2.05)	0.079** (1.98)
		非农产值比	0.473 (0.60)	-0.547 (-0.40)	-1.278 (-0.79)	2.692 (1.02)	2.891** (2.17)	3.057*** (2.82)	-0.195 (-0.16)
		人口城镇化率	-0.923* (-1.81)	-0.627 (-0.72)	1.330 (1.36)	-3.894** (-2.49)	-0.887 (-0.95)	-0.871 (-1.20)	-1.136 (-1.59)
常数项			1.706*** (3.08)	3.052*** (3.65)	1.881** (2.22)	2.288 (1.61)	0.509 (0.60)	-0.691 (-0.94)	3.538*** (3.83)
lns1_1_1 Constant			-0.940*** (-4.13)	-0.053 (-0.32)	-0.287 (-1.64)	-0.008 (-0.04)	-0.240 (-1.43)	-0.839*** (-3.52)	-0.875*** (-3.20)
lnsig_e Constant			0.448*** (20.45)	0.588*** (25.46)	0.579*** (27.76)	0.602*** (29.09)	0.629*** (36.16)	0.720*** (41.49)	0.827*** (45.88)
Wald chi^2			224.46	165.22	251.66	327.31	208.49	478.58	223.16
Chibar^2（01）			31.41	121.32	54.07	78.64	75.64	35.11	11.94
Log restricted-likelihood			-2036.663	-2020.528	-2425.2893	-2484.291	-3535.6027	-3665.5194	-3564.6763
样本量			1080	990	1198	1214	1707	1703	1579
Group			38	44	39	30	42	43	42

注：*、**和***分别表示在10%、5%和1%的水平上显著。

分年度样本数据分析发现，接受高中及以上层级的教育对劳动力就业质量有明显的促进效应。同样以初中文化程度为参照，高中/中专阶段教育影响劳动力就业质量系数有 5 年显著为正，其中 2011 年、2015 年和 2016 年显著性水平和系数均较高。2011 年高中受教育程度就业质量比初中高出 0.441，2015 年高出 0.529，2016 年高出 0.926。7 年的回归估计结果说明接受高中教育后劳动力的就业质量略微高于初中文化程度的劳动力。接受大学专科学历教育的劳动力，教育影响就业质量的系数 7 年均在 1%的水平下显著为正。与初中文化程度劳动力就业质量相比，2011 年大学专科学历的劳动力其就业质量高出1.306，2012 年高出 0.673，2013 年高出 0.79，2014 年高出 1.142，2015 年高出 0.869，2016 年高出 1.133，2017 年高出 0.812。根据系数大小和显著性水平，接受了大学专科教育后，劳动力就业质量会显著提升，大学专科教育促进劳动力就业质量的积极效应明显高于高中/中专阶段教育。

接受了大学本科学历教育，劳动力就业质量的优势更加明显。本科学历教育水平的劳动力就业质量在 1% 显著水平上明显高于初中文化程度劳动力，从系数来看，2011 年高出初中文化程度 1.497，2012 年高出 1.101，2013 年高出 0.791，2014 年高出 1.547，2015 年高出 1.143；2016 年和 2017 年这一优势更加明显，2016 年大学本科学历的劳动力就业质量高于参照水平 1.742，2017 年高出 1.703。将受教育程度的系数进行对比可以明显看出，大学本科学历的劳动力就业质量均高于大学专科学历的劳动力就业质量平均水平。研究生文化程度的劳动力就业质量明显高于其他各学历和文化程度的劳动力的就业质量。在 2012 年、2014 年、2015 年、2016 年和 2017 年是否接受该阶段教育对就业质量的影响显著为正，系数依次为 4.647、2.199、1.740、2.361 和 1.706，说明在大多数年份，研究生学历的劳动力就业质量显示出了突出优势。但是有 2 个年份的结果上没有体现出显著性，可能与本书的研究生学历劳动力样本数量相对较少有关。纵向对比来看，研究生学历的劳动力就业质量明显高于大学本科学历受教育水平的劳动力，大学本科学历劳动力的就业质量明显优于大学专科学历，大学专科学历劳动力明显高于高中/中专文化程度，高中文化程度劳动力的就业质量略微高于初中文化程度。教育投资的就业质量效应呈正向增强的趋势。

这一结果进一步验证了教育是影响新疆劳动力就业质量的重要影响因素。受教育程度越高，劳动力就业质量越高。提高全社会劳动力受教育水平能促进新疆地区劳动力更高质量就业。另外，投资义务教育不能明显提高劳动力就业质量，投资高中及以上教育才能更有效促进个人的就业质量。大学本科教育的就业质量促进效应高于大学专科教育的就业质量促进效应，大学专科劳动力的就业质量促进效应高于高中/中专教育投资的就业质量促进效应。投资的全日制教育水平越高，产生的就业质量促进效应越高。

6.3.4　小结

受教育程度对新疆劳动力就业质量有非常显著的影响。未上过学和小学文化程度的劳动力就业质量均低于初中文化程度的劳动力，高中及以上文化程度劳动力的就业质量均高于初中文化程度劳动力的就业质量。接受了高等教育后，就业质量总体较高。新疆就业劳动力接受了高中及以上学历教育后，就业质量会明显提升，接受了大学专科及以上教育后，劳动力就业质量得到显著改善，在就业质量方面处于优势群体，劳动力受教育程度影响就业质量的敏锐度较高。高中教育投资促进劳动力就业质量的积极效应随着年份的变化表现出较高的稳定性，大学专科及以上层次的教育投资，促进劳动力就业质量的积极效应不仅呈现出较高的稳定性，更呈现出就业质量逐级增强的强促进效应。个人投资的全日制教育水平越高，产生的就业质量促进效应越高。全社会提高劳动力受教育水平，尤其保障劳动力接受高中及以上的教育，能促进新疆地区劳动力更高质量就业。

6.4 新疆教育投资信号影响非农就业质量的路径分析

教育投资传递的能力信号是将劳动力划分到不同劳动力市场就业的重要依据。劳动力就业质量产生差异，非常重要的原因是教育投资获得的信号凭证使就业劳动力被分配到不同类型的劳动力市场。教育投资水平高的劳动力容易进入主要劳动力市场的行业、职业和单位，教育投资水平低的劳动力更倾向于被动进入次要劳动力市场的行业、职业和单位。劳动力教育投资的差异使就业选择路径产生差别。

6.4.1 劳动力教育投资水平影响非农就业的行业选择

6.4.1.1 行业总体分布特征

新疆至少95%的劳动力转移就业选择非农产业，选择农、林、牧、渔、水利业生产人员的比例不到5%。根据本章使用的调查数据，在非农产业选择上，第二产业就业的流动劳动力占总人数的12.42%，而第三产业的就业人数占82.77%，第三产业对转移劳动力的吸纳能力远远高于第二产业。这一结果与新疆就业产业结构协调度分析的结果一致。从与产业对应的行业分布来看，第三产业中的批发零售业、住宿餐饮业吸纳劳动力的能力较强，比例总体占40.25%；从事居民服务、修理和其他服务业、社会服务、交通运输/仓储通信这三项服务业的劳动力比例也较高，总体占25.56%；与公共行政、金融和高新技术相关的行业吸纳转移劳动能力较弱，公共管理、社会保障和社会组织吸收劳动力仅占 3.02%，金融、保险、房地产占 2.65%，信息传输、软件和信息技术服务业占 1.51%，科研和技术服务业占 1.31%。第二产业对应的各行业吸纳转移劳动力的能力均不高，其中建筑行业吸纳劳动力相对较高，占总数的 6.72%，制造业次之，占总数的 3.59%。

6.4.1.2　第三产业对应行业劳动力教育投资情况

第三产业中吸纳劳动力比例较高的行业主要以初中、小学和高中文化程度的劳动力为主。其中批发零售行业、居民服务、修理和其他服务业、社会服务行业劳动力的初中文化程度的比重最高，高中文化程度次之，小学文化程度第三，大学专科文化程度第四；住宿餐饮行业吸纳的劳动力初中文化程度最多，小学文化程度次之，高中文化程度第三，大专及以上文化程度的劳动力比例在所有行业中最低；交通运输行业初中和高中/中专文化程度的劳动力为主力军，大学专科的比例高于小学文化程度的比例。这一结果说明，住宿餐饮行业对劳动力的文化程度要求相对较低，批发零售行业和社会服务行业对劳动力受教育水平的要求也不高，这些对受教育水平要求较低的行业相应容纳的转移劳动力规模较大。交通运输和仓储通信行业对劳动力的受教育程度要求相对提高，吸纳的劳动力规模相应降低。第三产业中吸收转移劳动力较少的公共管理、社会保障和社会组织，软件和信息技术服务业，科研和技术服务业，信息传输，金融、保险、房地产行业，转移劳动力的受教育水平明显较高，以大专及以上的劳动力为主力军。其中，公共管理、社会保障和社会组织行业的劳动力以大学本科学历的比例最高，大学专科的比例次之；信息传输、软件和信息技术服务业，科研和技术服务业以大学专科的比例最高，大学本科学历的比例次之；而金融、保险、房地产行业以大学专科的比例最高，高中文化程度的比例次之，大学本科学历的比例第三（见图 6-1）。综合这一结果，可以认为新疆转移劳动力教育投资水平相对较低，向受教育水平要求较低、技术含量较低的次要劳动力市场的行业转移的比例较高。正是因为受教育水平的限制，向受教育水平要求较高、技术含量要求高的行业转移的比例非常低。

6.4.1.3　第二产业对应行业劳动力教育投资情况

在第二产业对应的行业分布中同样可以找到这样的特点。在吸收劳动力相对较多的建筑行业，初中文化程度的劳动力占 43.39%，小学文化程度的劳动力占 22.49%，高中文化程度的劳动力占 17.72%，大专文化程度的劳动力占 10.05%。制造业比建筑行业对劳动力的受教育

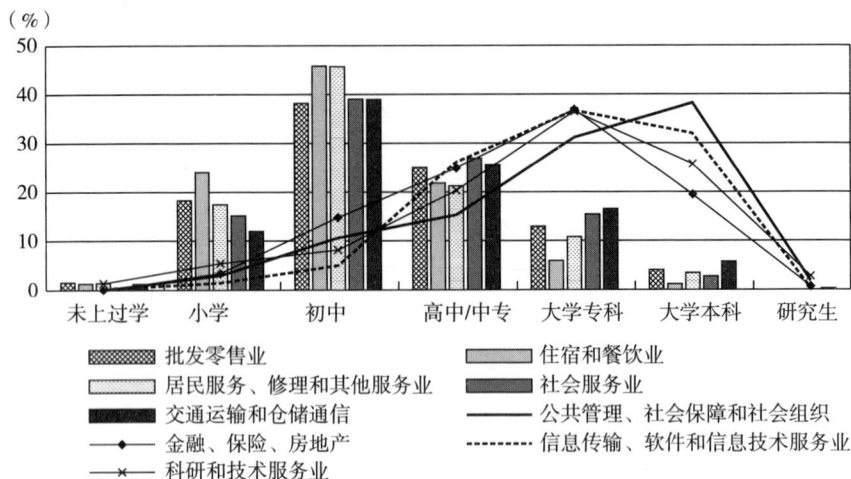

图 6-1　第三产业对应主要行业劳动力受教育情况分布

水平要求较高，初中文化程度占 39.6%，高中/中专占 23.76%，大学专科及以上占 23.77%。采掘和电煤水生产供应行业对劳动力受教育水平要求较高，大学专科及以上的劳动力分别占到该行业样本总数的49.09% 和 45.31%；高中文化程度的比例为 16.36% 和 29.69%；相应地吸收转移劳动力的比例非常低（见图 6-2）。

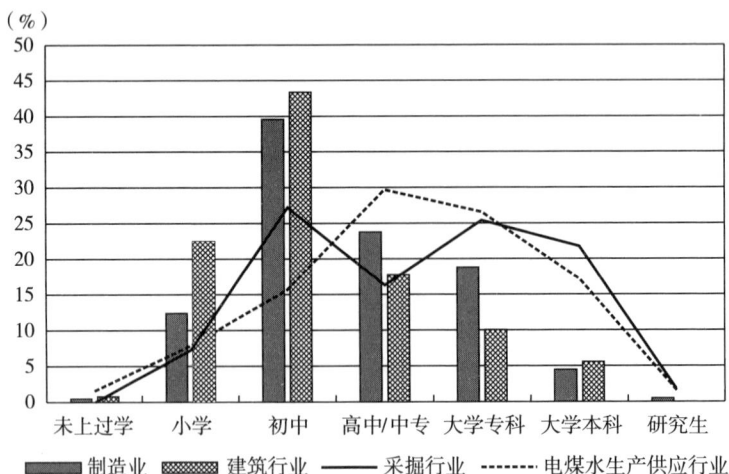

图 6-2　第二产业对应主要行业劳动力受教育程度分布

6.4.1.4 劳动力非农就业行业选择与教育投资水平密切相关

有研究用行业工资收入、劳动时间和失业风险三项指标对行业的就业状况进行初步分层，将批发零售业、住宿餐饮业、居民服务业、制造业和建筑业归类为低层行业。低层行业的特点是工资收入均低于平均水平，每周工作时间超过 48 小时的行业人口比均高于平均水平，失业风险水平相对最高（谭兵，2011）。新疆转移至第三产业的流动劳动力主要集中在批发零售、住宿餐饮、居民服务、修理和其他服务业；转移至第二产业的劳动力在建筑行业和制造业的比例相对较高，说明新疆转移劳动力多在低层行业就业。造成新疆流动劳动力多在低层行业转移就业的原因与转移劳动力受教育水平密切相关，转移劳动力受教育水平相对较低，主要以初中、小学和高中文化程度的劳动力为主。低层行业在准入门槛上对劳动力的受教育水平的要求低，因此转移至低层行业的劳动力规模较大。

受教育程度在大学专科及以上的转移劳动力，倾向于在公共管理、社会保障和社会组织，信息传输、软件和信息技术服务，科研和技术服务，金融/保险/房地产、采掘和电煤水生产供应等行业就业。这些行业中的电煤水生产供应业、科研和技术服务、信息传输、软件和信息技术服务、金融业均被认为是高层行业，其平均工资远高于全国平均水平，每周工作时间超过 48 小时的行业人口比低于平均水平，失业风险相对最低。公共管理、社会保障和社会组织，金融/保险/房地产，采掘等行业组别为中层行业，这几个行业类别综合平均工资、工作时间、失业风险等指标，在就业质量上要高于低层行业组别。中层和高层的行业对转移劳动力受教育水平的要求明显较高，其中部分行业人力资源的技术性要素要求较高。转移劳动力因为受教育水平的限制，向受教育水平要求较高、技术含量要求高的行业转移的比例非常低。

6.4.2 劳动力教育投资水平影响非农就业的职业选择

6.4.2.1 转移劳动力就业职业分布特征

从主要就业职业分布来看，新疆转移劳动力人口的非农职业选择具有鲜明的特点，主要以商业、商业服务业的人员为主。选择商业服务业人员、经商、餐饮、商贩这 4 个职业的劳动力占比达 54.98%。从事专业技术人员、运输、建筑、办事人员和有关人员等职业的比例均超过 3%。而从事国家机关、党群组织、企事业单位负责人，生产、运输设备操作人员及有关人员，保洁、装修、生产、保安、家政等这些职业的劳动力比例较低，尤其后三者的比例均低于2%。另外，无固定职业的流动劳动力比例也较高，占总数的6.46%。

6.4.2.2　比例高于3%的主要职业就业人员受教育程度分布状况

分析选择比例高于3%的主要职业就业人员受教育程度分布状况，发现不同受教育程度的转移劳动力在职业选择上具有明显的差异性（见图6-3）。初中及以下文化程度的转移劳动力更倾向于从事餐饮、商贩、建筑等职业，同时发现无固定职业的转移劳动力也多为初中及以下文化程度的劳动力。从事餐饮、商贩、建筑职业的劳动力中，初中文化程度分别占该职业总数的比例为49.78%、41.30%、42.80%；小学文化程度分别占该职业总数的比例为23.12%、32.39%、26.69%；高中文化程度分别占该职业总数的比例为20.32%、17.17%、16.10%；其他文化程度从事该职业的比例都很低。在无固定职业的转移劳动力中，不同文化程度占该职业总数的比例分别是：初中46.15%，小学27.44%，高中16.15%，大专5.90%，本科和未上过学各为2.05%。接受过高等教育的转移劳动力更倾向于从事办事人员和有关人员、专业技术人员这两个职业。在吸纳转移劳动力比例高于3%的职业中，从事这两个职业的劳动力大学专科、大学本科和研究生的比例远远高于其他职业。其中选择办事人员和有关人员的劳动力中，大学专科占39.83%、大学本科占37.29%、研究生占3.81%；从事专业技术人员这一职业的劳动力中，大学专科占34.97%、大学本科占22.84%、研究生占1.86%。接受初级中等教育和高级中等教育的劳动力更倾向于选择运输、经商、其他商业/服务业人员这些职业，其中运输领域职业的劳动力初中文化程度占47.45%、高中文化程度占24.71%；经商相关职业的劳动力初中文化程度占39.19%、高中占26.54%；其他商业/服务业人员中初中文化程度占33.68%、高中文化程度占28.70%。

6.4.2.3　比例低于3%的主要职业就业人员受教育程度分布状况

分析选择比例低于3%的主要职业就业人员受教育程度分布状况，发现家政、保洁、保安、装修这些职业的选择人数很低，且劳动力受教育程度的门槛要求较低（见图6-4）。7年样本中选择家政、保洁、保安、装修等职业的人数在100人左右，选择家政的初中及以下文化程度的劳动力占94.74%；选择保洁初中及以下文化程度劳动力占82.26%，选择保安初中及以下文化程度占66.67%，选择装修的人数中初中及以下文化程度占75.41%。

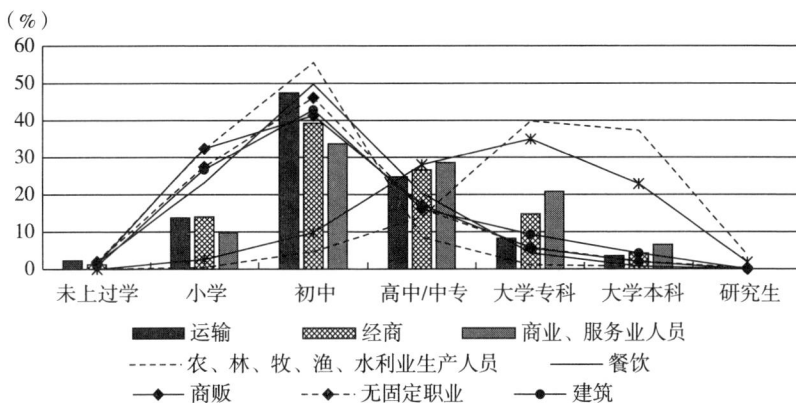

图 6-3　选择比例高于 3% 的主要职业就业人员受教育程度分布

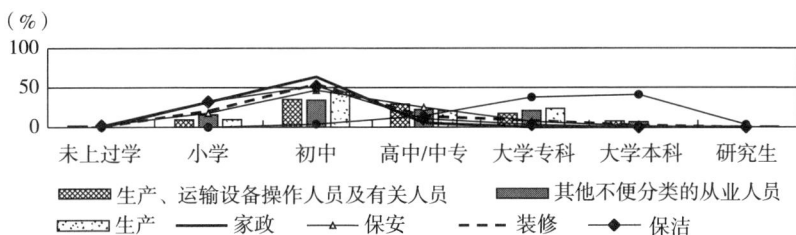

图 6-4　选择比例低于 3% 的主要职业就业人员受教育程度分布

国家机关、党群组织、企事业单位负责人对于受教育水平、能力素质和工作经验的要求较高，因此调查样本中从事该职业的人数较少。其中选择国家机关、党群组织、企事业单位负责人这一职业的人数中，大专及以上学历的占 81.82%，与其他职业相比高等教育学历占比最高，其中大专占 37.88%，大学本科占 40.91%，研究生学历占 3.03%。从事生产、生产/运输设备操作人员及有关人员的劳动力受教育水平处于中等教育及偏上的层次，其中初中文化程度占 44.12%、高中占 20.59%、大学专科及以上占 25.49%。职业是生产/运输设备操作人员及有关人员中，初中文化程度占 34.81%、高中占 29.11%、大专及以上占 24.68%。这两个职业可能因为受教育水平相对要求较高、新疆生产企业数量较少而导致承载转移劳动力数量不高。

6.4.2.4　高教育投资水平对选择主要劳动力市场的职业更有利

新疆转移劳动力非农就业主要以商业、商业服务业的人员为主。

不同受教育水平的劳动力在职业选择上具有明显的差异性。初中及以下文化程度的转移劳动力更倾向于从事餐饮、商贩、建筑、家政、保洁、保安、装修这些职业，无固定职业的转移劳动力也多为初中及以下文化程度的劳动力。接受过中等教育的劳动力更倾向于选择运输、经商、商业服务业人员、生产、生产/运输设备操作人员等职业。接受过高等教育的转移劳动力更倾向于从事办事人员和有关人员、专业技术人员、国家机关/党群组织/企事业单位负责人这三类职业。受教育程度越高，选择从事的职业在稳定性、组织性、社会保障性上更具优势。

劳动力选择从事办事人员和有关人员、专业技术人员、国家机关/党群组织/企事业单位负责人的可能性随受教育水平的提高而明显提高。以专业技术人员为例，未上过学、小学、初中、高中/中专、大学专科、大学本科和研究生 7 级受教育程度中从事该职业的劳动力比例分别是 0.00%、1.10%、1.85%、9.00%、16.45%、22.84% 和 34.78%。相反，从事餐饮、商贩、建筑、家政、保洁、保安、装修等职业的可能性随着受教育水平的提高而明显降低，以商贩这一职业为例，未上过学、小学、初中、高中/中专、大学专科、大学本科和研究生 7 级受教育程度中从事该职业的劳动力比例分别是 17.39%、15.65%、14.92%、10.35%、3.18%、1.17% 和 0.00%，说明随着受教育水平的不断升高，从事办事人员和有关人员、专业技术人员，国家机关、党群组织、企事业单位负责人的比例也随着上升，而从事餐饮、商贩、建筑、家政、保洁、保安、装修等职业的比例则不断下降。

从受教育程度总体来看，较高的受教育水平对转移劳动力的职业选择更有利，受教育程度低的转移劳动力在求职方面优势不大，倾向于选择受教育水平门槛低、技术门槛不高的职业。家政、保洁、保安、装修这些职业因为同质性高、工作强度高、收入水平低而使得选择的劳动力较少。国家机关、党群组织、企事业单位负责人对于受教育水平、能力素质和工作经验的要求较高，从事该职业的人数较少。生产、生产/运输设备操作人员及有关人员等职业对劳动力受教育水平要求相对较高且新疆生产企业数量较少而导致承载转移劳动力数量不高。

6.4.3　劳动力教育投资水平影响非农就业单位的选择

6.4.3.1　劳动力就业单位性质总体特征

对 2011~2016 年流动劳动力调查样本就业单位性质的情况进行了

统计。流动劳动力就业人数居前 5 位的单位性质为个体工商户、私营企业、无单位、机关事业单位、国有及国有控股企业，占总数的比例依次是 39.7%、20.8%、17.5%、8.2%、6.6%。其中单位性质分布最集中的是个体工商户和私营企业，占总人数的 60.5%，无固定单位的比例占所有单位性质人数位居第三，所占比例也比较高。不同受教育水平的流动劳动力群体在个体工商户、私营企业、无单位、机关事业单位、国有及国有控股企业这 5 类单位的人数分布上有明显差别（见表 6-8）。

表 6-8　不同受教育程度劳动力非农就业单位的性质分布

受教育程度	土地承包者	机关事业单位	国有及国有控股企业	集体企业	个体工商户	私营企业	股份/联营企业	社团/民办组织	其他	无单位
未上过学	5.8	4.3	0.0	0.0	52.2	8.7	0.0	0.0	5.7	23.2
小学	2.5	3.1	1.6	0.6	43.4	13.4	0.0	0.2	2.7	32.2
初中	1.8	2.9	3.3	1.4	44.4	19.1	1.1	0.1	2.9	23.0
高中/中专	0.6	5.7	8.9	2.9	43.8	23.9	1.7	0.2	2.1	10.5
大学专科	0.3	16.3	12.6	2.2	29.4	29.2	2.2	0.1	2.7	4.9
大学本科	0.2	36.4	15.9	2.3	15.2	22.8	2.1	0.5	2.6	2.1
研究生	0.0	60.9	21.7	0.0	0.0	8.7	0.0	0.0	4.3	4.3
总计	1.4	8.2	6.6	1.8	39.7	20.8	1.3	0.1	2.6	17.5

6.4.3.2　不同教育投资水平劳动力就业单位性质的分布

不同受教育水平的转移劳动力群体，就业单位性质的分布特征有明显差别。在未上过学的劳动力中，劳动力就业单位性质是个体工商户的占到受教育程度的 52.2%；无单位的数量比例较高，占该受教育程度的 23.20%；在私营企业就业的劳动力比例占该受教育程度的 8.7%。在小学文化程度的劳动力中，就业单位性质是个体工商户的占该受教育程度中的 43.4%；在无单位的占该受教育程度中的 32.2%；在私营企业就业的占该受教育程度中的 13.4%。在初中文化程度的劳动力中，就业单位性质是个体工商户的占该受教育程度中的 44.4%；无单位的占该受教育程度中的 23%；私营企业工作的占该受教育程度中的 19.1%。在高中/中专文化程度的劳动力中，单位性质是个体工商户的占该受教育程度中的 43.8%；单位性质是私营企业的占该受教程度中的 23.9%；无单位的占该受教育程度中的 10.5%；在国有及国有控股企业就业人数占该受教育程度中的 8.90%；在机关事业单位工作的人数占该受教育程度中的 5.70%。

在大学专科学历的劳动力中，单位性质是个体工商户的占该受教育程度中的 29.4%；单位性质是私营企业的占该受教育程度中的 29.2%；在机关和事业单位工作的占该受教育程度中的 16.3%；在国有及国有控股企业就业人数占该受教育程度中的 12.6%。在大学本科学历的劳动力中，在机关事业单位工作的占该受教育程度中的 36.4%；单位性质是私营企业的劳动力占该受教育程度中的 22.8%；在国有及国有控股企业就业人数占该受教育程度中的 15.9%；单位性质是个体工商户的人数占该受教育程度中的 15.2%。在研究生学历的劳动力人数中，在机关和事业单位工作的占该受教育程度中的 60.9%；在国有及国有控股企业就业人数占该受教育程度中的 21.7%；单位性质是私营企业的劳动力占该受教育程度中的 8.7%。

6.4.3.3 劳动力教育投资水平决定就业单位性质特征

从人数分布特征可以看出，未上过学、小学、初中的劳动力就业单位同质性较强，就业单位性质选择的前三位依次是个体工商户、无单位和私营企业。这 3 级文化程度的劳动力人数占个体工商户就业者总数的 61.7%，占无单位人数的 81.5%，占私营企业就业者的 45.5%。这说明个体工商户性质的单位对劳动力文化程度要求较低，近半数的私营企业对劳动力文化程度的门槛要求较低；这两种性质的单位吸纳较低文化程度的劳动力数量和比例较高。同时，无固定单位意味着就业不稳定，超过 80% 的无固定单位劳动力文化程度是初中及以下，说明低文化程度是阻碍劳动力确定固定单位就业、提高就业稳定性的重要影响因素。高中文化程度、大学专科学历的劳动力就业单位性质更多元。高中/中专文化程度的劳动力单位性质分散在个体工商户、私营企业、无单位、机关事业单位、国有及国有控股企业，排名前三位的是个体工商户、私营企业和无单位。与初中及以下文化程度的劳动力就业单位性质特征相比，私营企业就业的人数显著增加，无单位的人数显著减少，尤其在机关事业单位、国有及国有控股企业就业人数比例明显增加。大学专科学历的劳动力单位性质分散在个体工商户、私营企业、机关事业单位、国有及国有控股企业，与高中/中专文化程度相比，在机关事业单位和国有企业就业的劳动力比例出现跨越式的上升，而无单位的劳动力人数锐减，比例大幅度降低。

　　大学专科及以上文化程度的转移劳动力在就业单位性质上更加偏好机关事业单位、国有及国有控股企业等机构和单位，并且呈现学历层次越高的劳动力在这两类单位就业人数比例越高的现象。研究生学历的劳动力人数更倾向于集中在机关事业单位，其次是国有及国有控股企业；且该学历层次劳动力在这两个性质的单位就业的人数比例均高于大学本科劳动力比例。大学本科的劳动力在机关事业单位工作的人数最多，其次是私营企业；在机关事业单位和国有及国有控股企业就业的劳动力比例均高于大学专科劳动力。大学专科的劳动力在机关事业单位、国有及国有控股企业就业的比例远高于高中文化程度的劳动力。可以看出，不同受教育水平的劳动力在就业人数分布上有明显的差异。受教育程度越低，越偏向于稳定性低的个体工商户、无单位和私营企业就业。学历水平越高，劳动力越偏向于在稳定性较高的机关事业单位就业。随着受教育水平提升，无单位的劳动力比例显著降低，个体工商户的比例降低；而机关事业单位就业劳动力比例会显著提高。

　　我国的社会保障政策用单位性质将就业人员划分在不同的保险区域。国有性质单位社会保险项目获得机会最多、待遇最好；垄断性非国有性质单位，凭借单位经济实力雄厚的优势，保险项目和待遇水平不逊色于国有性质单位；非垄断性质的传统行业，大多集中了非国有性质单位，保险项目和待遇获得水平都比较低；非正规就业人员、个体户和农民的社会保障和待遇水平最低。教育水平在大专及以上的劳动力，其就业所在行业集中了国有性质单位的特征，比如机关事业单位、国有及国有控股企业等机构和单位等。这些机关事业单位和国有及国有控股企业用工制度较为规范，其合法权益能得到有效保障，岗位和收入具有相对稳定性。初中及以下的劳动力集中在就业容纳人口总量大、非国有性质的个体工商户、私营企业等的单位就业，这些人口比高、行业工资水平低的行业，同时也是工作时间较长、比较容易失业的行业。所在单位的性质决定了初中及以下的非农就业劳动力享受的社会保障较差，就业稳定性较低的现实情况。

6.4.4　小结

6.4.4.1　教育投资信号将劳动力分流至异质特征的劳动力市场

　　主要劳动力市场工资福利优厚、工作稳定性高、工作环境较好、培训机会较多、晋升渠道相对通畅；次要劳动力市场劳动报酬较低、福利待遇较差、雇佣关系相对不稳定、工作环境相对恶劣、培训机会和晋升机制相对缺乏。在劳动力选择行业、职业和单位时，劳动力教育投资水平发挥了市场筛选功能，将不同文化程度的劳动力分流至不同特征的市场，从而产生就业质量的差异。从就业行业来看，劳动力教育投资水平决定其就业质量。综合平均工资、工作时间、失业风险等指标将行业分层，则受教育程度偏高的转移劳动力，易于在平均工资、工作时间和失业风险评价为优势层的行业就业；转移劳动力受教育水平相对较低，易于在准入门槛低、平均工资较低、工作时间长、失业风险高的劣势层行业就业。新疆转移劳动力受教育程度偏低，转移至低层行业的劳动力规模较大。从职业选择来看，较高的教育投资水平对转移劳动力的职业选择更有利，受教育水平高的劳动力倾向于选择稳定性高、组织性强、保障性较好的职业，受教育程度低的转移劳动力在求职方面优势不大，倾向于从事稳定性不高、工作强度大、收入水平低的职业。劳动力教育投资水平影响不同性质就业单位的选择。教育投资水平在大专及以上的劳动力，其就业所在行业集中了国有性质单位的特征，比如机关事业单位、国有及国有控股企业等机构和单位等。该性质的单位用工制度较为规范，其合法权益能得到有效保障，岗位和收入具有相对稳定性。初中及以下的劳动力集中在就业容纳人口总量大、非国有性质的单位就业，这些劳动力密集、行业工资水平低的单位和岗位，同时也是工作时间较长、比较容易失业的岗位。所在单位的性质决定了初中及以下的非农就业劳动力享受的社会保障较差，就业稳定性较低的现实情况。

6.4.4.2 提升教育投资水平有利于改善劳动力就业质量

新疆就业市场的"二元性"非常明显，教育投资水平偏低的劳动力在非农就业过程中多集中在次要劳动力市场的行业、职业和单位；高受教育水平的劳动力多集中在主要劳动力市场的行业、职业和单位。说明在新疆劳动力市场，教育投资水平具有强信号的功能，正是这一信号作用的持续发挥，投资高等级教育而获得凭证的劳动力，比接受次等级教育的劳动力传递给雇主的信号更强，进入主要劳动力市场的机会更大。转移劳动力教育投资水平相对较低，向受教育水平要求较低、技术含量较低的次要劳动力市场的行业转移的比例较高。无论从就业行业、就业职业还是就业单位性质分析，新疆大多数劳动力聚集在次要劳动力市场。高教育投资水平的劳动力缺乏，主要劳动力市场的就业比重偏低，教育投资水平限制着劳动力向主要劳动力市场行业、职业和单位转移。在"二元特征"较强的劳动力市场下，劳动力提高教育投资水平，将受教育程度的强信号传递给雇主，容易获得主要劳动力市场的工作机会。教育投资能改变不同劳动力市场的就业供给，高等级教育投资的增加能够扩大主要劳动力市场的就业量，使一部分劳动力转移至高质量的劳动力市场，从而改善更多劳动力的就业质量。我国的发展方式从规模速度型转向质量效益型，高质量劳动力是经济社会高质量发展的基础。提高劳动力质量，才可以不断地实现劳动力的合理配置，推动"更高质量和更充分就业"。提高劳动力教育投资水平，依靠教育和职业培训，提高劳动力受教育水平和就业能力，有助于促进劳动力就业产业的主动选择，进而优化就业产业结构，破除因为劳动力人力资本水平偏低而产生的劳动力市场"二元特征"壁垒，从而提升全社会劳动力就业质量。

第7章 新疆教育投资促进非农就业的社会贡献分析

前文基于人力资本理论、信号筛选理论和劳动力市场理论，分别从不同的视角实证分析了教育投资对非农就业数量和质量的影响。根据已有研究，教育投资的价值不仅在于影响非农就业，更大的价值在于影响经济社会高质量发展。《中华人民共和国国民经济和社会发展第十四个五年规划和2035年远景目标纲要》提出"十四五"时期经济社会发展已转向高质量发展阶段。这说明我国在稳定经济发展速度的同时，更加注重社会各领域的发展质量。经济社会发展提质增效是新时代的重要任务。本章进一步论证教育投资促进非农就业对新疆社会发展的贡献，为提升新疆教育投资水平和提高非农就业数量和质量提供重要依据。在这个过程中，就业相对直接影响经济社会高质量发展，而教育通过就业这一中介机制，影响着经济发展和社会高质量发展。

7.1 教育与就业对新疆经济社会发展的影响途径分析

7.1.1 教育与就业对新疆经济发展的影响

7.1.1.1 就业促进经济可持续发展

对于整个社会而言，就业是人力资源与物质资料相结合创造社会财富的过程；对于个人而言，就业是个人获得经济收入的主要手段，关系着亿万人民群众的切身利益。亚当·斯密（2011）认为，一个国家的国民财富积累是由劳动生产率和参加生产的劳动人数确定的，劳动就业对经济发展具有非常重要的影响。2001~2017年，新疆非农就业劳动力规模增加了 475.8 万人，非农就业比例从 43.36% 增加至 59.12%，第三产业就业比重超越第一产业就业比重。新疆非农就业劳动力增加，为第二产业和第三产业提供了更多的脑力和体力劳动支持，充足的人力资源有利于生产新的产品和服务，进而增加社会财富积累，推动社会经济的发展。另外，劳动者就业对经济可持续发展有重要意义。劳动力就业可以提高劳动者及其家庭的收入，满足衣食住行等最基本的生存需求，减少贫困现象的发生。劳动就业可以保障劳动力可持续再生产，接受良好的教育，增加劳动力的数量和质量，提高全体社会成员生存和生活质量，促进经济可持续发展（吴鹏森，2017）。

7.1.1.2 教育投资通过就业中介机制促进经济发展

教育投资以就业为中介，通过规范劳动力的经济行为、提高劳动力素质、优化劳动力配置结构促进经济发展。首先，教育投资增进个人的知识和技能，提高"处理不均衡状态的能力"、分配和利用时间的能力，共同作用促进劳动生产率的提高，进而促进经济的增长和发展。其次，教育投资改变着劳动力的知识、技能结构，使劳动力的配置结构与经济结构更加协调，从而促进整个经济高质量发展。最后，教育投资形成的道德力量在一定程度上潜移默化引导劳动者遵守经济活动需要的行为规范，保证了经济活动正常进行。

7.1.1.3 教育投资促进经济增长和收入改善

教育促进经济增长的贡献从 20 世纪 80 年代以来取得了一系列实证研究和理论研究的成果。一些西方学者认为教育投资而非物质资本投资是发达国家保持经济持续增长的关键因素，也是发展中国家实现经济增长的必要条件。如"二战"后的日本经济崛起依靠教育，积极引进先进的科学、技术，从而跻身于发达国家之列；德国"二战"后依靠职业培训，给更多的职工提供职业教育培训，使其在"二战"重创后能很快恢复经济，并运行在发达国家之列。综合已有研究，教育投资可以通过以下机制促进国民经济的发展：一是能促进科学技术的发展，创造新的替代资源；二是能带来劳动力素质的改善，提高物力资源的使用效率，提高资本的利用水平；三是可以改善收入分配、促进收入平等化，从而提升人民生活水平。

7.1.2 教育与就业对新疆社会高质量发展的影响

7.1.2.1 教育和就业促进创新发展

教育在促进经济社会高质量发展中起到重要作用。"教育培养什么样的人才，就有什么样的经济发展景象和社会发展形态。""人才决定现代化经济和经济发展的质量"（刘云生，2018）。这些论述说明，"人"，尤其是"人才"是新疆经济社会高质量发展的核心因素。人能否成长为与社会发展需要的"人才"，教育起到最主要的作用。教育培养的"人"可能是"匹配型人才"，也可能是"跟随型"人才，还有可能是"引领型人才"。匹配型人才是适应新时代、新业态对劳动力的需求，而引领型人才是站在创新科技前沿，引导新趋势，创造新经济，推动新业态的革新，引领整个社会的新发展。进入新时代，创新驱动被认为是高质量发展的重要动能，如在第二产业，高端制造和人工智能制造被认为是工业发展新动力。立足社会高质量发展的时代场域，透视教育在社会大系统运行中的功能，只有教育通过再生产和生产科学技术的功能，能主动因应创新发展的需求，或者在经济之先牵引，或者在经济之后驱动，从而成为创新动能转换的引擎。

从就业的视角来看，低效率的劳动密集型产业就业岗位正在被高科技代替，全国劳动密集型行业的就业比重呈现逐渐减少的态势。新产业、新业态进入大众视野并提供了就业空间，但是大多需要劳动者具备更加专业的知识背景和更高的劳动技能。教育投资的逐步提升可以提高全社会高质量人力资本积累，使更多劳动者的能力素质结构与新产业和新业态的需求相适应。经济社会高质量发展的各动力源彼此相互联系相互作用。如劳动者的就业能力与就业岗位相匹配，就业满意度会进一步提升，就业质量得到改善。高质量就业能够更多地激发劳动者的生产积极性，主动参与和推动人力资本深化，挖掘潜力促进技术创新（苏丽锋和赖德胜，2018）。从这个视角来看，受教育程度决定着能不能进入新型劳动力市场。基于人力资本水平获得准入的广大劳动者，在新型劳动力市场潜力受到激发，必然能够极大地提高社会创新能力，真正挖掘人口的"质量"红利。

7.1.2.2 教育和就业影响社会协调发展

教育通过培养人才，作用于就业市场领域，有助于推动区域协调、城乡协调发展。一是教育能增进富余劳动力向城镇就业和迁移的能力，从而优化城乡人口结构。富余农业劳动力的素质与现代经济增长不适应，素质结构与日新月异的经济结构不匹配，是农业劳动力转移就业的重要瓶颈（刘成坤和林明裕，2020）。教育投资通过教育实现劳动力再生产，改善劳动力的人力资本结构，提高劳动者的能力素质与社会发展的产业结构、技术结构等的适应性。农村新增富余劳动力因为素质结构改善而有更多机会向城镇流动、向非农产业流动，即通过教育实现新增就业劳动力在城市和乡村的自由选择能力，使城镇和乡村人口比重更加协调。

二是非农就业能提高农村劳动力的增收能力，从而缩小城乡收入差距。只有农村和城市的经济发展水平缩小时，城乡经济才能协调发展。Datt 等（2016）的研究认为非农行业就业对减少贫困具有重要意义。1991 年之前非农行业对减轻印度贫困做出了 40% 的贡献，1991 年之后做出了 90% 的贡献。近年来，新疆就业人数总体呈上升趋势，全社会失业人口的比重下降。乡村就业人口规模明显增加，农村隐性失业人口下降。同时，新疆城乡居民人均可支配收入显著提高，2007～2017 年，城镇居民可支配收入从 10313 元增加至 30775 元，农村居民可支配收入从 3183 元上升至 11045 元。2007 年城镇/农村居民的收入比是 3.24∶1；2017 年城镇/农村居民的收入比是 2.78∶1。新疆全社会就业规模向好变化，城乡居民收入差距在逐步改善，教育和就业应该起到重要作用。

另外，教育在促进农村产业振兴和农村社会转型起到重要作用。加大教育投资使农村家庭子女有更多的受教育机会，促进农村家庭子女人力资本水平提升，因为亲缘和社会网络关系这部分人群更可能回流到家乡本地就业。接受教育或者在城市非农就业的经历使得他们更有可能将城市资本、理念、技术等要素带回乡村，从而促进农村的产业发展、社会转型。

7.1.2.3　教育和就业影响社会民生发展

民生改善是指人民物质生活与精神文化生活不断获得提升的状态（李志明和邢梓琳，2019）。人民物质生活包含了基本物质条件的满足和高水平物质生活的追求。随着社会经济的发展，民众在衣食无忧的基本生存问题解决后，优化生存条件、丰富精神生活、提高生存质量成为日益增长的美好生活的重要需求。教育和就业是改善人民生活、增进人民福祉的活力源泉。民生改善离不开教育的基础作用。民生主体参与经济生活，其素质和能力不是与生俱来、亦不是自发生成，需要教育培育民生主体成为具有相关知识技能的劳动者（张晓燕和孙振东，2017）。提升民生主体的综合素质，加强民众自身改善民生的"造血"机能，是教育改善民生的内在机理。S. Mahendra Dev（2017）认为，改善民生方面农业和非农业的任务是不同的，农业的责任是通过提高劳动生产力增加收入，而不是创造岗位吸收更多劳动力，制造业和服务业这些非农领域要发挥吸收劳动力的重要作用。教育能提高劳动者在非农就业领域有更多的选择能力，从而增加非农就业领域具有公平地参与就业竞争的机会，为物质生活和精神生活的投资提供物质保障。教育在更新劳动力技能素质的同时，转变部分劳动力"等靠要"的落后思想、打破职业等级的思维惯性，树立就业市场竞争意识、形成正确的就业流动性认知，通过改变观念而主动走出封闭的环境、走向有就业机会的区域，以此获得劳动收入以满足自己生存和发展的需要，而且通过就业活动使自己成为社会经济活动的参与者，获得社会承认，从而满足自尊的需要。

7.2 分析模型与变量选择

根据教育与就业对新疆社会经济发展的影响途径可以推论：教育与就业通过共同作用促进新疆社会经济的高质量发展发展，增加教育投资和促进就业在促进新疆经济社会高质量发展方面发挥重要作用。本部分运用灰色关联系统理论分析非农就业、教育投资对新疆经济社会高质量发展的贡献，探究非农就业、教育投资和经济社会高质量发展的互动关系。

7.2.1 分析模型

灰色关联系统理论（Grey Theory）是由著名学者邓聚龙教授首创的一种系统科学理论。灰色关联系统理论的基本思想是根据参考数列与各对比数列之间动态的发展态势进行量化分析，对系统内时间序列有关统计数据进行几何关系的比较，求出灰色关联度。所谓关联度是指选取的数列与参考数列之间的接近程度，它描述了系统发展过程中因素间相对变化情况。灰色关联分析通过位移差反映序列间发展过程或量级的相近性，可以弥补回归分析、方差分析、主成分分析等数理统计方法对序列呈线性关系且不相关的缺陷，克服单纯依靠模型做量化的不足，直接找到系统发展过程中的主要和次要因素（邓莉和冉光和，2005）。灰色关联对样本容量及是否规律均无特殊要求，从而可以有效避免多种传统数理统计方法求数据量大、计算过程繁杂以及可能出现的量化分析结果与定性分析结果不相符等缺陷。教育、就业对新疆经济与社会发展有影响。但是在整个作用过程中，影响新疆经济和社会发展的因素有很多个，且影响机理并不明确，即系统中各因素的关系是不确定、随机和复杂的，可以用灰色关联系统理论做出解释。

在灰色关联系统中，指标分析选择步骤如下：

第一步，求各序列的初值像 X'_i。

$$X'_i(K) = X_i(k)/X_i(1) = (X'(1), X'_i(2), \cdots, X'_i(7))(i=0,1,2,\cdots,7) \tag{7-1}$$

其中，$X'_i(k)$ 为 i 因素 k 年的原始数据。对所选的原始数据求序列初值像。

$$\Delta_{0i}(k) = | X'_0(k) - X'_i(k) |$$

$$\Delta_{0i}(K) = (\Delta_{0i}, \Delta_{0i}, \cdots, \Delta_{0i})(i=0,1,2,\cdots,7) \tag{7-2}$$

第二步，计算差序列 $\Delta_{0i}(k)$ 对标准化的初值像求差序列。

第三步，关联系数 $\xi_{0i}(k)$ 和关联度 γ_{0i}。

若设经数据变换的母数列为 $\{X_0(t)\}$，子数列为 $\{X_i(t)\}$，则在时刻 t=k 时，定义 $\{X_0(t)\}$ 和 $\{X_i(t)\}$ 的灰色关联系数为：

$$\xi_{0i}(k) = \frac{\min_i\min_k\Delta_{0i}(k) + \varphi\max_i\max_k\Delta_{0i}(k)}{\Delta_{0i}(k) + \varphi\max_i\max_k\Delta_{0i}(k)} \tag{7-3}$$

其中，φ 为分辨系数，其作用在于提高关联系数之间的差异显著性 $\varphi(0,1)$，这里令 $\varphi=0.5$，式中 γ_{0i} 为参考数列与对比数列 $\{X_i(t)\}$ $\{X_0(t)\}$ 的关联度，n 为数列的长度。灰色关联度的计算公式如下。

$$\gamma(x_0(k), x_i(k)) =$$

$$\frac{\min_i\min_k | x_0(k)-x_i(k) | + \xi\max_i\max_k | x_0(k)-x_i(k) |}{| x_0(k)-x_i(k) | + \xi\max_i\max_k | x_0(k)-x_i(k) |}$$

$$\gamma(x_0, x_i) = \frac{1}{n}\sum_{k-1}^n \gamma(x_0(k), x_i(k)) \tag{7-4}$$

7.2.2 变量选择

7.2.2.1 教育数据

教育投资的结果反映在社会从业人员的受教育程度构成上，社会从业人员受教育程度反映一个区域的教育水平，就业人员受教育程度构成的变动可以看出一个地区就业人口的受教育水平的时序变化。本部分用《中国人口和就业统计年鉴》《中国劳动统计年鉴》全国百分之一抽样调查劳动力关于社会从业人员的受教育程度构成来反映新疆就业人员受教育水平。

7.2.2.2 就业数据

就业数据包括就业人数、就业结构和失业率。就业人数分为农业就业人数和非农就业人数，就业结构用农业就业比率和非农就业比率衡量，失业率用城镇登记失业率表示。根据已有文献，非农就业人数指的是在第二产业、第三产业就业的劳动力人数，非农就业比率用适龄劳动力在非农产业就业的人数与就业总人数的占比来表示。相应地，农业就业人数就是在第一产业就业的劳动力人数，农业就业比率是第一产业就业的劳动力与就业总人数的占比。农业就业人数和比率统称农业就业数字，非农就业人数与比率统称非农业就业数字。失业率数字的反面是就业数字，失业率能够衡量闲置中的劳动产能，是反映一个国家或地区就业状况的主要指标。目前的统计资料没有农村隐性失业人口统计在内的"失业率"数据，因此选取通用的"城镇登记失业率"来表示。就业指标所有原始数据来自《新疆统计年鉴》。

7.2.2.3 经济社会高质量发展数据

"高质量发展"是相对于依靠物质资源消耗、过度注重发展数量和速度的粗放型增长模式而提出来的，是在新发展理念指引下，依赖技术进步和劳动者素质提升而实现的健康可持续发展，是能够更好地满足人民日益增长的美好生活需求的发展。根据高质量发展的定义，既要考虑发展速度，更要注重发展质量。本部分高质量发展分析从经济发展速度和社会发展质量综合考量。经济发展既包括社会财富在量上的增多和扩张，也包括经济结构的变化。国内生产总值（GDP）是指一个国家或地区在一定时期内（通常为一年）生产的以货币表现的全部最终产品和劳务的总和，因此国民生产总值是衡量经济发展的重要指标之一。非农产值比是制造业（第二产业）与服务业（第三产业）之和在GDP中的比重，它可以反映经济结构从农业向工业和服务业转变的情况，被认为是观察经济发展的经济结构指标。经济发展指标所有原始数据来自《新疆统计年鉴》。

创新、协调、绿色、开放、共享是高质量发展的重要内涵。任保平（2018）和王大树（2022）认为创新是引领发展的第一动能，解决的是经济发展动力源泉问题；协调是持续健康发展的内在要求，解决的是发展不平衡问题。苏永伟和陈池波（2019）把结构优化、民生改善作为高质量发展的重要评价指标。结构优化是产业结构、供需结构的协调发展问题，民生改善是"美好生活"高品质追求的需要。李金昌等（2019）认为高质量发展含义中包含着人民生活质量不断提高的发展，具体体现在实际人均 GDP 和实际人均可支配收入达到较高水平并持续稳定增长，同时实际收入分配差距处于合理范围。基于以上观点，以及数据的可获得性，新疆经济社会高质量发展的质量维度主要集中在创新发展、协调发展和民生发展三个方面讨论，分析教育、就业与新疆社会高质量发展的关系。创新发展一般包括产品质量和新产品数量两个维度。产品质量提高反映在产品质量和性能提高上，可以用产品质量优等品率、产品抽查不合格率来衡量，新产品数量反映在新产品数量增多等方面，用每万人发明专利拥有量、规模以上工业企业新产品开发项目数衡量。协调发展用城镇居民与农村居民收入比、人口城镇化率来衡量；民生发展用居民可支配收入和人均教育文化娱乐支出来衡量（薛伟和蔡超，2022）。关联系统指标如表 7-1 所示。产品质量优等品率、产品抽查不合格率的数据来自《中国统计年鉴》，规模以上工业企业新产品开发项目数来自《中国科技统计年鉴》，其余数据来自《新疆统计年鉴》。产品质量优等率 2006 年开始计算和公布；规模以上工业企业新产品开发项目数在 2010 年以前有 6 年在出处年鉴统计的企业类型是大中型工业企业。

表 7-1　关联系统的指标统计

系统层	指标层	指标方向	单位	指标含义
教育指标	就业人员受教育程度比重	正向	%	人力资本存量
就业指标	农业就业人数（X_1）	正向	万人	农业就业规模
	非农就业人数（X_2）	正向	万人	非农就业规模
	城镇登记失业人数（X_3）	负向	万人	地区闲置中的劳动产能
	农业就业比率（X_4）	正向	%	农业就业结构
	非农就业比率（X_5）	正向	%	非农就业结构
	城镇登记失业率（X_6）	负向	%	地区闲置中的劳动产能
经济发展指标	区内生产总值（Y_1）	正向	亿元	一个地区的经济稳定状况
	非农产值比	正向	%	非农产业发展
创新发展指标	每万人发明专利拥有量	正向		全社会创新能力
	规模以上工业企业新产品开发项目数	正向		企业创新能力
	产品质量优等品率	正向		创新发展质量
	产品抽查不合格率	负向		创新发展质量

续表

系统层	指标层	指标方向	单位	指标含义
协调发展指标	城镇居民与农村居民收入比	负向		城乡协调发展
	人口城镇化率	正向		城乡融合发展
民生发展指标	居民可支配收入	正向		物质生活水平
	人均教育文化娱乐支出	正向		精神生活水平

7.3 非农就业对新疆经济社会高质量发展的贡献分析

7.3.1 研究假设

发展经济学的经典劳动力流动模型一致认为，发展中国家内部存在着严重的"二元经济"结构，形成的主要原因是工业、农业部门的劳动生产效率差异。托达罗模型认为不仅农业部门存在剩余劳动力，工业部门（城市）也存在着失业和就业不足。工业部门和农业部门劳动力是相互流动的，劳动者预期未来工业部门（城市）收入的现值大于未来农村收入的现值，就会作出向工业部门就业流动的决策，反之则会留在农业部门（迈克尔·托达罗，1992）。现代产业部门可以分为农业部门和非农业部门。第一产业的从业人员被视为农业就业，而第二产业、第三产业的从业人员被视为非农就业。在经济发展过程中，劳动力等要素从生产率低的农业转向生产率更高的非农产业，劳动生产率才可以得到不断提高。经济增长和居民收入增长都是建立在劳动生产率提高的基础之上，劳动力转移和重新配置是很多发展中国家社会发展和经济增长最根本的源泉（蔡昉，2017）。新疆绿洲面积只占总面积的 8%，可耕种面积较少。随着农业劳动生产力的提高，几个劳动力赶着耕牛遍地走的农业生产方式成为过去时，农业吸纳的劳动力人数在减少。促进劳动力在产业间、区域间就业流动，实现更高质量和更充分就业，是实现新疆高质量发展的重要抓手。

新疆近年来通过加大教育投入，加强技能培训为农村劳动力转移搭建平台、政策扶持鼓励农村劳动力向非农产业和城镇转移，开发乡村产业链创造"离土不离乡，进厂不进城"的就业机会，新疆非农就业人数呈上升趋势。2001~2010 年非农就业人数增长了 159.33 万，2010~2015 年增长了 211.48 万。随着经济发展及产业结构的调整，农业富余劳动力根据市场规律逐渐向非农部门流动，非农就业比重逐年提高，2001 年非农就业比重为 43.36%，2015 年达 55.89%。转移就业劳动力为新疆的经济发展和城镇建设提供了持续的人力资源，有利于新疆经济的发展。教育投资改变着劳动力的知识和实践能力，转移就业的劳动力更有机会在非农就业岗位开发和创造，从而有助于提升全社会的创新发展水平。非农就业使劳动力的配置结构与经济结构更加协调，非农岗位就业机会的获得和收入的增加提高了他们向城镇迁移并生活的能力，从而有利于新疆社会城乡融合发展。非农就业拓宽了人们的收入来源，提高了人们对日益增长的美好生活的支付能力，民生问题将得到更大的改善。这体现在非农就业规模扩大不仅有助于全社会物质生活水平提升，而且可能会促进家庭成员精神生活投资和享受。

7.3.2　灰色关联分析

根据灰色关联系统的原理，"参考数列"指反映系统行为特征的数据序列，"对比数列"指影响系统行为的因素组成的数据序列，本部分将就业数据作为"对比数列"，经济发展、创新发展、协调发展和民生发展各指标作为"参考数列"。根据灰色关联的计算方法将评价指标原始观测数进行无量纲化处理，计算关联系数、关联度以及根据关联度的大小对待评指标进行排序。计算步骤省略，具体结果如下：

第一，根据灰色关联的计算方法将评价指标原始观测数据进行无量纲化处理，计算关联度并根据关联度的大小对待评指标进行排序。连续时间参考数列与对比数列的灰色关联度结果分别如表 7-2 至表 7-4 所示。

表 7-2　新疆就业各指标与经济发展指标关联度及排序

项目	国内生产总值		非农产值比	
	关联度	排序	关联度	排序
农业就业人数	0.6463	2	0.8487	1
非农就业人数	0.6855	1	0.6177	2
农业就业比率	0.6234	3	0.8404	2

续表

项目	国内生产总值		非农产值比	
	关联度	排序	关联度	排序
非农就业比率	0.6503	1	0.8302	3
城镇登记失业率	0.6349	2	0.9012	1

表 7-3　新疆就业各指标与社会创新发展指标关联度及排序

项目	每万人发明专利拥有量		企业新产品开发项目数		产品质量优等品率		产品抽查不合格率	
	关联度	排序	关联度	排序	关联度	排序	关联度	排序
农业就业人数	0.7607	2	0.7194	2	0.5553	2	0.6875	1
非农就业人数	0.7610	1	0.7366	1	0.5689	1	0.6219	2
农业就业比率	0.7932	1	0.7178	3	0.5493	2	0.6270	1
非农就业比率	0.7906	2	0.7280	1	0.5594	1	0.5629	3
失业率	0.7885	3	0.7202	2	0.5448	3	0.61625	2

表 7-4　新疆就业各指标与社会协调发展、民生发展指标关联度及排序

项目	城镇/农村居民收入比		人口城镇化率		居民可支配收入		人均教育文化娱乐支出	
	关联度	排序	关联度	排序	关联度	排序	关联度	排序
农业就业人数	0.7559	1	0.9164	1	0.5994	2	0.7419	2
非农就业人数	0.5976	2	0.6404	2	0.7788	1	0.8002	1
农业就业比率	0.8979	1	0.5765	3	0.5921	3	0.5760	3
非农就业比率	0.5176	3	0.8751	1	0.6701	1	0.6737	1
失业率	0.7179	2	0.6659	2	0.6225	2	0.6223	2

第二，筛选关联度值和排序较高的就业指标，将筛选的就业指标和经济发展、社会稳定各指标的数据通过 Z 分布进行无量纲化处理，然后做成折线图观察因素作用方向。结果如图 7-1 至图 7-3 所示。

7.3.3　实证结果分析

7.3.3.1　非农就业对新疆经济发展有正向关联效应

与其他就业数字相比，非农就业人数、非农就业比率与区内生产总值的关联度值排序都在首位。作用方向曲线结果显示，非农就业人数和非农就业比率逐年上升，区内生产总值也一直同方向变动。说明非

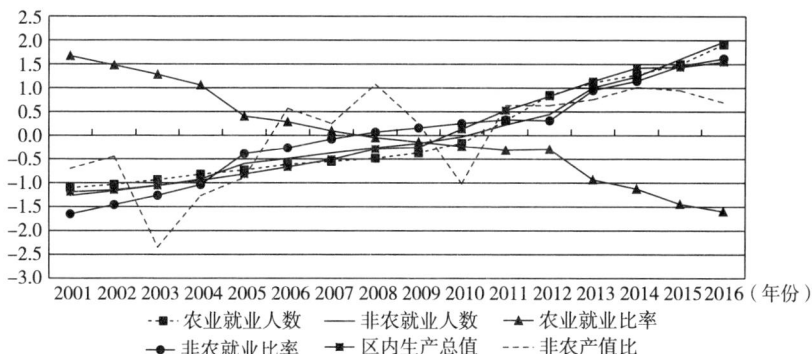

图 7-1　就业指标对经济发展各指标的作用方向

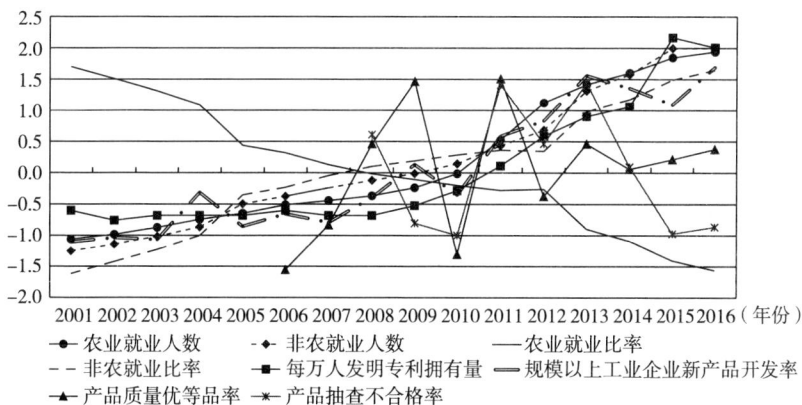

图 7-2　就业指标对社会创新发展各指标的作用方向

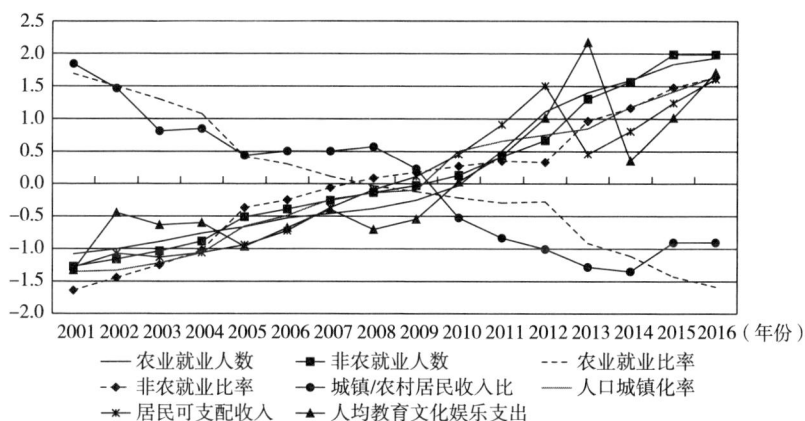

图 7-3　就业指标对社会协调发展、民生发展各指标的作用方向

农就业人数的变化、非农就业比重对 GDP 的走向有重要影响。究其原因，非农就业收入高于农业收入，收入的增加会带动消费的增加，消费的增加带来对产品的更多需求，从而带动产业的发展，并提供更多的社会就业岗位。因此非农就业人数的增加、就业结构的优化对国内生产总值的增加是一个良性循环过程。值得注意的是，反映就业情况的农业就业、非农就业和失业各指标对新疆经济总量的关联度都没有超过 0.7，表明就业市场还没有在新疆经济发展中发挥较大的作用，经济发展可能受宏观调控政策的影响较大。

7.3.3.2 非农就业对新疆社会创新水平提升有正向促进作用

非农就业规模和非农就业比率的上升能提高新疆全社会的创新能力。非农就业人数与每万人发明专利拥有量、规模以上工业企业新产品开发项目数的关联度排序高于农业就业人数，关联度依次为0.7610、0.7366。非农就业比率与新产品开发项目数的关联度是0.6701，高于农业就业比率和失业率。从曲线的作用方向可以看出，非农就业人数规模、非农就业比率均是平滑上升的曲线，每万人发明专利拥有量与非农就业人数总体呈同方向变动，2008 年以来，每万人发明专利拥有量与非农就业曲线同方向上升变动的这种趋势更加突出。规模以上工业企业新产品开发项目数与非农就业人数规模、非农就业比率的变动方向在多数年份相同，且在 2010 年以后上升同趋势变化越来越明显。农业就业比率与每万人发明专利拥有量的关联度高于非农就业比率和失业率，作用方向曲线显示农业就业比率与每万人发明专利拥有量整体呈反方向变化的关系，14 年里每万人发明专利拥有量曲线均呈上升趋势，农业就业比率总体呈下降趋势。以上关联度结果和作用方向曲线说明：非农就业劳动力规模增加会提高全社会每万人发明专利拥有量，非农就业规模增加、非农就业比率上升对企业新产品开发项目数增加有提升作用。在新疆，更多的劳动力进入非农领域就业参与第二产业、第三产业的生产和创造中，对提高全社会的创新能力和创新产品拥有量具有较大贡献，并且非农就业促进社会创新能力的正向效应在近年呈增加趋势。

非农就业人数规模和比率的增加，有利于提升社会产品生产质量，从而提升人们享受生产创造的福利。非农就业人数、非农就业比率与产品质量优等率的关联度分别是 0.5689 和 0.6737，排序高于农业就业和失业相关数据。产品质量优等率作用方向曲线虽然在 2006~2012 年呈"M"形，但曲线总体呈上升趋势，10 年中有 7 年和非农就业人数、非农就业比率曲线一样呈右上方倾斜，说明非农就业人数的规模和非农就业比率的增加有利于产品质量优等率的提升。与产品质量优等率相反的指标是产品抽查不合格率。农业就业人数规模与产品抽查不合格率的关联度分别是 0.6875 和 0.6270，略高于非农就业数据和失业率数据的关联度。2008～2016 年，农业就业比率与产品抽查不合格率在多数年份呈同方向下降趋势，但农业就业人数与产品抽查不合格率没有明显的同方向变动趋势。这一结果说明，在一定程度上农业就业比率的下降有利于降低产品抽查不合格率。可以解释为：在农业产业就业的劳动力人数，充实到非农就业领域保证了非农就业生产的人力资源需求，再结合劳动力受教育程度比重的变化，较高知识和技能的人力资本注入非农产业就业劳动力市场，有助于提高产品质量，降低产品抽查不合格率。

7.3.3.3　非农就业对新疆城乡融合发展具有促进作用

非农就业比重上升对新疆城乡人口结构优化和融合发展具有明显的贡献。非农就业比率与人口城镇化率的关联度是 0.8751，高于农业就业比率、失业率与该指标的关联度。非农就业比率与人口城镇化率的作用方向曲线呈同方向变动趋势，非农就业比率在 16 年中呈上升趋势，人口城镇化率在 16 年中也呈现上升趋势。从观察年份来看，新疆非农就业比率的上升趋势影响人口城镇化率的上升，非农就业比率的增加是人口城镇化率提升的重要因素。同时，农业就业比率的下降能缩小城乡收入差距，促进区域更加协调地发展。农业就业比率与城镇/农村居民收入比的关联度是 0.8979，高于非农就业比率和失业率，两者的作用方向曲线 16 年中一直是下降趋势，在一定程度说明新疆农业就业比率下降能对城乡收入差距缩小起到重要作用。不过，农业就业规模绝对数的上升，也对新疆人口城镇化进程和城乡收入差距缩小有积极影响。农业就业人数和城镇/农村居民收入比、人口城镇化率的关联度排序高于非农就业人数，三者的作用曲线方向整体呈上升趋势。新疆农业具有显著的区位优势和独特的气候条件，棉花、大枣、辣椒、番茄等经济作物种植质量在国际社会得到认可。自党的十八大、十九大以来，新疆农业劳动力通过勤恳耕耘及国家的优惠政策，家庭收入普遍提高，更多家庭有能力进入城镇生活。因此，农业领域充分就业能降低城镇与农村居民收入的差距，农业就业规模绝对数上升能间接推动城乡融合发展。

7.3.3.4 非农就业有助于人们物质和精神生活条件改善

人的发展是高质量发展的终极关怀。人既追求物质富裕，更追求精神富有。非农就业能够改善人们物质享受和精神追求的经济条件，为人们过上更美好而优质的生活提供更多可能。首先，非农就业对居民可支配收入产生重要影响。根据灰色关联度综合排序，非农业就业人数与居民可支配收入的关联度是 0.7788，高于农业就业人数。非农就业比率与居民可支配收入的关联度是 0.6701，高于农业就业比率、失业率。根据作用方向曲线，非农就业人数与非农就业比率都是平缓上升的曲线，居民可支配收入的 Z 分布曲线除了在 2012～2013 年下降外，其余年份均呈上升趋势，说明新疆非农就业人数规模增加，非农就业比率提升，居民可支配收入明显增加。其次，非农就业对居民精神生活的投资产生重要影响。非农就业人数、非农就业比率与人均教育文化娱乐支出的关联度高于农业就业数字和失业数字。非农就业人数与人均教育文化娱乐支出的关联度是 0.8002，非农就业比率与人均教育文化娱乐支出的关联度是 0.6223。根据作用方向曲线，人均教育文化娱乐支出的 Z 分布曲线方向和非农就业人数、非农就业比率一致，整体处于上升趋势。以上结果说明非农就业人数规模增加、非农就业比率上升，有助于提升全社会对教育文化娱乐的支出。总体来看，非农就业拓宽了人们的收入来源，提高了人们对日益增长的美好生活的支付能力，为人们物质享受和精神追求创造了更多的经济条件。非农就业规模扩大不仅有助于全社会物质生活水平提升，而且可能会增加家庭成员精神生活投资和追求，从而提高人民生活质量。

7.4 教育投资对新疆经济社会高质量发展的贡献分析

7.4.1 研究假设

"人力资本理论之父"舒尔茨提出人力资本的积累是社会经济增长的源泉。由教育投资形成的知识、技能、经历、经验和熟练程度等人力资本，在经济增长中会更多地代替其他生产要素。加里·贝克尔（1987）认为人力资本可以通过后天投资获得，以影响未来生产率、货币收益和消费。人力资本投资包括学校正规教育、在职培训、医疗保健、迁徙以及收集价格和收入的信息等多种形式。人力资本对经济的推动力已被理论研究和许多地区的实践反复证明。因此本部分假设，一个社会通过教育投资促进人力资本的增加，将提高人力资源对信息、知识、技术的获取、运用和转化能力，大大提高劳动生产率，对经济增长有着巨大的促进作用。

李建民（2003）认为，人力资本既是经济发展的内生性要素，更是社会发展的内生性要素。"人"是新疆经济社会高质量发展的核心因素。人能否成长为与社会发展需要的"人才"，教育起到最主要的作用（刘云生，2018）。教育能加速全社会高质量人力资本积累，使"引领型人才"的潜能被挖掘，使更多劳动者的能力素质结构与新产业和新业态的需求相适应，从而推动社会的科技变革与创新。教育投资改善劳动力的人力资本结构，提高劳动力在城市和乡村自由就业的选择能力，使城镇和乡村人口比重更加协调。教育投资成效落实到就业领域，劳动力在产业间和区域间能自由流动，可以提高全社会的劳动生产率，提升劳动力的就业增收能力，从而缩小城乡收入差距。教育提高附着在自身的人力资本，实则是增强了劳动力自身改善民生的"造血"机能，从而更有能力优化生存条件、丰富精神生活、提高生存质量。因此本部分假设，就业人员受教育程度提升能推动社会创新发展，促进城乡协调发展，助力人民生活水平提升。

7.4.2　灰色关联分析

第一，根据灰色关联的计算方法将评价指标原始观测数据进行无量纲化处理，计算关联度，根据关联度的大小对待评指标进行排序。结果如表 7-5 至表 7-7 所示。

表 7-5　就业人员受教育程度构成与经济发展各指标关联度

项目	地区生产总值		非农产值比	
	关联度	排序	关联度	排序
未上过学	0.5938	5	0.5913	5
小学	0.6161	4	0.7446	3
初中	0.6615	2	0.7733	2
高中/中专	0.6310	3	0.8661	1
大专及以上	0.6654	1	0.6910	4

表7-6　就业人员受教育程度构成与社会创新发展各指标关联度

项目	每万人发明专利拥有量		规模以上工业企业新产品开发项目数		产品质量优等品率		产品抽查不合格率	
	关联度	排序	关联度	排序	关联度	排序	关联度	排序
未上过学	0.7411	5	0.7122	5	0.5312	5	0.7570	3
小学	0.7721	2	0.7201	4	0.5623	4	0.8326	1
初中	0.7674	4	0.7353	2	0.5796	3	0.7896	2
高中/中专	0.7719	3	0.7278	3	0.5881	2	0.7066	4
大专及以上	0.7833	1	0.7448	1	0.6123	1	0.6025	5

表7-7　新疆劳动力受教育程度与社会协调发展、民生发展各指标关联度

项目	城镇居民与农村居民收入比		人口城镇化率		居民可支配收入		人均教育文化娱乐支出	
	关联度	排序	关联度	排序	关联度	排序	关联度	排序
未上过学	0.7032	3	0.5296	5	0.5643	5	0.5727	5
小学	0.9172	1	0.6320	4	0.6128	4	0.6376	4
初中	0.6950	4	0.8690	1	0.7363	2	0.7959	2
高中/中专	0.8248	2	0.7324	3	0.6587	3	0.6933	3
大专及以上	0.6448	5	0.7435	2	0.7555	1	0.8603	1

　　第二，筛选关联度值和排序较高的就业人员受教育程度类型，将就业人员受教育程度构成与经济发展、社会创新发展、社会协调发展、民生发展各序列的数据通过 Z 分布进行无量纲化处理，然后做成折线图观察因素作用方向。如图 7-4 至图 7-6 所示。

7.4.3　实证结果分析

7.4.3.1　就业人员受教育水平提升对新疆经济发展非常重要

　　教育投资形成的人力资本存量的增长对新疆经济发展非常重要。人力资本存量对新疆经济发展的影响主要表现在三个方面：一是大专及以上文化程度的劳动力规模变化与 GDP 的关联度排名第一，关联度值为 0.6654，两者总体呈同方向变化，说明大学学历的劳动力规模越大，对新疆生产总值的正面影响会越强。二是高中/中专教育的劳动力规模变化与非农产值比的关联度排名第一，关联度值高达 0.8661，且两

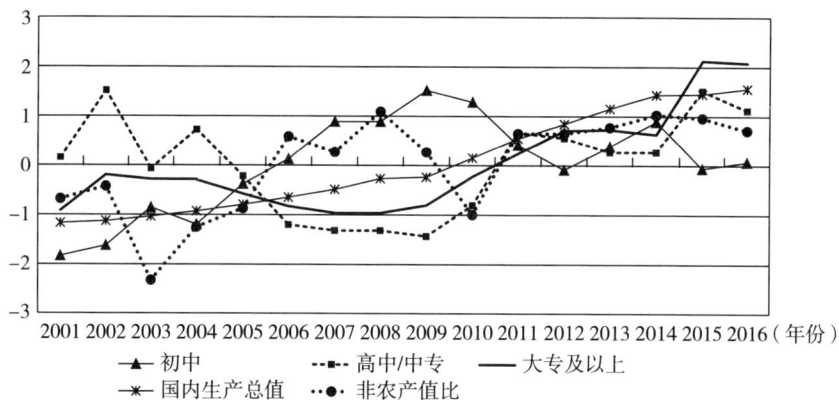

图 7-4　受教育程度构成对经济发展各指标的作用方向

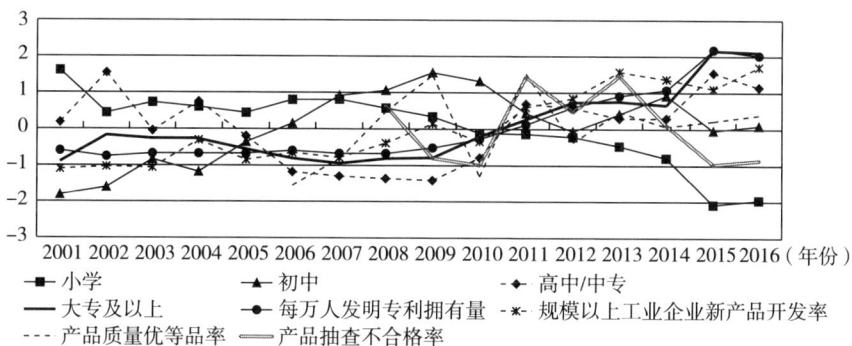

图 7-5　受教育程度构成对社会创新发展各指标的作用方向

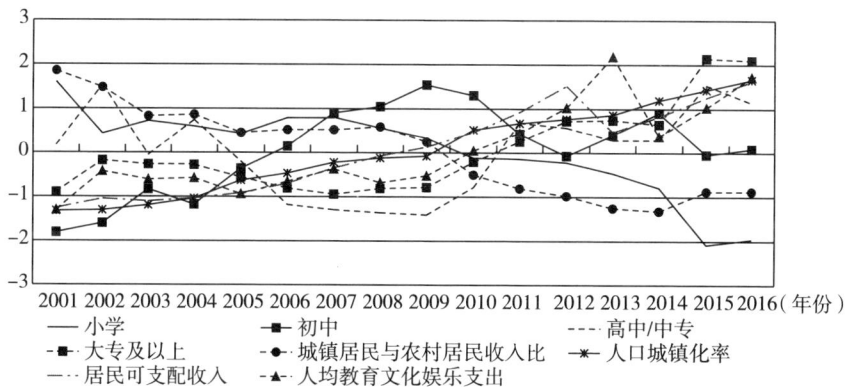

图 7-6　受教育程度构成对协调发展、民生发展各指标的作用方向

者总体呈同方向变化，说明高中/中专教育的劳动力文化程度规模越大，新疆非农产值比增加。三是低文化程度劳动力规模变化对新疆经济发展产生反向影响，小学、初中文化程度的劳动力规模变化与非农产值比的关联度都超过 0.7，且初中及以下文化程度劳动力规模的变化在多数年份与非农产值比呈反方向变化。由此可以看出，教育因素是促进经济增长的重要资本，促进新疆经济增长的有效方法之一便是加大人力资本投资力度，特别是教育投资力度，提高人力资源质量，增加人力资本存量。

7.4.3.2 接受高等教育的就业人员比重增加有助于全社会创新水平提升

大专及以上受教育程度的就业劳动力比重增加对新疆社会创新发展起到非常重要的作用。新疆就业人员中大专及以上受教育程度比重与每万人发明专利拥有量的关联度排名第一。大专及以上劳动力比重与每万人发明专利拥有量的关联度是 0.7833，自 2006 年以来的近 10年，两者整体呈同方向变动趋势，大专及以上就业人员比重上升，每万人发明专利拥有量整体跟随呈上升趋势。大专及以上受教育水平的就业人员比重与规模以上工业企业新产品开发项目数的关联度为 0.7448，综合排名第一。2010 年以后，两者的 Z 分布曲线在多数年份呈同方向变动（2010 年以前数据统计口径不一致）。关联度值和作用方向曲线说明，全社会大专及以上就业人员比重增加对提高发明专利数量具有较大贡献，规模以上工业企业中大专及以上从业者比重增加有利于企业新产品的研发和创造。大专及以上受教育程度就业人员比重与产品质量优等品率的关联度是 0.6123，综合排序高于其他受教育层次的就业人员比重。自 2006 年以来，大多数年份大专及以上文化程度就业人员比重的 Z 分布曲线与产品质量优等率呈同方向变动。全社会大专及以上受教育水平劳动力比重的增加能促进产品生产质量提升，从而促进社会生产领域的高质量发展。

另外，全社会小学文化程度的就业劳动力减少有助于全社会创新能力和水平提升。小学文化程度就业人员比重与每万人发明专利拥有量的关联度是 0.7721，排名第二。观察年份小学文化程度劳动力比重总体呈下降趋势，而每万人发明专利拥有量整体呈上升趋势。说明减少小学文化程度就业劳动力，整体提高就业人员受教育程度，有利于全社会的发明创造水平提升。同时，全社会小学文化程度的就业劳动力比重降低，对产品生产质量提升有重要作用。灰色关联分析显示，小学文化程度劳动力就业比重与产品抽查不合格率的关联度是 0.8326，综合排序高于其他受教育层次就业人员比重与其关联度。自 2008 年以来，多数年份小学文化程度就业人员比重与产品抽查不合格率曲线总体呈同方向变动，均为下降趋势。说明新疆工业企业生产领域随着小学文化程度就业劳动力比重的下降，全社会产品生产的不合格率在下降。

7.4.3.3　高中及以上文化程度就业人员比重提高有利于城乡协调发展

城镇居民与农村居民收入比反映了城乡居民收入差距。在新疆，高中文化程度就业人员比重上升、小学文化程度就业人员比重下降有利于缩小城乡居民收入差距。高中文化程度就业人员比重上升对城镇/农村居民收入差距缩小有重要的影响。该层次教育的就业人员比重与城镇/农村居民收入比的灰色关联度是 0.8248，2005 年以后两条曲线呈反方向变动。2009 年以后，高中文化程度就业人员比重大幅度上升，而城镇/农村居民收入比呈大幅度下降趋势。说明就业人群中高中文化程度劳动力的比重变化和城乡居民收入差距有较大的关联。高中文化程度就业人员的劳动报酬高于初中及以下文化程度的劳动力，该受教育水平劳动力比重增加有利于缩小城乡收入差距。小学文化程度就业人员比重和城镇/农村居民收入比之间的灰色关联度是 0.9172，综合关联度排名第一，自 2005 年以来，小学文化程度就业人员比重和城镇/农村居民收入比的作用方向曲线整体呈同一方向变动，该文化程度就业人员比重呈下降趋势，而城镇居民/农村居民收入比亦呈下降趋势。这说明全社会就业人员中小学文化程度劳动力就业比重降低有利于缩小城镇和农村居民收入差距。在共同富裕作为全社会奋斗目标的背景下，新疆提高全社会的受教育程度，尤其保障学龄青少年接受完义务教育，创造条件促进更多青年完成中等教育再进入劳动力市场，有助于降低城乡收入差距，提高全社会的收入福利水平，促进城乡更加协调发展。

人口户籍城镇化率是反映城乡融合发展的重要指标。城乡融合发展在很大程度上决定了区域协调发展的进程。推进城乡融合发展，一方面是加快农业现代化发展，另一方面是推进农民市民化、农村城镇化。在经济发展的不同阶段，新疆城镇化进程的人力资本推动因素发生交替和转变。根据灰色关联度的相关结果，2009 年以后，大专及以上受教育程度就业人员比重上升在加快新疆城镇化进程方面的贡献较大，2009 年以前，初中文化程度就业人员比重上升对新疆人口城镇化率的贡献较大。城镇化率与初中文化程度就业人口比重的关联度综合排名第一，关联度值是 0.8690；与大专及以上文化程度就业劳动力比重的关联度是 0.7435，综合排名第二。人口户籍城镇化率是一条平缓上升曲线，初中文化程度就业劳动力比重在 2001～2009 年呈整体上升的趋势，但自 2009 年以来，多数年份呈下降趋势；大专及以上文化程度就业劳动力的 Z 分布变动曲线 2009 年出现大幅度上升趋势。这两个受教育程度就业人员比重的作用曲线的方向变动相互交替，说明初中文化程度就业人员的增加在 2001～2009 年对新疆城镇化水平提升的贡献较大；2009 年以后，大专及以上文化程度的就业劳动力在推动城镇化水平方面贡献较大。

7.4.3.4 大专及以上文化程度就业人员增加有助于全社会民生福祉改善

大专及以上文化程度就业人员比重的增加，提高了全社会物质生活的投资能力，也提升了全社会精神生活投资的水平。灰色关联分析结果显示，与其他文化程度就业人员比重的关联度相比，大专及以上文化程度就业人员比重与居民可支配收入、人均教育文化娱乐支出的关联度综合排名均为首位。大专及以上文化程度劳动力就业比重与居民可支配收入的关联度是 0.7555，与人均教育文化娱乐支出的关联度是 0.8603。自 2008 年以来，大专文化程度的劳动力就业比重曲线与居民可支配收入、人均教育文化娱乐支出的曲线都呈向上变动的态势。这一结果说明，2008 年以后接受过高等教育的劳动力比重增加对新疆全社会人均居民可支配收入、教育文化娱乐支出正向变动有重要影响。较多的人力资本研究已经证实了不同的受教育水平能够带来不同的预期和实际回报。接受过高等教育的劳动力收入回报相对较高，全社会中该学历群体的劳动力比重增加，通过社会生产和创新创造给社会带来的财富增加，同时该群体收入水平的提升带动全社会人均可支配收入的提高。另外，教育人力资本的积累能够改变人的认知模式和消费观念，从而改变消费行为。高学历的就业劳动力群体除了物质生活投资外，会更追求有品质的精神生活，因此可能比其他受教育层次的劳动力更加注重精神生活投资，从而能带动全社会教育文化娱乐支出水平提升。

7.5 小结

7.5.1 提高非农就业比重是促进新疆经济社会高质量发展的必然选择

增强经济实力、民生福祉和科技创新驱动力，促进区域协调可持续发展，是新时代新疆经济社会高质量发展的重要思路。新疆非农就业人员比重提高在促进经济社会高质量发展方面起到重要作用。在经济发展方面，非农就业人数的变化、非农就业比重对 GDP 的走向有重要影响。非农就业人数的增加、就业结构的优化对国内生产总值的增加是一个良性循环过程。在科技创新方面，非农就业劳动力规模增加会提高全社会每万人发明专利拥有量，非农就业规模增加、非农就业比率上升对企业新产品开发项目数增加有提升作用，并且非农就业促进社会创新能力的正向效应在近年呈增强态势。非农就业人数的规模和非农就业比率的增加有利于产品质量优等率的提升，农业就业比率的下降有利于降低产品抽查不合格率的情况。在协调发展方面，非农就业比重上升对新疆城乡人口结构优化和融合发展具有明显的贡献。非农就业比率的增加是人口城镇化率提升的重要因素，而农业就业比率的下降能缩小城乡收入差距。从民生视角来看，非农就业拓宽了人们的收入来源，提高了人们对日益增长的美好生活的支付能力。新疆非农就业人数规模增加、非农就业比率提升，居民可支配收入明显增加，同时全社会对教育文化娱乐的支出也呈现上升趋势。非农就业分流了农业超重承载人口，拓展了家庭收入渠道，优化了劳动力配置结构，带动了区域经济的增长，对新疆经济社会高质量发展的正向效应逐年增加。促进农业富余劳动力向非农产业流动有利于整个经济与社会的高质量发展。在农村就业岗位提供能力约束条件下，强化就业优先政策，促进富余劳动力向非农业转移，提升就业质量，促进充分就业，是新疆经济社会高质量发展的必然选择。

7.5.2　提高教育投资水平是新疆经济社会发展的现实需求

教育因素既是促进经济增长的重要资本，也是社会发展的内生性要素。就业劳动力受教育程度全面提升，能更好地支撑新疆经济社会全面转型。根据灰色关联度分析，大专及以上学历的就业人员比重增加，对于经济发展总量提升、科技创新水平提升、城乡协调发展和人民生活改善都起到重要作用。大学学历的劳动力规模越大，对新疆生产总值的正面影响会越强。大专及以上就业人员比重增加，对提高发明专利数量具有较大贡献。规模以上工业企业中大专及以上的从业者比重增加有利于企业新产品的研发和创造。全社会大专及以上受教育水平劳动力比重的增加能促进产品生产质量提升，从而促进社会生产领域的高质量发展。2009 年以后，大专及以上文化程度的就业劳动力代替了初中文化程度劳动力，成为推动新疆城镇化进程的重要力量。由此可见，接受过高等教育的高素质人才持续增加是推动新疆经济社会高质量发展的动力和源泉，因此有必要进一步加大对高等教育的投资力度，扩大对高等教育的扩招规模，从而为高质量发展提供人才支撑。2008 年以后，新疆接受高等教育的就业人员比重大幅度增加，不仅通过社会生产和创新创造给社会带来财富增加，也带动全社会人均可支配收入的提高和教育文化娱乐支出水平提升。在新疆，高中文化程度就业人员比重上升对经济发展结构优化、城乡协调发展有重要意义。高中及中等职业教育的劳动力就业规模对非农产值比的变化呈正向影响。同时，该文化程度就业人员比重上升有利于缩小城镇/农村居民收入差距。另外，2009 年以前初中文化程度就业人员比重上升对新疆人口城镇化率的贡献不可忽略。总体来看，高中及以上文化程度劳动力是新疆经济社会高质量发展的中坚力量，新疆要加大教育投资力度，让更多的劳动力接受高中及以上的教育，扩大高中及以上就业人员的比重。《中共中央关于制定国民经济和社会发展第十四个五年规划和 2035 年远景目标的建议》（以下简称《建议》）对教育适应经济社会发展提出了目标和建议，根据《建议》的精神，新疆要建设高质量教育体系，提高教育质量和水平，使全民受教育程度不断提升。加大人力资本投入，深化职普融通，增强职业技术教育适应性，才能更好适应新疆经济社会高质量发展的需求。

7.5.3 教育与就业通过共同作用促进新疆经济社会高质量发展

非农就业和高水平教育投资本身对促进新疆经济社会高质量发展发挥重要作用。同时，教育与就业通过共同作用促进新疆社会的健康持续发展。就业是人民群众改善生活的基本前提和基本途径。让每个有就业愿望的劳动力都有就业岗位，是经济社会健康持续发展的基本条件。非农就业拓宽了人们的收入来源，提高了人们对日益增长的美好生活的支付能力。非农就业规模扩大，民生问题将得到更大的改善。教育提高人口质量，从而优化人口素质结构；培养社会人才，从而改善人口就业结构。随着生产力水平的提高和经济结构的转换，凝结在个体身上的人力资本对劳动力非农就业越来越重要，人力资本决定着基本素养和基本的就业力。一方面，素质低下的劳动力由于缺乏必要的知识和技能，只能留守在农业部门从事简单的体力劳动以及对自然资源的粗放型开发利用；另一方面，即使有了新的就业机会，由于就业能力的限制，这些劳动力也很难把握住非农就业机会或者是无法适应代表更高生产率的现代新兴产业的要求。优化新疆教育结构，尤其提高社会从业人员高中及以上教育文化程度的比重，对于提升全社会的人口素质和就业能力非常重要。进入 21 世纪后，我国的发展由要素与投资驱动转向创新驱动转换，以前的人口红利逐步被具有较高教育人力资本的劳动力取代，尤其在向创新型人力资本红利转型以适应社会高质量发展的需求。新疆通过加大教育支持力度，进而拓展就业途径，促进更充分更高质量就业，对于经济社会高质量发展至关重要。

第8章 结论、建议与研究展望

8.1 研究结论

8.1.1 新疆教育投资对非农就业总量的贡献

8.1.1.1 学校正规教育投资长期促进非农就业的贡献较大

新疆正规教育投资规模增加，各级各类教育投资水平提高。在目前的投资规模和投资结构现状下，教育投资对非农就业的长期贡献较大。教育投资总量的增加对非农就业的影响具有正向性、持久性；与加快经济发展、优化经济结构、促进城镇化建设等因素相比，教育投资是促进新疆非农就业的长远之策。加大各级普通教育投资可以促进新疆非农就业。普通教育投资总体上对非农就业产生明显的拉动效应。越到后期非农就业总量的变动由各级普通教育投资变动的解释力度越大。加大职业教育投资有利于非农就业规模增加高等职业教育经费支出、中等职业教育经费支出的增加均具有长期正向影响。

8.1.1.2 非学校正规教育投资短期促进非农就业贡献较大

职业培训作为非学校正规教育的主要形式，对增进劳动力人力资本水平意义重大，是学校正规教育的有益补充。新疆职业培训主要基于政府主导型的培训模式。政府购买投入是培训承担主体的收入重要来源。新疆实施职业培训补贴支持重点待业劳动力参加职业培训。新疆在职业培训经费投入总额较大，但人均培训投入较低。从短期效果去衡量，通过职业培训促进就业的投入相对较低，而就业率回报相对较高。新疆通过职业培训大幅度增加了全社会初级技能的劳动力。在农业富余劳动力较多县域地区，职业培训投资促进了当年非农就业的数量，扩大了全社会短期就业规模。

8.1.2 各级各类教育投资产生的非农就业效应差异

8.1.2.1 中等职业教育投资促进非农就业的总体效应最高

受到来自高等教育就业市场的冲击，中等职业教育投资规模锐减，成为投资份额最低的教育类型。投资规模和比重较低的中等职业教育，却是各类型、各层级教育投资中对就业长期拉动作用和短期促进效应最突出的类型。中等职业教育投资变动对非农就业产生比较迅速的传递效应和较持久的促进效应。综合来看，在新疆非农就业规模变动中，中等职业教育的投资和发展起了很重要的推动作用，保持中等职业教育投资增加对非农就业会产生迅速、持久的效果。

8.1.2.2 普通高等教育投资对非农就业的长期扩张效应最大

高等学校招生规模扩张后新疆高等教育经费投入大幅度增加，投资比重在很长一段时间仅次于义务教育阶段。新疆高等教育成本分担的机制还没有形成，投资经费主要依赖政府财政。普通高等教育投资的就业收益主要体现在长期扩张效应上。在各级普通教育投资中，高等教育投资促进非农就业的长期效应最大。加大新疆普通高等教育投资对促进非农就业的长远意义重大。

8.1.2.3 普通高级中学教育投资促进非农就业的短期效应最高

高级中学教育投资规模在高等教育扩张趋势影响下有较大幅度增加，但投资比重没有显著提升。在现有投资水平下，普通高级中学教育投资对非农就业的当期促进效应高于其他层级教育投资，非农就业总量对高级中学教育投资波动的敏感度最高。增加高中教育投资对非农就业的促进作用会有立竿见影的效果。当下新疆劳动力市场从业人员以初中文化程度为主，人力资本水平制约着新疆城镇化和工业化发展，市场对高中及以上文化程度的劳动力需求较高。加大普通高等中学教育投资，提升了全社会劳动力人力资本水平，不仅能较快改善新疆劳动力市场"就业难"和"招工难"的就业问题。更有助于改变新疆就业产业结构不协调的现状。

8.1.2.4 高等教育投资对非农就业的短期替代效应最明显

普通高等教育和高等职业教育投资对非农就业产生扩张效应之前，会产生短期的替代效应。随着时间推移，这两种类型的教育投资对非农就业的替代效应呈现由大到小的趋势。普通高等教育、高等职业教育投资增加、规模扩张，可以减少劳动力市场的就业人数。加大高等教育投资可以使劳动力产生更高水平的人力资本，从而代替更多的较低人力资本的劳动力或者简单劳动力。高等教育投资是劳动生产率提高的重要因素，也是经济增长的源泉。

8.1.2.5　小学教育投资促进非农就业的时滞效应最明显

小学教育形成的人力资本不足以在劳动力市场产生促进劳动生产率的内生效应。短期内小学教育投资对非农就业产生滞后效应。小学教育投资对非农就业的促进作用是间接的，需要通过更进一步、更高一级的教育投资而对非农就业产生作用。完成义务教育是新疆劳动力市场对劳动力人力资本水平的基本要求。义务教育投资对非农就业的促进作用是基础性的，其对国民素质的提升要求投资主体对其促进就业的社会效应给予耐心。确保义务教育投资力度只增不减，对新疆就业这一民生工程建设具有长远意义。

8.1.3　新疆教育投资对非农就业质量的贡献

8.1.3.1　非学校正规教育投资促进非农就业的质量偏低

新疆职业培训人均投资水平低，受培训能力、培训收益的影响，培训机构多选择低层次、低成本、培训时间短的项目开展培训。职业培训质量总体较低，培训以传统项目为主，与市场需求存在脱节，培训水平和层次多停留在初级阶段。部分劳动力参加了就业技能培训班后掌握知识和技能的程度很低，未达到培训合格的实际要求。受培训质量的影响，通过培训渠道转移的劳动力大多数是短期就业，职业培训产生的就业促进效应持续时间很短。新疆每年组织参加职业培训实现转移就业的数量较高，但是短时期就出现回流现象，难以实现稳定非农就业。

8.1.3.2　学校正规教育投资促进非农就业质量的效果显著

学校教育投资通过人力资本功能和市场筛选功能对非农就业发挥重要作用。受教育程度作为衡量劳动力教育投资水平的最重要指标，对新疆劳动力就业质量有非常显著的影响。初中文化程度的劳动力就业质量高于未上过学和小学文化程度的劳动力，高中文化程度劳动力的就业质量高于初中文化程度劳动力。接受了大学专科及以上教育后，劳动力就业质量得到显著改善，在就业质量方面处于优势群体。受教育程度高的劳动力拥有更大的就业优势，就业质量较高。劳动力受教育程度影响就业质量的敏锐度较高。高中教育及以上的教育投资促进劳动力就业质量的积极效应随着年份的变化表现出较高的稳定性，大学专科及以上的教育投资促进劳动力就业质量的积极效应呈现对就业质量逐级增强的强促进效应。在新疆劳动力市场，受教育程度作为劳动力人力资本的重要表征，依然是用人单位选录人才的重要市场筛选手段，具有较高文化程度的劳动力在就业可得性、工作性质、工作收入、就业稳定性综合构成的就业质量上占据有利形势。教育在促进劳动力转移就业中具有基础性、先导性和持续性作用。通过学校正规教育投资是提高现有新疆劳动力就业质量的根本途径。个人的全日制教育水平越高，相应的就业质量促进效应越高。全社会提高劳动力受教育水平，尤其保障劳动力接受高中及以上的教育，能促进新疆地区劳动力更高质量就业。

8.1.4　优化教育投资是促进新疆非农就业的现实选择

8.1.4.1　全社会人力资本存量偏低，非农就业质量有待提高

新疆劳动力资源丰富，但是人力资本存量水平偏低。经过大力度的教育投入，新疆全社会人力资本存量显著提升，高学历的就业人员比重明显增加。但是新疆劳动力人力资本结构重心依然偏低，初中文化程度的劳动力为主要学历群体，接受过高中及中等职业教育的比重较低，农村劳动力的受教育程度偏低，人力资本质量依然有待提高。劳动力教育投资水平发挥了市场筛选功能，将不同文化程度的劳动力分流至不同特征的劳动力市场，从而产生就业质量的差异。较高的受教育水平使劳动力转移就业时更有优势，随着受教育水平提高，劳动力选择工资水平较高、失业风险较低、组织性较强、保障性较好，用工较规范、就业相对稳定的行业、职业和单位就业的可能性增大，较高受教育水平劳动力的就业质量整体提高。较低文化程度的劳动力选择职业受限，多在次要劳动力市场的劳动密集型行业就业，选择的就业岗位属于准入门槛低、平均工资较低、工作时间长、失业风险高的职业和单位。通过教育投资提高全社会劳动力人力资本水平，对于提高新疆整体非农就业质量非常必要。

8.1.4.2　三次产业就业结构不协调，改变人力资本供给结构是关键

新疆乡村就业人口规模明显增加，但劳动力区域间转移就业比重较低，大多数劳动力滞留在乡村，农村常住居民非农就业比重非常低。因为农业部门长期存在大量剩余劳动力，第一产业承载的劳动力数量超出负荷，劳动生产率较低，劳动力收入较低，就业结构不合理。非农产业劳动生产率较高，吸纳劳动力有一定的空间。第二产业因为制造业发展的特殊性和就业技术门槛的高要求，劳动生产率较高但吸纳的劳动力较少。第三产业吸纳非农劳动力就业方面贡献大，但低人力

资本劳动力供给规模较大，该产业的劳动密集型行业吸纳劳动力的能力在降低。通过教育投资改变全社会人力资本结构，使就业结构与产业结构相适应，才能促进产业结构和就业结构发展朝均衡方向演变。

8.1.4.3　发挥教育与就业促进经济社会发展的功能，增进教育促进非农就业的社会收益

新疆非农就业人员比重提高在促进经济社会高质量发展方面起到重要作用。非农就业人数的增加、就业结构的优化对区域经济持续健康发展具有促进作用，因为非农就业比重变动而带动社会创新能力提升的正向效应在近年呈增强态势。就业产业结构中非农就业比重增加是新疆城乡人口结构优化和融合发展的重要贡献因素。非农就业拓宽了人们的收入来源，提高了人们满足日益增长的美好生活需求的支付能力，促进了新疆民生工程建设取得更显著的成效。教育因素既是促进经济增长的重要资本，也是社会发展的内生性要素。接受过高等教育的高素质人才持续增加是推动新疆经济社会高质量发展的动力和源泉。大专及以上学历就业人员比重增加，对于经济发展总量提升、科技创新水平提升、城乡协调发展和人民生活改善都起到了重要作用。2009年以后大专及以上文化程度的就业劳动力成为推动新疆城镇化进程的最重要力量，并且带动全社会人均可支配收入的提高和教育文化娱乐支出水平提升。高中及以上文化程度就业人员比重上升对经济发展结构优化、城乡协调发展有重要意义。新疆要加大教育投资力度，让更多的劳动力接受高中及以上的教育，扩大高中及以上就业人员的比重，才能更好地适应新疆经济社会高质量发展的需求。基于教育投资通过就业途径促进新疆经济社会高质量发展的正向效应，教育在促进劳动力转移就业中具有基础性、先导性和持续性作用。要继续实施教育优先发展的策略，强化教育投入保障，通过高质量的教育带动高质量就业，从而为经济社会高质量发展提供动力支撑和坚强保障。

8.2　政策建议

8.2.1　加大中等职业教育投资，提高职业教育促进非农就业的社会收益

8.2.1.1　增加中等职业教育投入，提高职业教育对技能型人才的供给能力

中等职业教育投资产生较高的长期就业扩张效应和短期就业促进

效应，说明中等职业教育为推进经济发展由"人口数量红利"向"人口结构红利"转变做出了重要贡献，国家根据其准公共产品的属性，应在财政支出上重点支持。目前，新疆中等职业教育的财政投入依然属于薄弱环节，制约中等职业教育优化劳动力人力资本结构的效能。完善中等职业教育投资保障，根本在于提高公共财政预算投资水平。健全职业学校生均经费拨款制度，保证中职生均公用经费标准不低于2000 元。在财政支出允许的前提下，提高公共财政预算投资水平。把加快发展现代职业教育纳入经济社会发展大局、教育工作全局中谋划和推进，构建支持和推动职业教育高质量发展的政策体系，重点培养市场急需的技能型人才，增加职业教育对技能型人才的供给能力。

8.2.1.2　中等职业教育投资向南疆倾斜，促进南疆劳动力的人力资本提升

新疆南北职业教育发展不均衡，天山北坡经济带地域的中职和高职院校比较集中，南疆三地州职业教育资源紧缺，师资力量薄弱，教学水平有待提高。不平衡的职业教育分布，使南疆在技能型人力资源开发方面占据劣势。非农就业困难的劳动力群体主要集中在南疆欠发达地区。这些地区劳动力的人力资本水平要低于新疆整体水平。职业教育投资及相关政策向这些地区倾斜，引导和改善南北疆职业教育发展不均衡的状况。一是政府部门有计划地加大南疆现有职业院校的投资，加快改善中职学校基本办学条件，补齐职业教育发展短板。二是通过政策导向使社会资本向南疆地区倾斜，支持疆外和北疆高质量的职业院校在南疆兴办分校，引导职业院校密集地区的个别高校南迁发展，从而优化职业院校的区域布局。

8.2.1.3　中等职业教育要加强与企业联合培养，提高劳动力就学的积极性

中等职业教育发展式微与高等教育的冲击有重要关系。中等职业教育的就业劣势使越来越少的适龄青年选择中等职业教育。无论是职业教育还是职业培训，"订单式"培养的就业率要高于其他培养形式。加强校企"联姻"，不仅可以培养与产业发展需求更契合的技能型人才，而且可以消除家长担心孩子上完学无法就业的后顾之忧。因此职业学校应进一步加强和一些实力雄厚的企业联系，使大企业参与到职业教育中来，围绕其用工需求，共同制定培养目标、教学及实习计划，提高学生的职业适应能力。学生毕业后这些企业直接接收，降低中职学生"毕业就等于失业"的风险。企业也可以主动招收职业院校毕业生，对其进行相关技能培训，然后通过职业技能鉴定和考试，使其就业和再就业，解决职业教育学生的出路问题。

8.2.1.4　完善就业准入和教育体系衔接制度，提高未来劳动力参加职业教育的动力

很多工厂和企业招收普通工人没有文化程度的限制，或者为了节省开支更愿意接受没受过中职教育的农村青年，"公字号"的用人单位又把中职学校毕业生拒之门外。中职毕业的学生落实就业身居劣势，同时面临学业向上发展通道不畅的问题，中职升本科及攻读研究生的比例极低，使中职教育吸引力较低。接受中等职业教育的劳动力文化资本和技术资本要高于文化程度低的普通劳动力，各地区应积极贯彻落实新疆《关于全面推行职业资格证书和就业准入制度的通知》精神，使当地企业和工厂打开招收职业教育毕业生的大门，通过考试和资格审查重点招录本地职业教育毕业生，以推动职业教育的发展。职业教育人才培养体系要破除桎梏，打通中职、高职、应用型本科教育乃至专业学位研究生教育的衔接渠道，做好职业教育与继续教育、普通教育的协调发展，搭建起人才成长的"立交桥"，推进新疆职业教育高质量发展。

8.2.1.5　优化中等职业教育专业设置，提高职业教育与新疆经济发展的匹配度

根据调研，新疆以中职教育为主的职业教育在专业设置上与产业匹配程度较低。新疆第二产业以能源、原材料为主的重型工业技术人才短缺，而第三产业相关的部分专业存在着供给过剩的问题。因此，新疆职业教育的发展应结合产业结构调整和经济发展的实际需要，减少专业重复设置和盲目设置。根据当下社会需求，改造升级现代农业、农产品加工、机电、建筑等传统专业，发展先进制造、新能源、新材料、现代信息技术等新兴专业，布局建设学前、护理、康养、家政等紧缺专业，撤并淘汰供给过剩、就业率低、职业岗位消失的专业，形成紧密对接产业链、创新链的专业体系，不断深化供给侧结构性改革。只有中等职业教育发展与社会需求相适应，才能促进劳动力有效转移和就业，中等职业教育的投资效率才可以得到保障。

8.2.2　优化普通教育投资结构，确保各级各类教育就业促进效应的发挥

8.2.2.1　高等教育财政经费和社会资本并举，充足经费保证高级人才培养

普通高等教育投资对就业的收益主要体现在长期扩张效应上。在各级普通教育投资中，高等教育投资促进非农就业的长期效应最大。保持高等教育投资规模对于长远促进非农就业的数量和质量有较大的

意义。高等教育的教育目标之一是培养高级专门人才和职业人员。新疆高级专门人才匮乏，是影响新疆发展与稳定的深层因素。新疆接受高等教育的劳动力就业可得性较高、就业收入稳定。因此，和内地一些地区高等教育过度的情况不同，新疆高等教育培养的人才还不能满足新疆经济发展的需要。加大高等教育投资，培养更多的高级人才，是新疆解决就业问题和促进发展问题的策略选择。一是要保证财政教育资金对新疆高等教育支持的连续性。新疆高等教育成本较高、地理位置的偏远和经济发展水平较低，导致新疆高等教育的经费来源受限。在未来很长一段时间里，政府财政是高等教育赖以生存的源泉。二是改善单一来源的投资环境，构建多元化投资体系。在当前的经济形势下，高等教育目标群体对高等教育的投资需求较高。大多数目标群体选择高等教育考虑院校的综合实力远远大于学费的影响，所以社会成本分担和个人分担有一定可能性。另外，政府优化投资环境，拓展多元化投资渠道，在保证社会投资主体的合法权益之上，有可能通过各界精英人士以及团体筹集更多的资金支持新疆高等教育发展。

　　8.2.2.2　推行高中免费教育，改善劳动年龄人口人力资本存量偏低的情况

　　从新疆劳动力受教育程度与就业行业、就业职业和单位的分布来看，高中文化程度的劳动力倾向于在非农领域就业。从教育投资对非农就业数量和非农就业质量的影响看，高中教育投资增进非农就业规模的短期和长期效应都比较高。普通高中教育是在九年义务教育基础上进一步提高国民素质、面向大众的基础教育。普通高中教育为学生的终身发展奠定基础。高中教育具有双重任务：一是为升学做准备，二是为就业做准备。新疆劳动力市场对于高中文化程度的劳动力有一定的需求，部分适龄青年在高中毕业后选择就业的出路。高中教育更加关注受教育者文化素质的提升，较高的文化资本积累有利于非农就业。选择升学的青年，随着人力资本水平的提升，也可能对就业产生积极影响。新疆许多地区劳动年龄人口受教育年限低于全国平均水平，短期内无法改变劳动年龄人口存量文化程度较低的状况。克服这一短板的基本对策，就是减少全社会初中及以下的新成长劳动力，延长新成长劳动力的受教育水平至高中。在 2016 年以前，新疆高中教育投资实行政府与个人分担的机制，2017 年新疆高中开始逐步推行免费教育，就是要统筹民族地区教育结构和劳动力人力资本结构的优化，使新疆的人力资本结构更加适应国家战略需求。

8.2.2.3　保障义务教育投入，为后义务教育和非农就业筑牢素质根基

义务教育对非农就业产生迟滞效应。义务教育投资的回收期较长，不具备当期经济效益。但是，后义务教育层级的增加对非农就业的长期效应均建立在义务教育基础之上。保证义务教育投入，促进教育对象基本文化知识和素质的积累，对于他们进一步接受后义务教育和非农就业奠定基础。义务教育的正外部性决定了国家和社会要保障其人力和财力需求，促进义务教育区域均衡，提高全社会从业人员的基本文化素质。义务教育要切实履行教育投入主体责任，切实做到教育经费投入"两个只增不减"（一般公共预算教育支出逐年只增不减、按在校学生人数平均的一般公共预算教育支出逐年只增不减），把教育优先发展的要求落到实处。要调整教育投入重点，经费使用重点逐步向教育教学改革、教育质量提升和教师队伍建设方面转移。优化教育项目和资金安排，加大对薄弱学校、边远县城乡镇学校和小规模学校支持力度，加快补齐基础教育发展短板。

8.2.2.4　加大农村劳动力教育投资，重点提升农村劳动力人力资本水平

乡村振兴不仅是乡村和乡村产业的振兴，也包括乡村教育的振兴。教育关系到农村劳动力当下和未来的职业发展方向及社会价值，通过教育培养高素质的人是乡村振兴的动力源。新疆教育发展长期存在城乡发展不均衡、乡村教育质量供给不能满足老百姓需求的问题。新疆教育投资首先要聚焦城乡教育不均衡问题，下大力气补短板，全面推进乡村教育公平普惠、优质均衡，使家庭所在地在农村的未来劳动力有条件享受较高质量的基础教育服务。新疆农村全面推广15年免费教育，各级政府积极统筹协调，承担起公共教育投资的职责，合力为政策落地及教育增效提质努力。新疆农村的多数劳动力受教育程度偏低，知识资本匮乏、技能资本固化阻碍其转移就业，并成为乡村产业升级的现实阻力。农村职业教育和成人教育是农村职业技能开发的关键部分。新疆农村要进一步加大职业培训院校、职业培训教学点建设和投入，这些乡村职业教育机构既承担起农村先进文化传承与培育的重任，更在普及和提升农村劳动力科学文化知识与生产技能方面下功夫，一方面培养具有一定专业技能的高素质的现代农业从业者，另一方面助力农村富余劳动力实现从农村到城市的地域转移和从农业到非农产业的行业转移。

8.2.3　提高职业培训的投入水平，保障职业培训促进非农就业的质量

新疆职业培训质量偏低与职业培训投资的长效机制缺失、职业培训缺乏针对性、职业培训质量缺乏有效监督关系密切。

8.2.3.1　加大职业培训投资力度，保障高质量培训资金需求

规定地方各级人民政府要加大投入力度，落实职业技能培训补贴政策，发挥好政府资金的引导和撬动作用。一是做好公共财政保障。完善职业培训补贴资金的正常增长机制，科学确定并适当提高职业培训补贴标准，逐步推动各地提高职业培训补贴资金占就业补助资金的比例。二是县级以上财政部门应当根据就业形势变化和就业工作的需要，积极调整财政支出结构，加大资金投入。各级财政部门依法在年度财政预算中安排一定比例的促进就业专项资金，确保就业政策落实到位。三是各地要多渠道筹集培训经费。政府购买投入撬动了比政府投入本身更加多的资源参与公共服务供给，逐渐形成政府、企业、社会多元投入机制。通过公益性社会团体或者县级以上人民政府及其部门用于职业培训的捐赠，依照税法相关规定在税前扣除。

8.2.3.2　加大职业培训监管，保障职业培训质量

政府部门要加强监管，严格培训结业考核和发证制度，防止出现乱培训、滥发证现象。改进政府购买培训成果机制，严格末端监督执法，加强对培训对象、培训过程、培训质量、资金使用的全方位监管。开展就业专项资金绩效评价，提高财政科学化、精细化管理。各地要严格执行职业培训补贴政策，加强资金监管。加强就业资金使用管理的绩效评估，提高资金使用效益。要加强职业技能培训基础平台建设，加快培养既能讲授专业知识又能传授操作技能的教师队伍，建立和完善职业培训教师在职培训和到企业实践制度，提升职业技能培训基础能力。

8.2.3.3　坚持以就业为导向，提高培训内容与市场需求的契合度

用人单位主导型培训模式是目前发展比较迅速的劳动力转移培训模式，它通过采取"定单式培训"的模式，在受训者培训之前就已经确定好了培训内容、培训时间和就业单位，很好地达到了用人单位规定的培训效果，也满足了受训者的就业需求。一是强化"订单"培训，促进劳动力"定岗就业"。强化职业技能培训机构、职业院校与外地企业的岗位对接。结合企业用工需求，有组织地开展转移就业"订单"培训。职业技能和语言技能培训合格后直接输送到对接企业

上岗就业。充分发挥企业主体作用，支持开展大规模在岗职业技能培训，保证已转移劳动力满足产业升级需求。二是加强普适性技能培训，普遍提高非农就业能力。充分发挥职业技能培训及乡镇实训基地作用，开设焊工、厨师等各种实用技术培训班，使富余劳动力掌握一技之长，提高参与非农就业竞争的能力。有重点、分层次开展汉语、政策法规、职业道德、民族团结的培训，破除富余劳动力的语言沟通壁垒和落后思想束缚。三是推行特色项目制培训，满足当地经济发展需求。尤其开发适合贫困劳动力特点的培训项目，打造适应县域经济发展、满足贫困劳动力个性化、差异化培训需求的精品课程。

8.2.3.4 培训机构加大与市场联系，拓展劳动力就业空间

新疆剩余劳动力数量大，通过职业培训，逐步形成就近与向外、疆内与疆外全方位、多层次、宽领域劳务输出新局面。一是利用对口支援政策，鼓励富余劳动力向支援地企业精准就业。抓住对口支援的政策机遇，举办对口援疆省市用工需求洽谈活动，定期或不定期组织劳务输出工作，实现用工单位、务工人员的便捷对接。做好用工企业单位待遇保障、工作条件和生活条件的考察，保障向外转移劳动力的根本利益。二是创造新疆城市经济增长极，丰富疆内城市容纳农村剩余劳动力的空间和载体。培育喀什、阿克苏、和田等城市为新的经济增长极，吸引资金、技术、人才等社会资源流入和产业集中，使其成为带动南疆经济发展的"龙头"，吸引农村富余劳动力向这些城镇集中和转移。三是因地制宜发展农村新产业新业态，促进富余劳动力就近就地转移。侧重于引进劳动密集型企业落户，倡导新增工业企业除管理人员、重要岗位技术人员外，主要录用本地员工，增强引进企业吸纳就业能力。鼓励园区企业在乡镇、行政村建设"卫星工厂"，促进乡镇工业企业发展，带动本地群众转移就业。振兴乡村特色产业，培育家庭工场、手工作坊、乡村车间，传承乡村传统工艺，让农民群众在家门口就能就业。

8.3 研究展望

本书依据教育投资经济收益、人力资本和就业等相关理论，通过理论与实证相结合的分析方法，围绕教育投资对非农就业的贡献这一

主线，梳理教育投资、非农就业与新疆经济社会发展的关系。本书遵循了相对严谨的逻辑思路，但由于笔者研究水平、资料收集等方面的限制，本书中尚存在一定的研究局限与不足。未来的研究还需要向老师和专家学习请教，从以下几方面进行深化和完善：

第一，教育投资对非农就业内部结构的探究。根据新疆就业产业结构的协调度分析，既存在农业产业和非农产业的不协调，非农产业内部又存在第二产业和第三产业的不协调。过剩的劳动力资源从农业就业向非农就业转移，才能提高新疆全社会的劳动生产率；在非农产业中，第二产业相对存在较大转移就业空间。本书论证了教育投资通过提高全社会人力资本水平，有助于农业和非农产业间的结构优化和非农就业质量的提升。但是因为数据所限，没有分析教育投资对非农就业内部结构的影响。在未来的研究中，要通过更深入的调研，从需求与供给的角度进一步探究教育投资对非农就业内部结构的影响。

第二，教育投资对农村劳动力转移的影响。本书使用了非农就业的广义概念，分析了二三产业劳动力就业与教育投资的关系。目前国家和地区统计资料难以从整体数据中剥离出针对农村富余劳动力的教育投资数据，造成单独分析农村劳动力非农就业与教育关系的难度。本书通过以下措施试图克服：一是考察近 22 年教育投资对劳动力非农就业的影响，用整体的变化上推测局部的情况，即正规教育对农业劳动力转移产生积极影响。二是基于调查数据，发现高受教育水平的劳动力在非农就业机会可得性、就业收入上更具优势，这样的样本中农业户籍劳动力占 64%，补充了宏观数据分析的不足。三是分析非学校正规教育投资对非农就业的贡献。在较短时间促进农村富余劳动力转移的教育投资主要是非正规学校教育——职业培训，分析了职业培训对劳动力就业的影响，试图弥补正规教育投资宏观数据分析缺失的情况。在新疆，提高人口质量，促进农村富余劳动力在产业间转移和区域间流动，更有利于整个经济与社会的协调发展。未来的研究中会探究更多的途径，不断深入和细化这一问题的分析。

第三，农业就业、非农就业与产业融合发展的探讨。农业就业长期以来是维护新疆社会稳定的基础保障。对于个人而言，农业发挥劳动力"蓄水池"的作用，为缺乏转移就业能力的农村劳动力提供基本生计手段。对于家庭而言，"家中有粮、心里不慌"，农业为个人和家庭的基本生活起到托底的功能。对于国家或地区而言，大力发展农业才能确保粮食安全，把国人的饭碗牢牢端在自己手中。研究劳动力非农就业的目的，并非是让所有劳动力抛弃农业转向非农产业，而是在保证粮食安全的前提下，让农业中剩余劳动力的一部分实现从农业到非农业的职业转换，从而提高全社会的劳动生产率。基于新疆沉淀在农业产业的劳动力数量较大的事实，在鼓励农业劳动力向二三产业转移的同时，加强农村一二三产业的融合发展，为农民开拓就业空间，给农民增加更多的就业机会，更有利于新疆总目标的实现。因此，探究农业就业、非农就业与产业融合发展的关系是非常值得研究的课题，在未来的生涯中将会持续关注和探讨。

参考文献

（一）专著类

［1］ Edward Fulton Denison. The Sources of Economic Growth in the United States and the Alternatives before US ［M］. New York：Committee for Economic Development，1962.

［2］ Theodore W. Schultz. The Economic Value of Education ［M］. New York：Columbia University Press，1963.

［3］ 中共中央编译局. 马克思恩格斯全集（第二十三卷）［M］. 北京：人民出版社，1972.

［4］ 厉以宁. 教育经济学 ［M］. 北京：北京出版社，1984.

［5］ 加里·贝克尔. 人力资本 ［M］. 梁小民，译. 北京：北京大学出版社，1987.

［6］ 亚瑟·刘易斯. 二元经济论 ［M］. 施炜，等，译. 北京：北京经济学院出版社，1989.

［7］ 西奥多·舒尔茨. 人力资本投资——教育和研究的作用 ［M］. 蒋斌等，译. 北京：商务印书馆，1990.

［8］ 陈吉元. 论中国农业剩余劳动力转移——农业现代化的必由之路 ［M］. 北京：经济管理出版社，1991.

［9］ 万克尔·托达罗. 经济发展与第三世界 ［M］. 印金强等，译. 北京：中国经济出版社，1992.

［10］ 王必达，刘学敏，张佑青，张学义. 发展经济学 ［M］. 兰州：甘肃人民出版社，1994.

［11］ 约翰·梅纳德·凯恩斯. 就业利息和货币通论 ［M］. 徐毓楞，译. 北京：商务印书馆，1997.

［12］ 戴维·波普诺. 社会学 ［M］. 李强，译. 北京：中国人民大学出版社，1999.

［13］Bowles S, Gintis H. Schooling in Capitalist America：Educational Reform and the Contradictions of Economic Life ［M］. New York：Basic Books，1999.

［14］胡代光，高鸿业. 西方经济学大辞典 ［M］. 北京：经济科学出版社，2000.

［15］蔡昉. 中国流动人口问题 ［M］. 郑州：河南人民出版社，2000.

［16］马克·布劳格. 工资合同与教育 ［M］. 闵维方等，译. 北京：高等教育出版社，2000.

［17］夏杰长. 反失业的财政政策 ［M］. 北京：中国财政经济出版社，2000.

［18］靳希斌. 教育经济学 ［M］. 北京：人民教育出版社，2001.

［19］雅各布·明塞尔. 人力资本研究 ［M］. 张凤林，译. 北京：中国经济出版社，2001.

［20］亚当·斯密. 国富论 ［M］. 杨敬年，译. 西安：陕西人民出版社，2001.

［21］约翰·杜威. 民主主义与教育 ［M］. 王承绪. 译，北京：人民教育出版社，2001.

［22］Jean Dreze, Amartya Sen. Hunger and Public Action ［M］. Oxford：Oxford University Press，2002.

［23］袁振国. 当代教育学 ［M］. 北京：教育科学出版社，2004.

［24］费景汉，古斯塔夫·拉尼斯. 增长和发展：演进的观点 ［M］. 北京：商务印书馆，2004.

［25］李强. 农民工与中国社会分层 ［M］. 北京：社会科学文献出版社，2004.

［26］王洪春，阮宜胜. 中国民工潮的经济学分析 ［M］. 北京：对外经济贸易出版社，2004.

［27］阿尔弗雷德·马歇尔. 经济学原理 ［M］. 廉运杰，译. 北京：华夏出版社，2005.

［28］邴正. 中外社会稳定的理论与实践 ［M］. 长春：吉林人民出版社，2005.

［29］徐筑燕. 发展经济学 ［M］. 北京：中国财政经济出版社，2006.

［30］郭熙保，周军. 发展经济学 ［M］. 北京：中国金融出版

社，2007.

[31] 范先佐．教育经济学［M］．北京：中国人民大学出版社，2008.

[32] 康伟，褚祝杰，陈迎欣．教育经济管理［M］．哈尔滨：黑龙江人民出版社，2008.

[33] 威廉·配第．政治算术［M］．马妍，译．北京：中国社会科学出版社，2010.

[34] 刘勇．就业公平保障法律制度研究［M］．成都：西南交通大学出版社，2012.

[35] 赫伯特·斯宾塞．斯宾塞的快乐教育全书［M］．周舒予，译．北京：北京理工大学出版社，2013.

[36] 刘健．城乡居民教育投资与收入关系实证研究——以中国中部地区为例［M］．北京：社会科学文献出版社，2015.

[37] 张朝霞．劳动法和社会保障法［M］．武汉：华中科技大学出版社，2015.

[38] 谭永生，李爽等．新形势下我国就业问题研究［M］．北京：中国计划出版社，2015.

[39] 加里·贝克尔．人力资本理论——关于教育的理论和实证分析［M］．郭虹等，译．北京：中信出版社，2017.

[40] 西奥多·舒尔茨．对人进行投资——人口质量经济学［M］．吴珠华，译．北京：商务印书馆，2017.

[41] 弗里德里希·李斯特．政治经济学的国民体系［M］．陈万煦，译．北京：商务印书馆，2017.

[42] 吴鹏森．发展与就业——当代中国就业问题研究［M］．上海：上海人民出版社，2017.

[43] 王道俊，郭文安．教育学［M］．北京：人民教育出版社，2018.

[44] 吕平．大学生职业生涯规划与就业创业指导［M］．天津：南开大学出版社，2018.

[45] 迈克尔·斯彭斯．市场信号传递：雇佣过程中的信息传递及相关筛选过程［M］．李建荣，译．北京：中国人民大学出版社，2019.

[46] 项贤明．教育学原理［M］．北京：高等教育出版社，2019.

[47] 李万峰．阅读与研究［M］．哈尔滨：黑龙江教育出版社，2019.

［48］涂尔干. 涂尔干文集第 7 卷教育社会学卷 2：教育思想的演进 ［M］. 李康，译. 北京：商务印书馆，2020.

（二）期刊类

［1］Schultz T. W. The Formation of Human Capital by Education ［J］. Journal of Political Economy，1960，68（6）：571-583.

［2］Jorgenson D. W. The Development of a Dual Economy ［J］. Economic Journal，1961，78（282）：331-334.

［3］Peter Doeringer，Michael Piore. Internal Labor Market Theories to Orthodox Theory ［J］. The Journal of Economic Literature，1971（12）：1251-1257.

［4］Michael Spence. Job Market Signaling ［J］. Quarter Journal of Economics，1973（3）：23-45.

［5］Huffman W. E. Farm and Off-farm Work Decisions：The Role of Human Capital ［J］. The Review of Economics and Statistics，1980，62（1）：14-23.

［6］Sumner Daniel A. The Off- farm Labor Supply of Farmers ［J］. American Journal of Agricultural Economics，1982，64（3）：499-503.

［7］Weiss A. Humancapital vs. Signalling Explanations of Wages ［J］. Journal of Economic Perspectives，1995，9（4）：133-154.

［8］James J. Heckman，Hidehiko Ichimura，Petra E. Todd. Matching as an Econometric Evaluation Estimator：Evidence from Evaluating a Job Training Programme ［J］. The Review of Economic Studies，1997，64（4）：605-654.

［9］Benjamin D.，Brandt L.，Glewwe P. et al.. Markets，Human Capital，and in Quality：Evidence from Rural China，Inequality around the World，Edited by Richard B. Freeman，Palgrave Macmillan in Association with International Economic Association，2000（134）：87-127.

［10］Hong-Sang Jung，Erik Thorbecke. The Impact of Public Education Expenditure on Human Capital，Growth，and Poverty in Tanzania and Zambia：A General Equilibrium Approach ［J］. Journal of Policy Modeling，2003，25（8）：701-725.

［11］Findley Patricia A.，Sambamoorthi Usha. Employment and Disability：Evidence from the 1996 Medical Expenditures Panel Survey ［J］.

Journal of Occupational Rehabilitation, 2004, 14 (1): 1–11.

［12］Sergio Beraldo, Daniel Montolio, Gilberto Turati. Healthy, Educated and Wealthy: A Primer on the Impact of Public and Private Welfare Expenditures on Economic Growth ［J］. Journal of Socio – Economics, 2009, 38 (6): 946–956.

［13］Mika Maliranta, Satu Nurmi, Hanna Virtanen. Resources in Vocational Education and Post – schooling Outcomes ［J］. International Journal of Manpower, 2010, 31 (5): 520–544.

［14］United Nations Statistical Commission and Economic Commission for Europe ［R］. Measuring Quality of Employment: Country Pilot Reports, Geneva: UNECE, 2010.

［15］Huneeus F., Landerretche O. Puentes E. Multidimensional Measure of Job Quality Persistence and Heterogeneity in a Developing Country, Santiago: University of Chile, 2012.

［16］Datt G., Ravallion M., Murgai R . Growth, Ubanization, and Poverty Reduction in India ［J］. Policy Research Working Paper Series, 2016 (2): 22–23.

［17］S. Mahendra Dev. Poverty and Employment: Roles of Agriculture and Non–agriculture ［J］. The Indian Journal of Labour Economics, 2017, 60 (1): 57–80.

［18］Zhang Linxiu, Dong Yongqing, Liu Chengfang. Off–farm Employment over the Past Four Decades in Rural China ［J］. China Agricultural Economic Review, 2018, 10 (2): 190–214.

［19］Arranz J. M., Garcia – Serrano C., Hernanz V. Employment Quality: Are There Differences by Types of Contract? Social Indicators Research, 2018, 137 (1): 203–230.

［20］Brummund P., Mann C., Rodriguez–Castelan C. Job Quality and Poverty in Latin America, Review of Development Economics, 2018, 22 (4): 1682–1708.

［21］Yu D. Employment Quality Index for the South African Labour Market, Development Southern Africa, 2020, 37 (2): 276–294.

［22］周其仁. 机会与能力——中国农村劳动力的就业和流动 ［J］. 管理世界, 1997 (5): 81–101.

［23］赵耀辉. 中国农村劳动力流动及教育在其中的作用——以四

川省为基础的研究［J］．经济研究，1997（2）：37-42+73.

［24］李实．中国农村劳动力流动与收入增长和分配［J］．中国社会科学，1999（2）：16-33.

［25］杨冠军，殷芳．河南省农村劳动力转移的五大特点［J］．人口研究，1999（6）：77-78.

［26］张林秀，霍艾米，罗斯高，黄季焜．经济波动中农户劳动力供给行为研究［J］．农业经济问题，2000（5）：7-15.

［27］郭克莎．城市化的关键在于就业非农化［J］．领导决策信息，2001（36）：12.

［28］钱敏泽．非农就业比率与城市化水平关系的比较研究［J］．经济理论与经济管理，2001（8）：24-28.

［29］赵延东，王奋宇．城乡流动人口的经济地位获得及决定因素［J］．中国人口科学，2002（4）：10-17.

［30］邓志旺，蔡晓帆，郑棣华．就业弹性系数急剧下降：事实还是假象［J］．人口与经济，2002（5）：37-41.

［31］曹广忠．农村外出就业劳动力的结构特征与就业地区分布［J］．经济地理，2002（6）：731-735+749.

［32］张照新，宋洪远．中国农村劳动力流动国际研讨会主要观点综述［J］．中国农村观察，2002（1）：75-79.

［33］刘承芳，张林秀．从农民非农就业的波动性重新审视农业的基础作用［J］．现代经济探讨，2003（9）：7-10.

［34］李建民．论人力资本的社会功能［J］．广东社会科学，2003（5）：18-26.

［35］李实，丁赛．中国城镇教育收益率的长期变动趋势［J］．中国社会科学，2003（6）：58-72.

［36］任国强．人力资本对农民非农就业与非农收入的影响研究——基于天津的考察［J］．南开经济研究，2004（3）：3-10.

［37］马庆发．提升就业质量：职业教育发展的新视角［J］．教育与职业，2004（12）：6-8.

［38］陈玉宇，邢春冰．农村工业化以及人力资本在农村劳动力市场中的角色［J］．经济研究，2004（8）：105-116.

［39］吴宏洛．论劳动力市场的制度性分割与非农就业障碍［J］．福建师范大学学报（哲学社会科学版），2004（5）：32-37.

［40］马晓强，丁小浩．我国城镇居民个人教育投资风险的实证研

究［J］．教育研究，2005（4）：25-31.

［41］邓莉，冉光和．重庆农村金融发展与农村经济增长的灰色关联分析［J］．中国农村经济，2005（8）：52-57.

［42］蔡昉．劳动力短缺：我们是否应该未雨绸缪［J］．中国人口科学，2005（6）：11-16+95.

［43］陆文聪，叶建．市场化转型中的农民收入影响效应研究——对浙江、湖北两省的实证分析［J］．中国人口科学，2005（4）：12-21+95.

［44］蔡荣生，赵亚平，金驰华．我国贫困地区劳动力转移培训的现状与对策［J］．北京工商大学学报（社会科学版），2005（6）：3-9.

［45］刘素华．建立我国就业质量量化评价体系的步骤与方法［J］．人口与经济，2005（6）：36-40.

［46］徐旭川．我国公共投资对就业影响的实证分析［J］．人口与经济，2006（2）：28-32+16.

［47］魏毅，廖素琼．农民工受教育状况对其就业能力的影响［J］．高等农业教育，2006（8）：92-94.

［48］徐旭晖．农民非农就业对加剧广东劳动力市场分化的影响［J］．安徽农业科学，2006（7）：1501-1502.

［49］乐章．他们在担心什么：风险与保障视角中的农民问题［J］．农业经济问题，2006（2）：26-35.

［50］邹薇，张芬．农村地区收入差异与人力资本积累［J］．中国社会科学，2006（2）：67-79.

［51］曹永福．格兰杰因果性检验评述［J］．数量经济技术经济研究，2006（1）：155-160.

［52］王明进，岳昌君．个人教育投资风险的计量分析［J］．北京大学教育评论，2007（2）：128-135.

［53］杨向阳，赵蕾．公共投资对农业生产率和非农就业的影响研究［J］．农业经济问题，2007（12）：41-49.

［54］苏群，周春芳，高珊．人力资本对非农就业及其收入影响的实证研究——苏南、苏中、苏北的比较研究［J］．农村经济，2007（5）：46-48.

［55］熊会兵，肖文韬．基于供需平衡的农民非农就业模式探析［J］．湖北大学学报（哲学社会科学版），2007（6）：83-85.

［56］杨金凤，刘健．农业生产结构转换的价值分析［J］．价值

工程，2007（9）：92-94.

　　[57] 皮江红. 论农民工职业培训成本的分担 [J]. 中国劳动关系学院学报，2007（6）：79-82.

　　[58] 马千里，许尧华. 高等教育：从促进个人流动到促进社会发展 [J]. 南京理工大学学报（社会科学版），2007（4）：57-61.

　　[59] 吉粉华. 发展非农就业提高城市化水平 [J]. 特区经济，2008（8）：134-135.

　　[60] 蔡文伯，王冬梅，栗劲松. 新疆人力资本对区域经济增长的贡献分析 [J]. 中国青年科技，2008（11）：40-43.

　　[61] 毕玉江. 人民币汇率变动对中国进口商品价格的传递效应——基于 VECM 的实证研究 [J]. 数量经济技术经济研究，2008（8）：77-79.

　　[62] 何剑. 新疆人力资本投资对经济增长影响的实证研究 [J]. 新疆财经，2008（1）：45-48.

　　[63] 马雄威. 线性回归方程中多重共线性诊断方法及其实证分析 [J]. 华中农业大学学报（社会科学版），2008（2）：78-81+85.

　　[64] 霍丽，邵传林，惠康. 农村人力资本的投资现状及其对就业的影响分析 [J]. 西北大学学报（哲学社会科学版），2009（3）：60-63.

　　[65] 任国强，薛守刚. 培训对农户就业选择和收入增长的影响研究 [J]. 中国农机化，2009（6）：120-124.

　　[66] 袁培. 人力资本投资状况与居民收入增长的实证分析——以新疆为例 [J]. 上海经济研究，2009（2）：80-86.

　　[67] 杨大楷，冯体一. 公共教育投资对不同产业就业影响的实证分析 [J]. 贵州社会科学，2009（7）：98-103.

　　[68] 王威，潘若龙. 公共投资的就业效应——基于 VAR 模型的检验分析 [J]. 社会科学战线，2009（4）：113-118.

　　[69] 辛岭，蒋和平. 农村劳动力非农就业的影响因素分析——基于四川省1006个农村劳动力的调查 [J]. 农业技术经济，2009（6）：19-25.

　　[70] 王庆丰. 我国产业结构与就业结构整体协调性测度研究 [J]. 科技管理研究，2009（11）：112-114.

　　[71] 王晓宇，叶裕民. 各省非农就业的决定因素——基于面板数据的分析 [J]. 河北经贸大学学报，2009（1）：38-42.

［72］朱贵云，郑贵廷，武治国．我国农村人力资本投资与非农就业关系的实证研究——基于 1978—2007 年的经验证据［J］．华南农业大学学报（社会科学版），2009（3）：1-9.

［73］李宪印，陈万明．农户人力资本投资与非农收入关系的实证研究［J］．农业经济问题，2009（5）：94-99.

［74］张本飞．中国教育投入与农业增长的格兰杰因果关系分析［J］．中国人口·资源与环境，2010（12）：117-121.

［75］王会娟，陈锡康，祝坤福．国际金融危机对我国就业的影响分析［J］．数学的实践与认识，2010（5）：58-65.

［76］李鹏．农民转移就业的影响因素解析——以新疆工业化、城镇化进程为视角［J］．经济学家，2010（7）：77-82.

［77］赵海．供求视角下的农村劳动力非农就业分析［J］．财贸研究，2010（4）：47-52.

［78］陈卫，郭琳，车士义．人力资本对流动人口就业收入的影响——北京微观数据的考察［J］．学海，2010（1）：112-117.

［79］王文甫．公共教育支出对劳动就业效应的理论分析［J］．统计与决策，2010（5）：45-47.

［80］田明，王玉安．我国城镇化与就业结构偏差的比较分析［J］．城市问题，2010（2）：54-59.

［81］李昕芮．辽宁省科教财政投入对就业效应分析［J］．吉林工商学院学报，2010，26（2）：36-40.

［82］陈玉芝，党玮．经济增长与教育投入、就业的 SD 模型政策模拟——以新疆为例［J］．湖北广播电视大学学报，2010（7）：82-83.

［83］温春继．对就业培训问题的思考［J］．中国劳动关系学院学报，2010，24（5）：58-60.

［84］王会娟，陈锡康．探寻我国非农就业人数增长的背后因素［J］．系统工程学报，2011（5）：694-701.

［85］王光栋，左家玲．经济全球化对中国农村劳动力非农就业的影响［J］．世界农业，2011（10）：99-102.

［86］李石新，熊云．基于托达罗模型修正的农村非农就业影响因素研究［J］．统计与信息论坛，2011（12）：74-79.

［87］谭兵．就业的行业分层及社会政策的影响［J］．中山大学学报（社会科学版），2011（1）：169-177.

［88］赵强．新疆少数民族就业状况及存在问题分析［J］．西南民族大学学报（人文社会科学版），2011（5）：36-41.

［89］张务伟，张福明．农村劳动力就业状况的微观影响因素及其作用机理——基于入户调查数据的实证分析［J］．中国农村经济，2011（11）：62-73.

［90］刘洪银．我国农村劳动力非农就业的农村收入分配效应［J］．西北人口，2011（1）：6-10.

［91］张昱，杨彩云．社会资本对新生代农民工就业质量的影响分析——基于上海市的调查数据［J］．华东理工大学学报（社会科学版），2011（5）：9-20.

［92］姜大源．现代职业教育体系构建的理性追问［J］．教育研究，2011（11）：70-75.

［93］唐国华．技术创新的动态就业效应：基于结构 VAR 模型的实证研究［J］．科学学与科学技术管理，2011（4）：72-77.

［94］李劲松，何福萍．非农就业与农村劳动力转移培训的关系研究［J］．安徽农业科学，2011（1）：563-564.

［95］李东琴．新生代农民工就业稳定性的影响因素［J］．经营与管理，2011（9）：83-85.

［96］郭洪伟．时间序列的单位根检验与伪检验［J］．统计与决策，2011（17）：8.

［97］秦建国．就业质量评价指标体系探析［J］．广东行政学院学报，2011，23（2）：76-80.

［98］赖德胜，苏丽锋，孟大虎，李长安．中国各地区就业质量测算与评价［J］．经济理论与经济管理，2011（11）：88-99.

［99］陈纯槿，胡咏梅．西部农村中小学教师质量及其影响因素的实证分析［J］．教师教育研究，2011（5）：61-65.

［100］方建国，尹丽波．技术创新对就业的影响：创造还是毁灭工作岗位——以福建省为例［J］．中国人口科学，2012（6）：34-43+111.

［101］陈昭玖，邓莹，申云．农民工就业能力的影响因素分析［J］．江西农业大学学报（社会科学版），2012（2）：14-19.

［102］魏瑾瑞．基于动态面板数据模型的失业与经济增长的再考察［J］．中国经济问题，2012（1）：54-58.

［103］严燕，杨庆媛，张佰林，藏波．非农就业对农户土地退出意愿影响的实证研究［J］．西南大学学报（自然科学版），2012

（6）：128-132.

［104］宋德军．科技创新对就业的影响效应——基于总量和结构的视角［J］．技术经济，2012（6）：34-42.

［105］洪柳．教育与经济：从人力资本理论到筛选假设理论［J］．教育评论，2012（6）：144-146.

［106］景光仪．我国经济转型期教育投资影响就业的两种功能——基于经济学的分析［J］．经济体制改革，2012（3）：32-36.

［107］赵领娣，杨明晔，张磊．能源禀赋与就业增长——基于省际面板数据的实证分析［J］．资源科学，2013（9）：1801-1811.

［108］俞燕．农村剩余劳动力转移就业的特征、问题及路径——以新疆维吾尔自治区少数民族为例［J］．湖北农业科学，2013（19）：4823-4826.

［109］官华平，谌新民．流动人员就业稳定性与专用性人力资本投资研究——基于不完全契约理论的一个解释［J］．华东经济管理，2013（8）：118-123.

［110］邢春冰，贾淑艳，李实．教育回报率的地区差异及其对劳动力流动的影响［J］．经济研究，2013（11）：114-126.

［111］黄斌，徐彩群．农村劳动力非农就业与人力资本投资收益［J］．中国农村经济，2013（1）：67-75+86.

［112］任国强，段文婷．农村劳动力非农就业的演化博弈分析——基于村庄视角［J］．广东农业科学，2013（13）：216-219.

［113］吴莎，代敏，肖云川．论科技创新推动大学生就业［J］．中国成人教育，2013（21）：71-72.

［114］袁本涛．基于协整理论的我国研究生教育与经济、科技协调发展研究［J］．教育研究，2013（9）：33-41.

［115］苏丽锋．我国转型期各地就业质量的测算与决定机制研究［J］．经济科学，2013（4）：41-53.

［116］郭凤鸣，张世伟．区域经济环境对工资性别差异的影响——基于多层模型的分析途径［J］．人口学刊，2013（4）：42-55.

［117］辜胜阻，高梅，李睿．就业是城镇化及社会稳定的基石——以新疆为视角［J］．中央社会主义学院学报，2014（6）：82-86.

［118］罗奎，方创琳，马海涛．中国城市化与非农就业增长的空间格局及关系类型［J］．地理科学进展，2014（4）：457-466.

［119］王会娟，陈锡康．能源约束下产业结构调整对我国非农就

业的影响——基于投入占用产出技术 [J]．系统科学与数学，2014（9）：1025-1034.

[120] 鲁莎莎，郑姚姚，吴成亮．城乡转型背景下林区劳动力非农就业影响因素分析——以福建省三明市为例 [J]．农业现代化研究，2014（4）：437-441.

[121] 刘维奇，韩媛媛．城乡非农就业结构、人口转移方式与城镇化水平的关系——基于中国数据的研究 [J]．统计与信息论坛，2014（8）：85-92.

[122] 张默，张艳，刘彦伯．农村劳动力个体特征对就业能力影响分析——基于辽宁的实证研究 [J]．高等农业教育，2014（10）：110-115.

[123] 陈玲．青年流动人口就业稳定性分析 [J]．调研世界，2014（8）：20-23.

[124] 韩雪，张广胜．进城务工人口就业稳定性研究 [J]．人口学刊，2014（6）：62-73.

[125] 郑鑫．城镇化对中国经济增长的贡献及其实现途径 [J]．中国农村经济，2014（6）．4-15.

[126] 齐明珠．中国农村劳动力转移对经济增长贡献的量化研究 [J]．中国人口，2014（4）：127-134.

[127] 刘云波，金鑫．基于多层线性模型的高职专业生产效率分析——以计算机类专业为例 [J]．高等教育研究，2014（11）：68-76.

[128] 李放，王洋洋，周蕾．农民工的就业稳定性及其影响因素研究——基于南京市的调查 [J]．农业现代化研究，2015（5）：778-784.

[129] 官爱兰，周丽萍．老龄化趋势下中国教育、科技创新对就业的影响——基于1990-2013年31省面板数据的实证研究 [J]．中国人力资源开发，2015（11）：71-77+82.

[130] 王琦，赖德胜，陈建伟．科技创新促进创业就业模式的国际比较 [J]．山东社会科学，2015（3）：149-156.

[131] 苏兆斌，孔微巍．职业教育培训与就业质量关联性实证研究 [J]．中国职业技术教育研究，2015（33）：53-57.

[132] 苏丽锋．少数民族人口流动特征与就业质量研究 [J]．民族研究，2015（5）：16-29.

[133] 邱元，叶春辉，朱奇彪，米松华，黄莉莉．我国农村劳动力非农就业影响因素研究——以全国5省大样本调研数据为例 [J]．

浙江农业学报，2015（2）：295-300.

［134］章莉，李实．中国劳动力市场就业机会的户籍歧视及其变化趋势［J］．财经研究，2016（1）：4-16.

［135］谌晓舟，贾君．企业在职培训能否提升就业稳定性——基于广东南海调查数据的实证分析［J］．学术研究，2016（12）：101-109.

［136］王向东．高校毕业生就业质量调查及其对高校教育教学的启示——基于浙江省4届毕业生的实证调查［J］．大学教育科学，2016（4）：100-105.

［137］杜鹏，顾听．中国高等教育生均教育经费：低水平、慢增长、不均衡［J］．中国高教研究，2016（5）：46-52.

［138］杨雪，魏洪英．就业稳定性与收入差异：影响东北三省劳动力外流的动因分析［J］．人口学刊，2016（6）：87-97.

［139］于雁洁．人力资本对农民非农就业机会的改善效应探析［J］．改革与战略，2016（1）：77-81.

［140］张长江，晁伟鹏．新疆南疆流动人口就业稳定性的影响因素分析［J］．现代城市研究，2017（4）：110-114.

［141］蔡昉．改革时期农业劳动力转移与重新配置［J］．中国农村经济，2017（10）：2-10.

［142］张晓燕，孙振东．论教育何以关涉民生［J］．教育理论与实践，2017（10）：7-10.

［143］马银坡，陈体标．人口流动：就业与收入的区域差异［J］．农业经济问题，2018（5）：80-91.

［144］郭庆然，丁翠翠．教育支出、科技投入对农村劳动力非农就业的影响［J］．华东经济管理，2018（9）：43-49.

［145］樊茜，金晓彤，徐尉．教育培训对新生代农民工就业质量的影响研究——基于全国11个省（直辖市）4030个样本的实证分［J］．经济纵横，2018（3）：39-45.

［146］王胜今，韩保庆．教育投资的代际收益分析［J］．人口与发展，2018（3）：2-11+42.

［147］苏荟，孙毅．少数民族农民工外出务工经历与再就业意愿的选择——基于新疆南疆地区的经验证据［J］．贵州民族研究，2018（2）：58-61.

［148］陈君，井西晓．民族地区青年就业水平及其提高策略研究——基于新疆的调查［J］．北方民族大学学报（哲学社会科学版），

2018（5）：71-77.

　　[149] 任保平．我国高质量发展的目标要求和重点 [J]．红旗文稿，2018（24）：21-23.

　　[150] 刘云生．经济转向高质量发展阶段：教育怎么办 [J]．教育发展研究，2018（11）：1-10.

　　[151] 苏丽锋，赖德胜．高质量就业的现实逻辑与政策选择 [J]．中国特色社会主义研究，2018（2）：32-38.

　　[152] 何凌云，杨晓蕾，钟章奇，祝婧然．我国可再生能源投资的就业效应研究：整体和行业视角 [J]．中南大学学报（社会科学版），2019（3）：84-95.

　　[153] 朱战辉．农村青年就地城镇化实践机制分析——基于珠三角 D 镇的经验调研 [J]．中国青年研究，2019（4）：75-81.

　　[154] 梁海艳．中国流动人口就业质量及其影响因素研究——基于 2016 年全国流动人口动态监测调查数据的分析 [J]．人口与发展，2019（4）：44-52.

　　[155] 李建新，刘梅．我国少数民族人口现状及变化特点 [J]．西北民族研究，2019（4）：120-137.

　　[156] 齐鹏，程晓丹．高校毕业生就业质量评价体系研究 [J]．江苏高教，2019（3）：86-89.

　　[157] 肖小勇，黄静，郭慧颖．教育能够提高农民工就业质量吗？——基于 CHIP 外来务工住户调查数据的实证分析 [J]．华中农业大学学报（社会科学版），2019（2）：135-143+169.

　　[158] 李志明，邢梓琳．巩固民生之本：实现更高质量和更充分就业——学习习近平总书记关于就业的系列重要论述 [J]．学术研究，2019（9）：1-6.

　　[159] 苏永伟，陈池波．经济高质量发展评价指标体系构建与实证 [J]．统计与决策，2019，35（24）：38-41.

　　[160] 李金昌，史龙梅，徐蔼婷．高质量发展评价指标体系探讨 [J]．统计研究，2019，36（1）：4-14.

　　[161] 董长瑞，王秀燕，崔亚东．农民工就业稳定性决定：学历教育还是技能培训？[J]．山东财经大学学报，2019（2）：84-93.

　　[162] 欧阳金琼，董鸿宁，刘凤林．新疆少数民族就业结构的失衡成因与优化路径——基于族际职业差异视角 [J]．社会保障研究，2020（6）：25-36.

［163］刘成坤，林明裕．人口老龄化、人力资本积累与经济高质量发展［J］．经济问题探索，2020（7）：168-179.

［164］王大树．新发展理念与高质量发展［J］．北京工商大学学报（社会科学版），2022，37（5）：11-19+113.

［165］薛伟，蔡超．基于多层次因子分析法的我国高质量发展综合评价［J］．统计与决策，2022（18）：22-25.

（三）学位论文类

［1］叶忠．教育与就业关系的不确定性［D］．武汉：华中师范大学，2004.

［2］陆慧．人力资本投资与农民收入增长［D］．南京：南京农业大学，2004.

［3］陈浩．人力资本与农村劳动力非农就业问题研究［D］．南京：南京农业大学，2007.

［4］张得志．中国经济高速增长过程中的劳动就业及其失业预警研究［D］．上海：复旦大学，2007.

［5］赵海．人力资本与农村劳动力非农就业研究［D］．武汉：华中科技大学，2009.

［6］李翠华．新疆教育差异对经济发展影响的实证研究［D］．石河子：石河子大学，2010.

［7］景光仪．我国经济转型期教育投资的就业效应［D］．成都：西南财经大学，2011.

［8］楚新元．新疆人力资本投资效率研究［D］．乌鲁木齐：新疆大学，2011.

［9］鲁春阳．城市用地结构演变与产业结构演变的关联研究［D］．重庆：西南大学，2011.

［10］胡阿丽．人力资本投资对农民非农就业的影响研究［D］．咸阳：西北农林科技大学，2012.

［11］王志宇．中国财政政策就业效应的机理研究［D］．哈尔滨：哈尔滨工业大学，2012.

［12］田青．教育对我国农村居民非农就业影响的地区差异研究［D］．天津：南开大学，2012.

［13］李芳．资源环境约束下新疆产业结构优化研究［D］．石河子：石河子大学，2012.

［14］张术茂．中国财政支出政策就业效应研究［D］．沈阳：辽宁大学，2014.

［15］王经绫．论中国经济增长的就业效应［D］．北京：财政部财政科学研究所，2014.

［16］付宇．人力资本及其结构对我国经济增长贡献的研究［D］．长春：吉林大学，2014.

（四）其他

［1］习近平．一定要与人民心心相印、同甘共苦、团结奋斗［EB/OL］．http：//cpc. people. com. cn/18/n/2012/1115/c350821-19590515_html.

［2］中国教育部．中华人民共和国职业教育法［EB/OL］．http：//www. moe. gov. cn/s78/A02/zfs_left/s5911/moe619/tnull_1312. html.

［3］国际劳工组织．就业政策公约［EB/OL］．https：//www. un. org/zh/documents/treaty/files/ILO-1964. shtml.

［4］全国教育工作会议在京开幕江泽民发表重要讲话［EB/OL］．http：//news. cntv. cn/china/20111222/116294. shtml，2022-10-08.

［5］清华大学苏世民学者项目启动仪式在京举行习近平和奥巴马致贺信［EB/OL］．https：//www. tsinghua. edu. cn/info/1804/73028. htm，2022-10-08.

后　记

本书是我攻读博士学位期间的研究成果之一。回首该研究主题的行进过程，是个人思维与现实碰撞的对话，是键盘声与鼠标声的合奏，更是无数个日与夜的较量。本书的探索过程，让我享受了一段从来没有的内心踏实、进步惊喜和达成喜悦。我是个幸运儿，身边一直有师友和亲人的帮助、陪伴和鼓励，使我在前进的路上拥有源源不断的能量。借本书出版的机会，向曾经给予我教诲、指导、帮助、鼓励和督促的良师益友致以我最真诚的感谢。

感谢我的博士生导师蔡文伯教授。《后汉纪》有句名言："经师易遇，人师难遭。"蔡老师以其渊博精湛的学术造诣、严谨认真的治学态度教育我如何求学问道，以其高贵正直的人格修养和亲切和蔼的生活态度引导我如何为人处世，他既是经师，也是人师，更是我人生的导师。能成为他的学生是我的幸运！蔡老师每天阅读文献，关注学术动态，不间断进行学术创作，不定期和学生分享优秀论文，他以身示范的学习精神，让我汲取成长的力量。蔡老师严格要求学生，每一篇论文他都非常认真地修改并给予建议，有时他的修改建议就是一篇小论文。他精益求精的学术态度，让我对科研工作多了敬畏之心。因为蔡老师的孜孜教导、严格要求和绵长关怀，我才能完成本书的写作工作。先生之风，山高水长；先生教诲，常存魂梦；先生深恩，永志我心。未来路上，我会努力前行，不负期望。

我还要感谢在学术道路和精神鼓励上给我助力的很多人。我的硕士生导师周生贵教授，他每次关心的询问、每句鼓励的话语都为我增添了学习动力。我工作单位的桑华、赵红霞、麻超、王政爱、田丽萍等以及同事付娟曾多次给予我鼓励和支持，那些鼓劲的话语"加油""你能行"我将永远深藏心田。石河子大学杨兴全、龚新蜀、李豫新、程广斌、朱金鹤、刘林等在我进行研究过程中提出宝贵的修改建议，他们的指导和帮助铭记在心。另外，本书中的资料收集得到了 L 县、J

县、B县、Q县、S县相关部门工作人员的帮助，在此向他们致以衷心的谢意！

攻博期间开展学术研究，家人是最坚实的后盾。非常感谢爱人的鼓励与陪伴。整个成长过程中，他常常督促我不要停止求知和探索的步伐。在散步休闲的路上，我们常常就研究中的一些学术问题探讨，那些弥漫在空气中的争论成为宝贵的思想火花。严肃而幽默的爱人，用他的日常笑话和生活哲理，陪伴我度过艰难时光。人生的场景在转换，但是一以贯之的陪伴从未改变。需要他，他就在那里，让我感受到生活、情感莫大的支持。我的哥哥、姐姐、公公、婆婆用无私的爱支持我学习和研究，他们常常打电话嘘寒问暖，对我的学习督促和打气，让我更有动力完成这一主题的研究工作。这些刻进我成长记忆中的人，我深藏于心。

由于个人研究水平、资料收集等方面的限制，本书尚存在一定的研究局限与不足。在后期的学习和工作中，我会继续挖掘，深入钻研。书中若有疏漏和不妥之处，敬请专家和读者批评指正。